Tabellenbuch Anlagenmechaniker IHK – Industrie

Ergänzungen zu Tabellenbuch Anlagenmechaniker SHK – Handwerk

von
Hans Werner Wagenleiter (Herausgeber)
Markus Bruckes
Hermann Bux
Bertram Hense
Hans-Peter Laß
Karl-Heinz Mertsch
Uwe Wellmann

Handwerk und Technik – Hamburg

Vorwort

Das vorliegende Tabellenbuch ist ein **Ergänzungsband** zu **Anlagenmechaniker SHK – Handwerk HT 3130** für die besonderen Anforderungen der industriellen Anlagentechnik. Um das vollständige Wissen für diesen Bereich abzudecken, ist also dieses „Basiswerk" zwingend erforderlich.
Beide Tabellenbücher sind konzipiert als gestraffte, kompetente und übersichtliche Informationsquelle für die Aus-, Fort- und Weiterbildung. Ein Einsatz an Meister-, Techniker- und Fachhochschulen sowie in der Werkstatt und auf der Baustelle ist gewährleistet.
Das Tabellenbuch **Anlagenmechaniker SHK – Handwerk HT 3130** orientiert sich in seiner Gliederung an den Fachbereichen der Anlagentechnik in die Kapitel

1 Allgemeine Grundlagen
2 Technische Kommunikation
3 Werkstofftechnik
4 Fertigungstechnik
5 Sanitärtechnik
6 Gastechnik
7 Heizungstechnik
8 Lüftungs- und Klimatechnik
9 Umwelttechnik
10 Umweltschutz, Arbeitsschutz, Brandschutz, Schallschutz
11 Rohr- und Verbindungstechnik

Das Tabellenbuch **Anlagenmechaniker IHK – Industrie HT 3138** enthält zusätzlich das Kapitel
12 Anlagentechnik

Beide Tabellenwerke enthalten das vollständige gemeinsame Inhalts- und Sachwortverzeichnis für beide Werke, wobei die Inhalte aus HT 3138 farblich gekennzeichnet sind und die Seitenangaben durch das vorangestellte IHK erkenntlich sind.
Diese Gliederung und entsprechende farbige Markierungen auf den Seiten erm-glichen eine rasche und zielsichere Suche nach Daten, Formeln, Normen, Zahlentafeln, Übersichten und Tabellen. Dabei werden die aktuellen Normen und einschlägige Herstellerunterlagen ebenso berücksichtigt wie die einschlägigen Rahmenlehrpläne der KMK und die Lehrpläne der Länder. Stand ist die aktuelle Drucklegung des Werkes. Sich ergebende Veränderungen in Normen und Richtlinien werden kontinuierlich berücksichtigt und eingearbeitet.
Dem Tabellenbuch **Anlagenmechaniker SHK – Handwerk HT 3130** liegt eine CD bei, die eine Ergänzung zum vorliegenden Werk darstellt. Darauf sind Zusatzmaterialien zu den abgedruckten Normen etc. enthalten. Hauptsächlich sind dies PDF-Dateien, die den einzelnen Kapiteln zugeordnet sind. Die Zuordnung erfolgt durch das CD-Symbol und einen entsprechenden Dateinamen im Text des Tabellenbuches; somit ist eine schnelle Auffindung auf der CD gewährleistet.
Gemeinsames Anliegen von Autoren und Verlag war es, das vielfältige Wissen so auszuwählen, dass alle zwingend notwendigen Inhalte abgebildet werden und gleichzeitig die Handhabung des Werkes gewährleistet ist. Verlag und Autoren sind aber für Hinweise, Anregungen und Wünsche der Leser dankbar und bemühen sich, diese bei Überarbeitungen zu berücksichtigen.

Die Tabellenbücher **Anlagenmechaniker SHK – Handwerk HT 3130** und der Ergänzungsband **Anlagenmechaniker IHK – Industrie HT 3138** sind geeignet für den Einsatz in Prüfungen des Handwerks und der Industrie.

Autoren und Verlag

Autoren und Verlag danken folgenden Firmen und Institutionen sehr herzlich für die Überlassung von Abbildungen:

ACO Passavant GmbH, 36269: Seite 237.1; 256 unten
AFRISO-EURO-INDEX GmbH 74363 Güglingen: Seite 347.3, 4; 348.4, 5
Allmess GmbH 23758 Oldenburg:, Seite IHK 109
Deutscher Wetterdienst Abt.Hydrometeorologie, 63067 Offenbach/Main: Seite **418**
Deutscher Wetterdienst Abt. Klima- und Umweltberatung, 20359 Hamburg: Seite 406.1
DGUV Test, Deutsche Gesetzliche Unfallversicherung (DGUV), Spitzenverband der gewerblichen Berufgenossenschaften und der Unfallversicherungsträger der öffentlichen Hand, 01109 Dresden: Seite 54.1, 3
Karl Dungs GmbH & Co. KG, 73660 Urbach: Seite 348.6
Duecker GmbH & Co. KGaA, 97753 Karlstadt: Seite 563, 564
DVGW CERT GmbH, 53123 Bonn: Seite 54.6; Seite 55.1, 2
ESBE GmbH, 85221 Dachau: Seite 363; 364
Hamburg Wasser, 20539 Hamburg: Seite 174 unten rechts
TA Heimeier GmbH, 59597 Erwitte: Seite 347.5; 348.1, 2; 355; 357; 359; 362
© 2012 Mertik Maxitrol, Alle Rechte vorbehalten: Seite 282 unten
Minimax GmbH & Co. KG, 23840 Bad Oldesloe: Seite 463
Reflex Winkelmann GmbH, 59227 Ahlen: Seite 196 oben rechts
Robert Rothe Feuerschutz GmbH, 21107 Hamburg Seite 438
Stadtwerke Villingen-Schwenningen GmbH, 78048 Villingen-Schwenningen: Seite 174 Bild unten links
VDE Prüf- und Zertifizierungsinstitut GmbH/Strategieentwicklung und Information: Seite 55.3, 4, 5; 6
Viega GmbH & Co. KG, 57439 Attendorn: Seite 482
Viessmann Werke GmbH & Co, Allendorf Seite 338 oben links und unten links, 339 unten rechts
Initiativkreis Wärmepumpe e.V., 80796 München: 402; 403
Wilo GmbH, Dortmund: Seite 368

ISBN 978-3-582-03138-9

Verlag Handwerk und Technik GmbH,
Lademannbogen 135, 22339 Hamburg; Postfach 63 05 00, 22331 Hamburg – 2013
E-Mail: info@handwerk-technik.de – Internet: www.handwerk-technik.de

Satz: CMS – Cross Media Solutions GmbH, 97080 Würzburg
Zeichnungen: as-illustration Alexander Schmitt, 97222 Rimpar
Druck und Bindung: Grafisches Centrum Cuno GmbH & Co. KG, 39240 Calbe

Inhalt

1.5 Festigkeitslehre *strength of materials*

	Formel	Formelzeichen	Erklärung
Zug 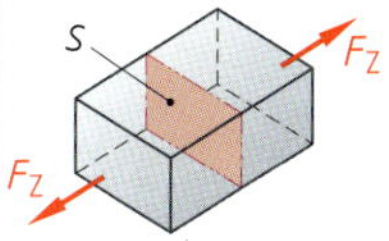 	$\sigma_z = \frac{F_z}{S}$ $\sigma_z = \varepsilon \cdot E$ $\Delta l = \frac{F_z \cdot l}{S \cdot E}$ $E_{St} = 210\,000\ \frac{N}{mm^2}$ $\varepsilon_{\%} = \frac{\Delta l}{l} \cdot 100$ $E_{Al} \approx 60\,000\ \frac{N}{mm^2}$ $E_{Holz} \approx 10\,000\ \frac{N}{mm^2}$	σ_z F_z S l Δl E ε $\varepsilon_{\%}$	Zugspannung in $\frac{N}{mm^2}$ Zugkraft in N Querschnittsfläche in mm^2 Bauteillänge in mm Bauteildehnung in mm Elastizitätsmodul in $\frac{N}{mm^2}$ Dehnung Dehnung in %
Druck 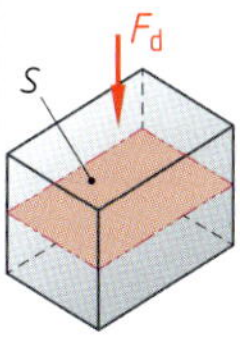 	$\sigma_d = \frac{F_d}{S}$ $\sigma_d = \varepsilon \cdot E$ Bauteilhöhe muss klein sein im Verhältnis zur Querschnittsfläche, ansonsten Knickung $\Delta l = \frac{F_d \cdot l}{S \cdot E}$ $\varepsilon = \frac{\Delta l}{l}$	σ_d F_d S l Δl E ε	Druckspannung in $\frac{N}{mm^2}$ Druckkraft in N Querschnittsfläche in mm^2 Bauteillänge in mm Bauteilverkürzung in mm Elastizitätsmodul in $\frac{N}{mm^2}$ Dehnung
Biegung 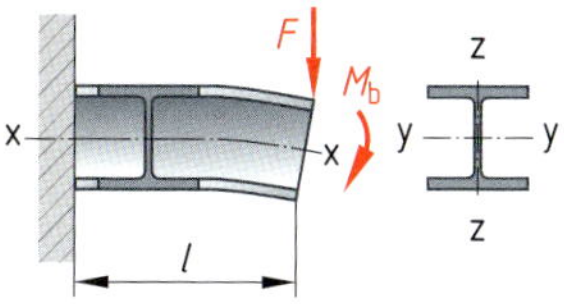 	$\sigma_b = \frac{M_b}{W}$ $M_b = F \cdot l$ starke Achse schwache Achse $\sigma_b = \frac{M_b}{W_y}$ $\sigma_b = \frac{M_b}{W_z}$	σ_b M_b W W_y W_z F l	Biegespannung in $\frac{N}{mm^2}$ Biegemoment in $\frac{N}{mm^2}$ Widerstandsmoment in mm^2 Widerstandsmoment y-Achse Widerstandsmoment z-Achse Kraft in N Abstand/Hebelarm innen Berechnung von M: Seite 17
Schub, Scherung einschnittig 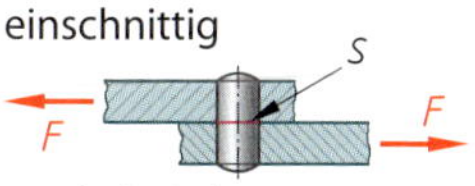 zweischnittig 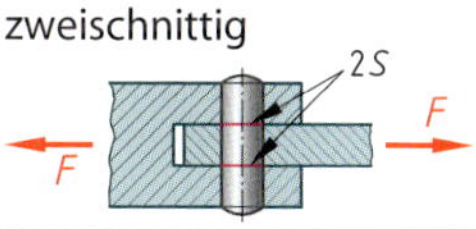 	ein tragender Querschnitt $\tau = \frac{F}{S}$ $S = \frac{\pi \cdot d^2}{4}$ zwei tragende Querschnitte $\tau = \frac{F}{2 \cdot S}$ $S = \frac{\pi \cdot d^2}{4}$	τ F S d	Schubspannung in $\frac{N}{mm^2}$ Querkraft in N Querschnittsfläche in mm^2 Durchmesser in mm
Abscheren (Trennen) 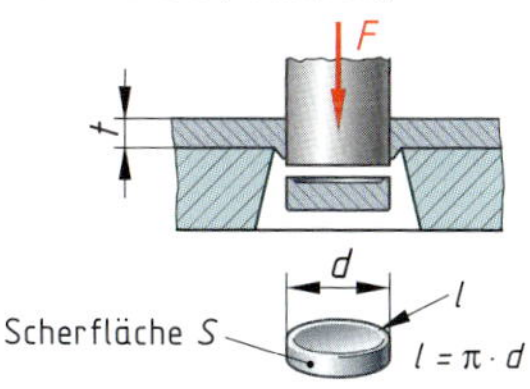 	$F \geq S \cdot \tau_{aB}$ $S = l \cdot t$ τ_{aB} in N/mm^2 S235: $\tau_{aB} \approx 300\ \frac{N}{mm^2}$ S255: $\tau_{aB} \approx 400\ \frac{N}{mm^2}$	F S τ_{aB} R_m l t	Scherkraft in N Scherfläche in mm^2 Scherfestigkeit in $\frac{N}{mm^2}$ $\tau_{aB} \approx 0{,}8 \cdot R_m$ Zugfestigkeit in $\frac{N}{mm^2}$ Schnittkantenlänge in mm Blechdicke in mm
Flächenpressung 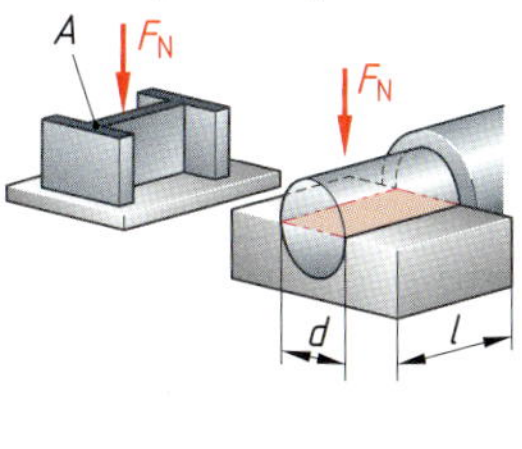 	Ebene Berührflächen: $p_m = \frac{F_N}{A}$ gewölbte Berührflächen: $p_m = \frac{F_N}{l \cdot d}$ Berührflächen von Profilen: A siehe Profiltabellen	p_m F A l d	Flächenpressung in $\frac{N}{mm^2}$ Normalkraft in N Berührfläche in mm^2 Länge Lagerzapfen in mm Durchmesser Lagerzapfen in mm

1.11 Steuerungs- und Regelungstechnik

1.11.5 Leittechnik *control engineering*

Anwendungsgebiete der Leittechnik

IEC 60050-351 : 2009-06

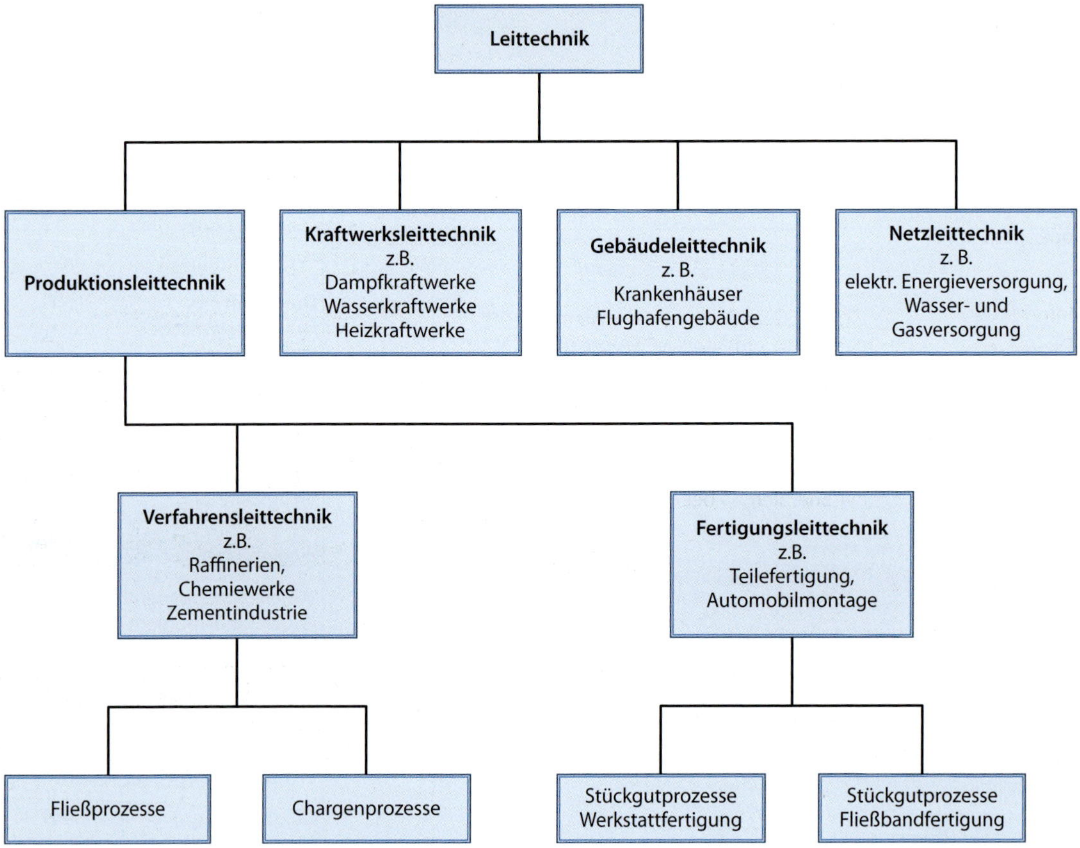

Leitstruktur Beispiel Chemiewerk

	Ebene	Beispiel	Aufgaben	Funktionen (typisch)
1	Unternehmens-leitebene	Chemiewerk	Leiten des Unternehmens (dispositiv)	Kostenanalysen, Produktions- und Bestandskennzahlen
2	Produktionsleitebene	Siliconproduktion	Leiten der Produktion aller Siliconerzeugnisse (dispositiv)	Spartenbezogene Optimierung der Produktionsabstimmung
3	Betriebsleitebene (Anlagenkomplex)	Bautenschutz-mittel-Betrieb	Leiten eines Anlagenverbunds (dispositiv)	Grundrezepte, Mengen- und Qualitätsabstimmung, Qualitäts-kontrolle
4	Anlagenleitebene	Siliconharzanlage	Leiten einer technischen Anlage (operativ/dispositiv)	Teilrezepte, Ressourceneinsatz, An-, Abfahren, Lastwechsel
5	Gruppenleitebene (Teilanlage)	Vorlagebehälter Destillations-kolonne	Leiten einer Funktionsgruppe/ Teilanlage (operativ)	Grundoperationen: dosieren, temperieren überwachen, Störungsmanagement
6	Einzelleitebene (Anlagenteil)	Rührkessel, Pumpe	Leiten eines Einzelprozesses	Grundfunktionen: Regeln, Steuern, Sichern, Schützen
7	Feldebene	Temperaturaufneh-mer Rührantrieb	Aufnehmen von Prozessgrößen, Einwirken auf den Einzelprozess	Grundfunktionselemente: Messen, Stellen

IHK 2

System und Prozess

DIN EN 81346 : 2010-05

Technisches System

Technische Anordnung, in der Prozesse ablaufen, in denen die Eingangsgrößen aufgrund von Gesetzmäßigkeiten Ausgangsgrößen erzeugen.

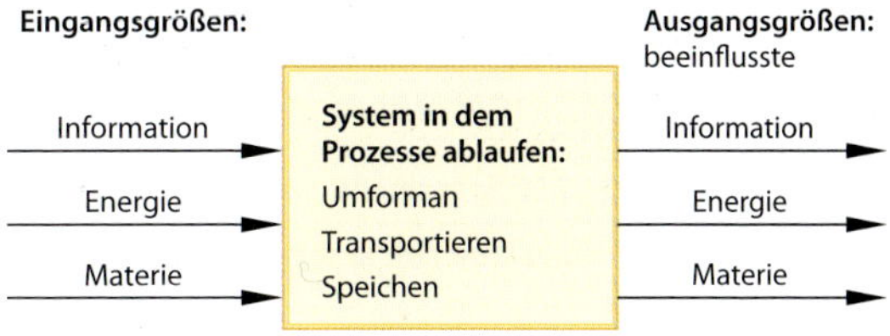

Technischer Prozess

Ein Prozess ist eine Gesamteinheit von aufeinander einwirkenden Vorgängen in einem System, durch die Materie, Energie oder Informationen umgeformt, transportiert oder gespeichert werden.

Informationsverarbeitende Systeme

Die Arbeitsweise informationsverarbeitender Systeme erfolgt nach dem Prinzip Dateneingabe – -verarbeitung – -ausgabe. Informationen werden erfasst, verarbeitet und in anderer Form wieder ausgegeben.

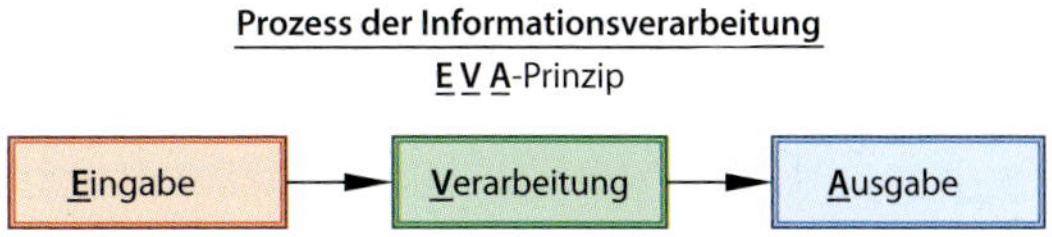

Eine Steuerung ist ein informationsverarbeitendes System, das Materie- oder Energiefluss beeinflusst.

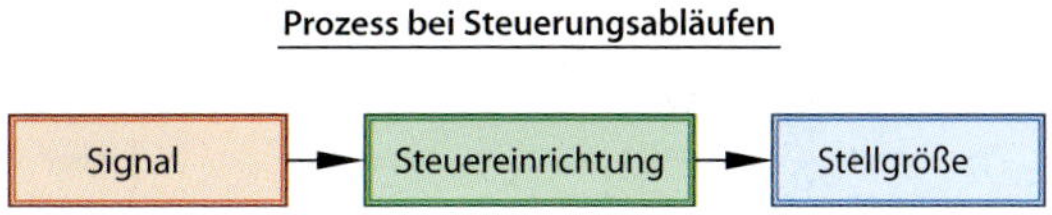

Signalarten in einem System

Signalart	Beschreibung	Darstellung
binäre Signale	**Sprungverlauf:** Sie besitzen nur zwei Werte und können nur den Zustand „vorhanden“ oder „nicht vorhanden“ einnehmen. Signal vorhanden = "1" - Kein Signal = "0"	Werte: 6 oder 0 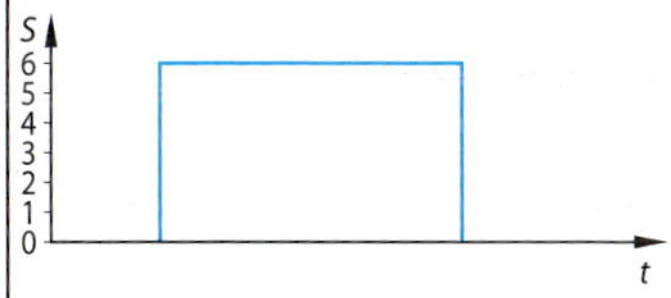
digitale Signale	**Stufiger Verlauf:** Sie besitzen nur eine begrenzte Anzahl von Werten und können sich nur stufenweise um einen bestimmten Wert verändern.	Wertereihe: Zahlen 0, 1, 2, 3, 4, 5, 6 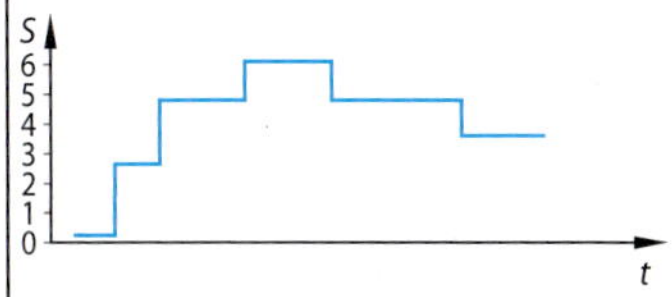
analoge Signale	**Stufenloser Verlauf:** Sie können einen beliebigen Wert annehmen und verändern sich dadurch kontinuierlich	Kurve: Bereich 0 bis 6 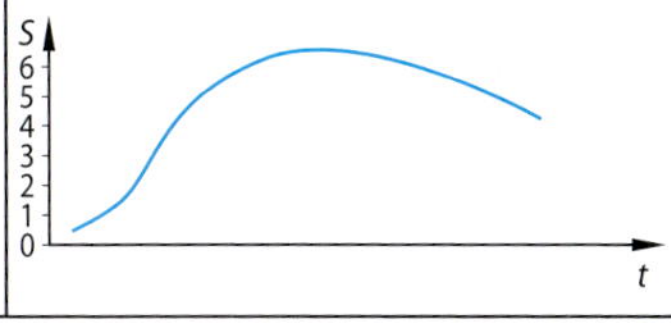

2.9 Toleranzen

Allgemeintoleranzen für Schweißkonstruktionen — DIN EN ISO 13920 : 1996-11

general weldment tolerances

Allgemeintoleranzen für Längenmaße								
Genauigkeitsgrad	Nennmaßbereich in mm							
	ab 2 bis 30	über 30 bis 120	über 120 bis 400	über 400 bis 1000	über 1000 bis 2000	über 2000 bis 4000	über 4000 bis 8000	über 8000 bis 12 000
	obere und untere Abmaße für Längenmaße in mm							
A	±1	±1	±1	±2	±3	±4	±5	±6
B	±1	±2	±2	±3	±4	±6	±8	±10
C	±1	±3	±4	±6	±8	±11	±14	±18
D	±1	±4	±7	±9	±12	±16	±21	±27

Allgemeintoleranzen für Schweißkonstruktionen (Fortsetzung)

Allgemeintoleranzen für Längenmaße						
Genauigkeitsgrad	Nennmaßbereich in mm für die Länge des kürzeren Schenkels			Nennmaßbereich in mm für die Länge des kürzeren Schenkels		
	bis 400	über 400 bis 1000	über 1000	bis 400	über 400 bis 1000	über 1000
	obere und untere Abmaße für Winkelmaße in Grad und Minuten			obere und untere Abmaße für Winkelmaße als Tangenswert der Allgemeintoleranz in mm je 1 m des kürzeren Schenkels*		
A	±20′	±15′	±10′	±6	±4,5	±3
B	±45′	±30′	±20′	±13	±9	±6
C	±1°	±45′	±30′	±18	±13	±9
D	±1° 30′	±1° 15′	±1°	±26	±22	±18

Zeichnungseintragung z. B. für Genauigkeitsgrad C: EN ISO 13 920-C

* Werte gerundet

Allgemeintoleranzen für Form und Lage							
Genauigkeitsgrad	Nennmaßbereich in mm für größere Seitenlänge der Fläche						
	über 30 bis 120	über 120 bis 400	über 400 bis 1000	über 1000 bis 2000	über 2000 bis 4000	über 4000 bis 8000	über 8000 bis 12 000
	Genauigkeit für Geradheit, Ebenheit, Parallelität in mm						
E	0,5	1	1,5	2	3	4	5
F	1	1,5	3	4,5	6	8	10
G	1,5	3	5,5	9	11	16	20
H	2,5	5	9	14	18	26	32

Zeichnungseintragung z. B. für Genauigkeitsgrad „G“: EN ISO 13 920-G
kombiniert mit Genauigkeitsgrad B für Länge: EN ISO 13 920-BG

Maßtoleranzen für thermische Schnitte

DIN EN ISO 9013:2003-07

dimensional tolerances, jet cuts

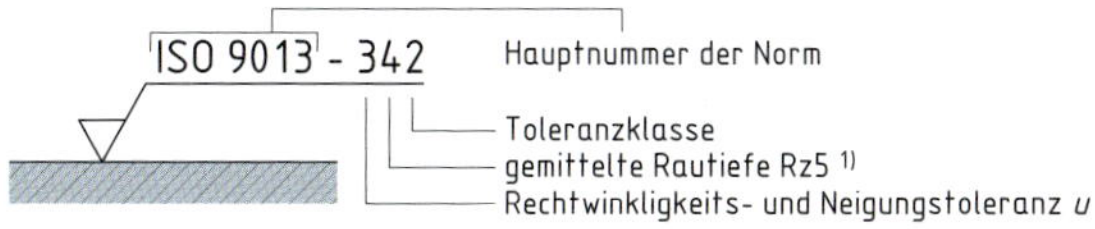

Hinweis:
Es wird in dieser Norm nur noch die Qualität der thermischen Schnitte unabhängig vom Schneidprozess (autogenes Brennschneiden, Plasmaschneiden, Laserstrahlschneiden) berücksichtigt; Brennschnitte an Aluminium, Titan, Magnesium und ihren Legierungen sowie Messing lassen sich nicht bzw. nur bedingt nach dieser Norm bewerten. Es sind in der Regel höhere Werte zu erwarten.

Bereich (Güteklassen)	**Rechtwinkligkeits- und Neigungstoleranz *u* in mm** 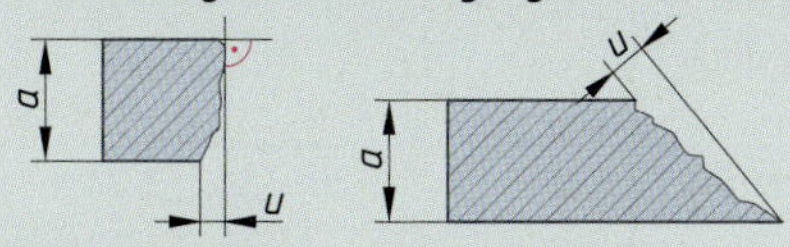 Senkrechtschnitt Fasenschnitt	**Rautiefe Rz5[1] in µm** 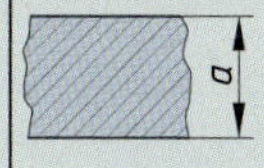
1	$u \leq 0{,}005 + 0{,}003\,a$	$Rz \leq 10 + (0{,}6a : \text{mm})$
2	$u \leq 0{,}15 + 0{,}007\,a$	$Rz \leq 40 + (0{,}8a : \text{mm})$
3	$u \leq 0{,}4 + 0{,}01\,a$	$Rz \leq 70 + (1{,}2a : \text{mm})$
4	$u \leq 0{,}8 + 0{,}02\,a$	$Rz \leq 110 + (1{,}8a : \text{mm})$
5	$u \leq 1{,}2 + 0{,}035\,a$	–

[1] Rz5 berechnet sich als arithmetisches Mittel aus den Rautiefen von 5 aneinandergrenzenden Einzelmessstrecken

Werkstückdicke in mm	**Grenzabmaße für Nennmaße in mm**								**Toleranzklasse**
	0… < 3	**3… < 10**	**10… < 35**	**35… < 125**	**125… < 315**	**315… < 1000**	**1000… < 2000**	**2000… < 4000**	
0…1	±0,04	±0,1	±0,1	±0,2	±0,2	±0,3	±0,3	±0,3	1 (früher Klasse A für autogenes Brennschneiden)
> 1…3,15	±0,10	±0,2	±0,2	±0,3	±0,3	±0,4	±0,4	±0,4	
> 3,15…6,3	±0,30	±0,3	±0,4	±0,4	±0,5	±0,5	±0,5	±0,6	
> 6,3…10		±0,5	±0,6	±0,6	±0,7	±0,7	±0,7	±0,8	
> 10…50		±0,6	±0,6	±0,4	±0,8	±1,0	±1,6	±2,5	
> 50…100			±1,3	±1,3	±1,4	±1,7	±2,2	±3,1	
> 100…150			±1,9	±2,0	±2,1	±2,3	±2,9	±3,8	
> 150…200			±2,6	±2,7	±2,7	±3,0	±3,6	±4,5	
> 200…250						±3,7	±4,2	±5,2	
> 250…300						±4,4	±4,9	±5,9	
0…1	±0,1	±0,3	±0,4	±0,5	±0,7	±0,8	±0,9	±0,9	2 (früher Klasse B für autogenes Brennschneiden)
> 1…3,15	±0,2	±0,4	±0,5	±0,7	±0,8	±0,9	±1,0	±1,1	
> 3,15…6,3	±0,5	±0,7	±0,8	±0,9	±1,1	±1,2	±1,3	±1,3	
> 6,3…10		±1,0	±1,1	±1,3	±1,4	±1,5	±1,6	±1,7	
> 10…50		±1,8	±1,8	±1,8	±1,9	±2,3	±3,0	±4,2	
> 50…100			±2,5	±2,5	±2,6	±3,0	±3,7	±4,9	
> 100…150			±3,2	±3,3	±3,4	±3,7	±4,4	±5,7	
> 150…200			±4,0	±4,0	±4,1	±4,5	±5,2	±6,4	
> 200…250						±5,2	±5,9	±7,2	
> 250…300						±6,0	±6,7	±7,9	

Bauteile erhalten eine Bearbeitungszugabe, um die Fertigteil-Nennmaße einzuhalten, wenn eine Nachbearbeitung erfolgt.

Schnittdicke *a* in mm	**Bearbeitungszugabe B_z für jede Schnittfläche in mm**
2…20	2
> 20…50	3
> 50…80	5
> 80	7

Beispieleintragung in eine technische Zeichnung **Thermischer Schnitt ISO 9013-132**

Toleranzen im Hochbau

DIN 18202:2005-10

dimensional tolerances for building construction

Grenzmaße

Bezug	Grenzabmaße in mm bei Nennmaßen in m				
	bis 3	über 3 bis 6	über 6 bis 15	über 15 bis 30	über 30
Maße im Grundriss, z. B. Längen, Breiten, Achs- und Rastermaße	±12	±16	±20	±24	±30
Maße im Aufriss, z. B. Höhen von Geschossen, Podesten sowie Abstände von Aufstandflächen und Konsolen	±16	±16	±20	±30	±30
Lichte Maße im Grundriss, z. B. Abstände zwischen Stützen, Pfeilern usw.	±16	±20	±24	±30	–
Lichte Maße im Aufriss, z. B. unter Decken und Unterzügen	±20	±20	±30	–	–
Öffnungen für Fenster, Türen, Einbauelemente usw.	±12	±16	–	–	–
Öffnungen mit oberflächenfertigen Leibungen	±10	±12	–	–	–

Winkeltoleranzen im Hochbau

Bezug	Stichmaß als Grenzwerte in mm bei Nennmaßen in m					
	bis 1	von 1 bis 3	über 3 bis 6	über 6 bis 15	über 15 bis 30	über 30
alle Flächen	6	8	12	16	20	30

Vorgefertigte Teile aus Stahl

Grenzabmaße in mm bei Nennmaß in mm					
< 2000	über 2000 bis 4000	über 4000 bis 8000	über 8000 bis 12 000	über 12 000 bis 16 000	> 16 000
±1	±2	±3	±4	±5	±6

Toleranzübersicht

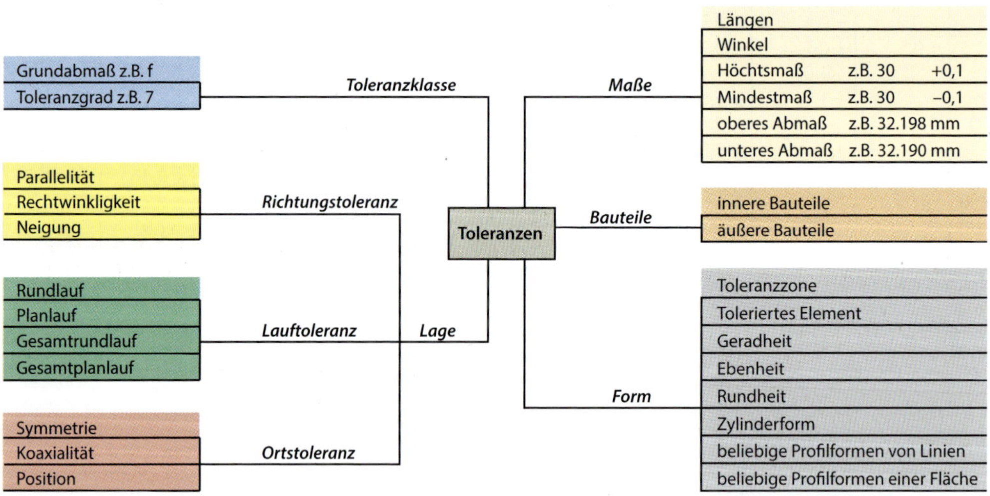

Maßtoleranzen in Zeichnungen

DIN ISO 286-1:1990-11, DIN 406-12:1992-12

Eintragung von Maßtoleranzen in Zeichnungen

Toleranzklassen

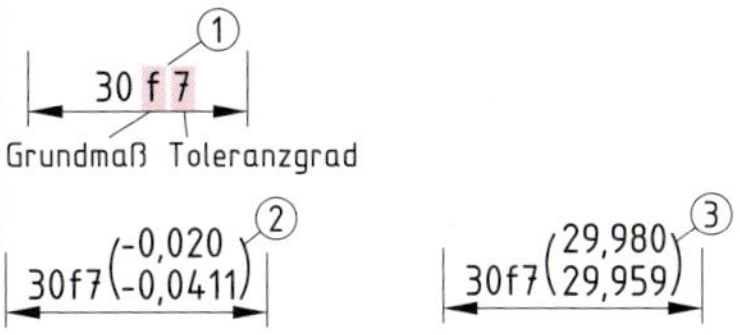

① Das Kurzzeichen der Toleranzklasse wird hinter das Nennmaß geschrieben. Das Kurzzeichen setzt sich aus dem Grundabmaß f und dem Toleranzgrad 7 zusammen.
② Die Abmaße können zusätzlich ergänzt werden.
③ Die Grenzmaße können zusätzlich ergänzt werden.

Abmaße, Grenzabmaße

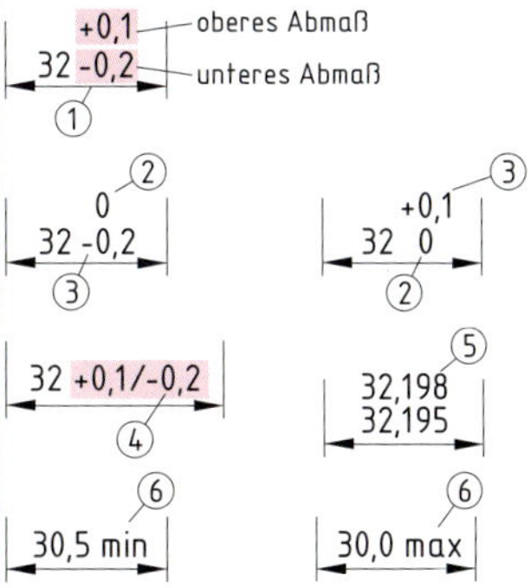

① Die Abmaße werden hinter das Nennmaß geschrieben. Das obere Abmaß steht über dem unteren Abmaß.
② Fällt eines der Abmaße mit dem Nennmaß zusammen, wird die Zahl 0 eingetragen.
③ Bei gleichen Abmaßen wird das Zeichen ± vor den Wert geschrieben, z. B. ±0,1
④ Die Abmaße können auch hintereinander geschrieben werden; sie sind durch einen Schrägstrich zu trennen, z. B. −0,1/−0,2
⑤ Grenzmaße werden als Höchstmaß und Mindestmaß eingetragen, z. B. 32,198
32,195
⑥ Einseitige Grenzmaße werden durch die Abkürzungen min. oder max. gekennzeichnet, z. B. 30,5 min.

Gefügte Bauteile

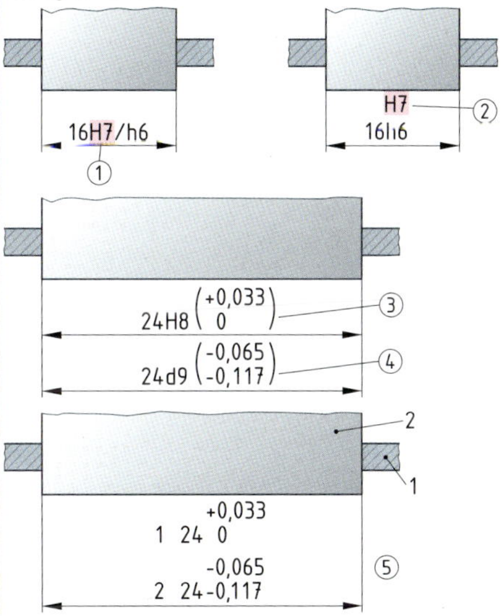

In Zusammenbauzeichnungen wird die Toleranzklasse des äußeren Bauteils
① vor oder
② über die Toleranzklasse des inneren Bauteils geschrieben.
Sollen die Abmaße eingetragen werden steht das Abmaß für
③ das äußere Bauteil oben und
④ für das innere Bauteil unten jeweils auf einer eigenen Maßlinie.
⑤ Die Eintragung ist vereinfacht auf einer Maßlinie möglich, wenn zusätzlich die Positionsnummern der Bauteile vor die Bemaßung geschrieben wird.

Toleranzen für Winkelmaße

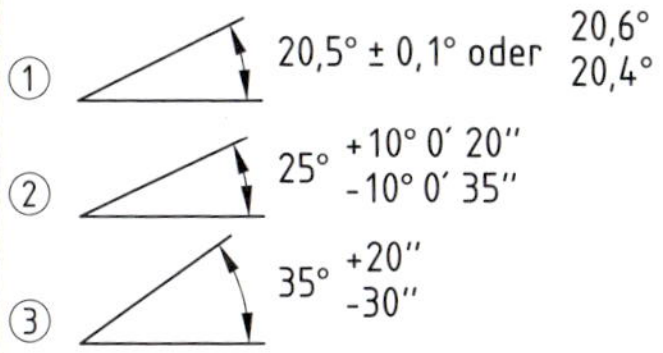

① Die Regeln der Längentoleranzen sind sinngemäß auf Winkelmaße übertragbar.
② Die Einheiten der Winkelmaße sind anzugeben.
③ Zur Vereinfachung dürfen die Nullen vor den Zahlenwerten weggelassen werden, wenn die Einheiten Winkelminuten oder -sekunden sind.

2.10 Passungen

Passungen, Begriffe *fits*

DIN ISO 286-1 : 1990-11

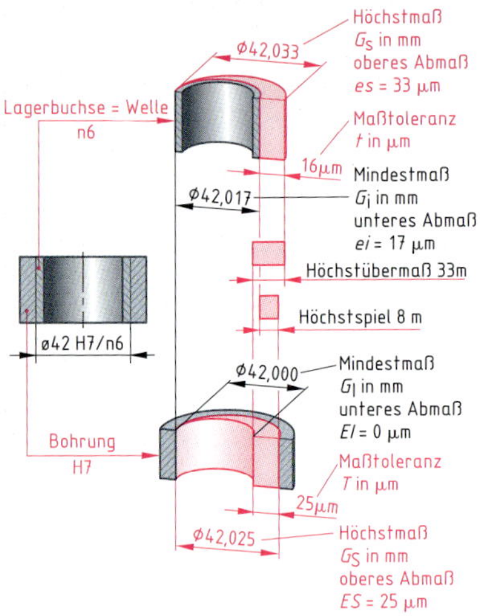

Begriffe	Bedeutung
Nulllinie	Linie, die das Nennmaß darstellt.
Grenzmaße oberes Abmaß (*ES*, *es*) unteres Abmaß (*EI*, *ei*)	 Größtes zugelassenes Istmaß. Kleinstes zugelassenes Istmaß.
Maßtoleranz (*T*, *t*)	Differenz zwischen oberen und unterem Abmaß $T = G_S - G_I = ES - EI$, $t = G_s - G_i = es - ei$
Grundtoleranz	Eine Toleranz in µm, die einem Toleranzgrad (z. B. IT7) und einem Nennmaßbereich (z. B. 10…18 mm) zugeordnet ist.
Toleranzgrad	Zahl für einen Grundtoleranzgrad
Toleranzklasse	Benennung für eine Kombination aus einem Grundabmaß mit einem Toleranzgrad, z. B. H7
Höchstmaß	Bohrung: $G_S = N + ES$, Welle: $G_s = N + es$
Mindestmaß	Bohrung: $G_I = N + EI$, Welle: $G_i = N + ei$
Passung	Differenz zwischen den Maßen zweier zu fügender Bauteile

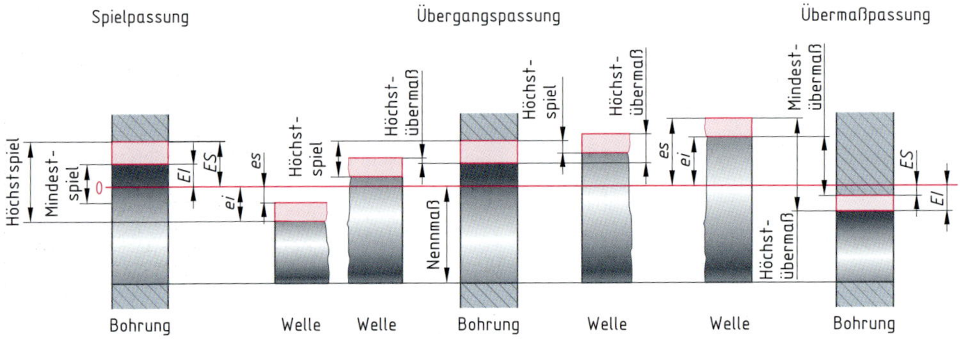

Passungssysteme *systems of fits*

Einheitsbohrung

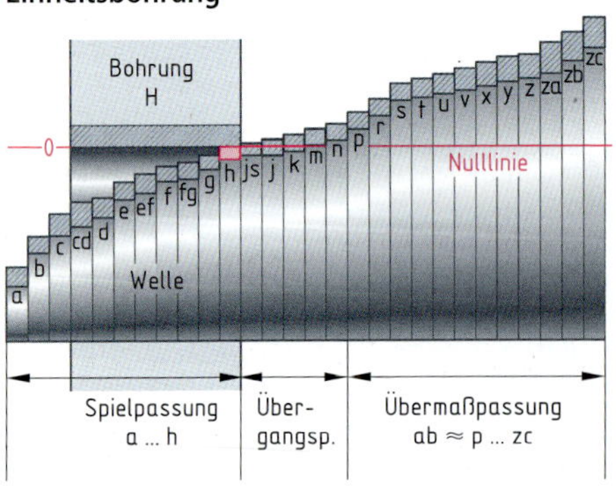

Bohrungen haben immer H.
Die H-Toleranz „sitzt" auf der Nulllinie

Einheitswelle

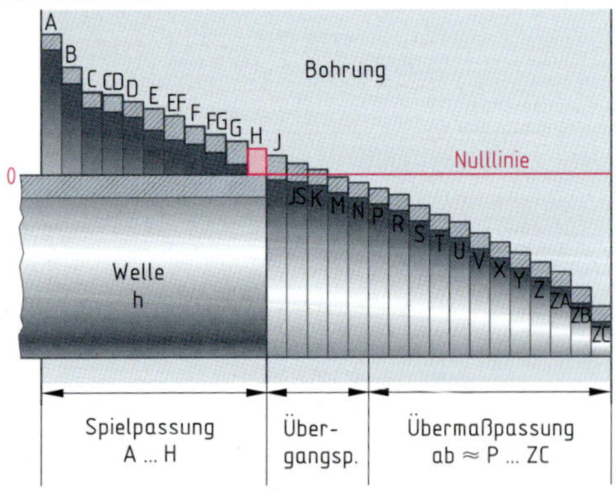

Wellen haben immer h.
Die h-Toleranz „hängt" an der Nulllinie.

Grundtoleranzen in µm *basic allowance*

DIN ISO 286-1, -2 : 1990-11

Nennmaß in mm	Toleranzgrade																			
	IT 01	IT 0	IT 1	IT 2	IT 3	IT 4	IT 5	IT 6	IT 7	IT 8	IT 9	IT 10	IT 11	IT 12	IT 13	IT 14*	IT 15*	IT 16*	IT 17*	IT 18*
bis 3	0,3	0,5	0,8	1,2	2	3	4	6	10	14	25	40	60	100	140	250	400	600	1000	1400
über 3 bis 6	0,4	0,6	1	1,5	2,5	4	5	8	12	18	30	48	75	120	180	300	480	750	1200	1800
über 6 bis 10	0,4	0,6	1	1,5	2,5	4	6	9	15	22	36	58	90	150	220	360	580	900	1500	2200
über 10 bis 18	0,5	0,8	1,2	2	3	5	8	11	18	27	43	70	110	180	270	430	700	1100	1800	2700
über 18 bis 30	0,6	1	1,5	2,5	4	6	9	13	21	33	52	84	130	210	330	520	840	1300	2100	3300
über 30 bis 50	0,6	1	1,5	2,5	4	7	11	16	25	39	62	100	160	250	390	620	1000	1600	2500	3900
über 50 bis 80	0,8	1,2	2	3	5	8	13	19	30	46	74	120	190	300	460	740	1200	1900	3000	4600
über 80 bis 120	1	1,5	2,5	4	6	10	15	22	35	54	87	140	220	350	540	870	1400	2200	3500	5400
über 120 bis 180	1,2	2	3,5	5	8	12	18	25	40	63	100	160	250	400	630	1000	1600	2500	4000	6300
über 180 bis 250	2	3	4,5	7	10	14	20	29	46	72	115	185	290	460	720	1150	1850	2900	4600	7200
über 250 bis 315	2,5	4	6	8	12	16	23	32	52	81	130	210	320	520	810	1300	2100	3200	5200	8100
über 315 bis 400	3	5	7	9	13	18	25	36	57	89	140	230	360	570	890	1400	2300	3600	5700	8900
über 400 bis 500	4	6	8	10	15	20	27	40	63	97	155	250	400	630	970	1550	2500	4000	6300	9700
Qualität	sehr fein						fein			mittel			grob		sehr grob					

* Toleranzgrenze IT 14 bis IT 18 sind für die Nennmaße bis 1 mm nicht anzuwenden

Passungsauswahl *types of fitting options*

Passungsempfehlung

Aus der Reihe 1	*H8/x8*	*H8/u8*	*H7/r6*	*H7/n6*	*H7/h6*	*H8/h9*	*H7/f7*	*F8/h6*	*H8/f7*	*F8/h9*	*E9/h9*	*D10/h9*	*C11/h9*
Aus der Reihe 1 und 2	*H7/s6*	*H7/k6*	*H7/j6*	*H11/h9*	*G7/h6*	*H7/g6*	*H8/e8*	*H8/d9*	*D10/h11*	*C11/h11*			
Aus der Reihe 2	*H11/h11*	*H11/d9*	*H11/c11*	*A11/h11*	*H11/a11*								

System Einheitsbohrung

System Einheitswelle

	Einheitsbohrung	Darstellung	Beschreibung	Darstellung	Einheitswelle
Übermaßpassung	H7/x8 (H8/u8)	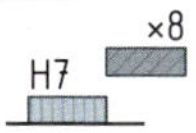	Übermaß Fügen der Bauteile nur Schrumpfen oder Dehnen mit/ohne Druck möglich; z. B. Räder/Kupplungen auf Achsen, Zapfen, Buchsen. Bauteile müssen gegen Verdrehen nicht gesichert werden.		
	H7/r6	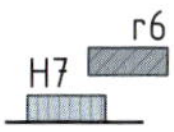			
Übergangspassung	H7/n6	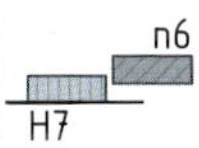	Eher Übermaß zu erwarten als Spiel. Fügen der Bauteile unter geringem Druck möglich; z. B. Kupplungen, Buchsen in Gehäusen, Ritzel auf Wellenenden. Sicherung gegen Verdrehen notwendig.		
	H6/j6	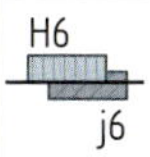	Eher Spiel zu erwarten als Übermaß. Fügen der Bauteile mit leichten Hammerschlägen; sichern gegen Verdrehen, z. B. Handräder, Riemenscheiben, Wechselräder.		
Spielpassung	H7/h6	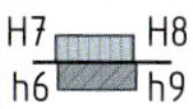	Bauteile noch gleitfähig, Verschieben mit Hand möglich z. B. Riemenscheiben, Handräder, Dichtungsringe.	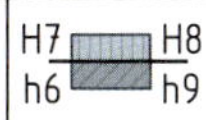	H7/h6
	H8/h9				H8/h9
	H8/f7	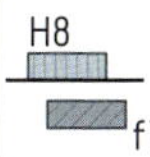	Bauteile haben kleines Spiel und sind leicht gegeneinander verschiebbar. Einsatz für alle Lagerungen auf Wellen, z. B. Wechselräder, Kupplungen, Steuerkolben.	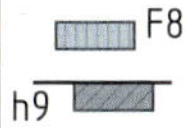	F8/h9
	H8/d9 (H11/d9)	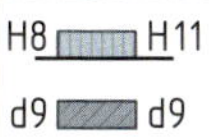	Bauteile mit reichlichem Spiel für grobe Passungen, z. B. Lager für Kranantriebe, Leerlaufscheiben, Achsbuchsen im Landmaschinenbau.	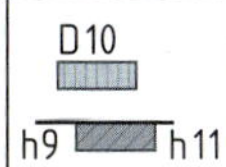	D10/h9 (D10/h11)

ISO-Passungen für Einheitsbohrung

DIN ISO 286-2 : 1990-11, DIN 7154-1 : 1966-08

Nennmaßbereich in mm	Grenzabmaße in µm																	
	Bohrg. H7	Welle									Bohrg. H8	Welle						
		s6	r6	n6	m6	k6	j6	h6	g6	f7		x8	u8	s8	h9	f7	e8	d9
von 1	+10	+20	+16	+10	+8	+6	+4	0	−2	−6	+14	+34	–	+28	0	−6	−14	−20
bis 3	0	+14	+10	+4	+2	0	−2	−6	−8	−16	0	+20		+14	−25	−16	−28	−45
über 3	+12	+27	+23	+16	+12	+9	+6	0	−4	−10	+18	+46	–	+37	0	−10	−20	−30
bis 6	0	+19	+15	+8	+4	+1	−2	−8	−12	−22	0	+28		+19	−30	−22	−38	−60
über 6	+15	+32	+28	+19	+15	+10	+7	0	−5	−13	+22	+56	–	+45	0	−13	−25	−40
bis 10	0	+23	+19	+10	+6	+1	−2	−9	−14	−28	0	+34		+23	−36	−28	−47	−76
über 10												+67						
bis 14	+18	+39	+34	+23	+18	+12	+8	0	−6	−16	+27	+40	–	+55	0	−16	−32	−50
über 14	0	+28	+23	+12	+7	+1	−3	−11	−17	−34	0	+72		+28	−43	−34	−59	−93
bis 18												+45						
über 18												+87	–					
bis 24	+21	+48	+41	+28	+21	+15	+9	0	−7	−20	+33	+54		+68	0	−20	−40	−65
über 24	0	+35	+28	+15	+8	+2	−4	−13	−20	−41	0	+97	+81	+35	−52	−41	−73	−117
bis 30												+64	+48					
über 30												+119	+99					
bis 40	+25	+59	+50	+33	+25	+18	+11	0	−9	−25	+39	+80	+60	+82	0	−25	−50	−80
über 40	0	+43	+34	+17	+9	+2	−5	−16	−25	−50	0	+136	+109	+43	−62	−50	−89	−142
bis 50												+97	+70					
über 50		+72	+60									+168	+133	+99				
bis 65	+30	+53	+41	+39	+30	+21	+12	0	−10	−30	+46	+122	+87	+53	0	−30	−60	−100
über 65	0	+78	+62	+20	+11	+2	−7	−19	−29	−60	0	+192	+148	+105	−74	−60	−106	−174
bis 80		+59	+43									+146	+102	+59				
über 80		+93	+73									+232	+178	+125				
bis 100	+35	+71	+51	+45	+35	+25	+13	0	−12	−36	+54	+178	+124	+71	0	−36	−72	−120
über 100	0	+101	+76	+23	+13	+3	−9	−22	−34	−71	0	+264	+198	+133	−87	−71	−126	−207
bis 120		+79	+54									+210	+144	+79				
über 120		+117	+88									+311	+233	+155				
bis 140		+92	+63									+248	+170	+92				
über 140	+40	+125	+90	+52	+40	+28	+14	0	−14	−43	+63	+343	+253	+163	0	−43	−85	−145
bis 160	0	+100	+65	+27	+15	+3	−11	−25	−39	−83	0	+280	+190	+100	−100	−83	−148	−245
über 160		+133	+93									+373	+273	+171				
bis 180		+108	+68									+310	+210	+108				
über 180		+151	+106									+422	+308	+194				
bis 200		+122	+77									+350	+236	+122				
über 200	+46	+159	+109	+60	+46	+33	+16	0	−15	−50	+72	+457	+330	+202	0	−50	−100	−170
bis 225	0	+130	+80	+31	+17	+4	−13	−29	−44	−96	0	+385	+258	+130	−115	−96	−172	−285
über 225		+169	+113									+497	+356	+212				
bis 250		+140	+84									+425	+284	+140				
über 250		+190	+126									+556	+396	+239				
bis 280	+52	+158	+94	+66	+52	+36	+16	0	−17	−56	+81	+475	+315	+158	0	−56	−110	−190
über 280	0	+202	+130	+34	+20	+4	−16	−32	−49	−108	0	+606	+431	+251	−130	−108	−191	−320
bis 315		+170	+98									+525	+350	+170				
über 315		+226	+144									+679	+479	+279				
bis 355	+57	+190	+108	+73	+57	+40	+18	0	−18	−62	+89	+590	+390	+190	0	−62	−125	−210
über 355	0	+244	+150	+37	+21	+4	−18	−36	−54	−119	0	–	+524	+297	−140	−119	−214	−350
bis 400		+208	+114										+435	+208				
über 400		+272	+166										+587	+329				
bis 450	+63	+232	+126	+80	+63	+45	+20	0	−20	−68	+97	–	+490	+232	0	−68	−135	−230
über 450	0	+292	+172	+40	+23	+5	−20	−40	−60	−131	0		+637	+349	−155	−131	−232	−385
bis 500		+252	+132										+540	+252				

Grundabmaße von Wellen und Bohrungen

DIN ISO 286-1 : 1990-11

Grundabmaße von Wellen in µm											Nennmaßbereich in mm	Grundabmaße von Bohrungen in µm							
d	e	f	h	j[1]	k[1]	n	r	s	u	x		E	F	H	J[2]	K[3]	N[3]	R	S
−20	−14	−6	0	−2	0	+4	+10	+14	+18	+20	bis 3	+14	+6	0	+4	0	−4	−10	−14
−30	−20	−10	0	−2	+1	+8	+15	+19	+23	+28	über 3 bis 6	+20	+10	0	+6	+5	−2	−15	−19
−40	−25	−13	0	−2	+1	+10	+19	+23	+28	+34	über 6 bis 10	+25	+13	0	+8	+6	−3	−19	−23
−50	−32	−16	0	−3	+1	+12	+23	+28	+33	+40	über 10 bis 14	+32	+16	0	+10	+8	−3	−23	−28
										+45	über 14 bis 18								
−65	−40	−20	0	−4	+2	+15	+28	+35	+41	+54	über 18 bis 24	+40	+20	0	+12	+10	−3	−28	−35
									+48	+64	über 24 bis 30								
−80	−50	−25	0	−5	+2	+17	+34	+43	+60	+80	über 30 bis 40	+50	+25	0	+14	+12	−3	−34	−43
									+70	+97	über 40 bis 50								
−100	−60	−30	0	−7	+2	+20	+41	+53	+87	+122	über 50 bis 65	+60	+30	0	+18	+14	−4	−41	−53
							+43	+59	+102	+146	über 65 bis 80							−43	−59
−120	−72	−36	0	−9	+3	+23	+51	+71	+124	+178	über 80 bis 100	+72	+36	0	+22	+16	−4	−51	−71
							+54	+79	+144	+210	über 100 bis 120							−54	−79
−145	−85	−43	0	−11	+3	+27	+63	+92	+170	+248	über 120 bis 140	+85	+43	0	+26	+20	−4	−63	−92
							+65	+100	+190	+280	über 140 bis 160							−65	−100
							+68	+108	+210	+310	über 160 bis 180							−68	−108
−170	−100	−50	0	−13	+4	+31	+77	+122	+236	+350	über 180 bis 200	+100	+50	0	+30	+22	−5	−77	−122
							+80	+130	+258	+385	über 200 bis 225							−80	−130
							+84	+140	+284	+425	über 225 bis 250							−84	−140
−190	−110	−56	0	−16	+4	+34	+94	+158	+315	+475	über 250 bis 280	+110	+56	0	+36	+25	−5	−94	−158
							+98	+170	+350	+525	über 280 bis 315							−98	−170
−210	−125	−62	0	−18	+4	+37	+108	+190	+390	+590	über 315 bis 355	+125	+62	0	+39	+28	−5	−108	−190
							+114	+208	+435	+660	über 355 bis 400							−114	−208
−230	−135	−68	0	−20	+5	+40	+126	+232	+490	+740	über 400 bis 450	+135	+68	0	+43	+29	−6	−126	−232

[1] für IT6, [2] für IT7 7, [3] bis IT 8

2.11 Oberflächenbeschaffenheit

Oberflächenangaben

Auszug DIN EN ISO 1302:2002-06

Angabe der Oberflächenbeschaffenheit am Symbol

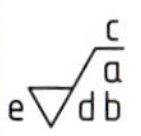	*a* = Oberflächenbeschaffenheit z. B. Ra 0,7 oder Rz 11 *b* = zweite mögliche Anforderung an die Oberflächenbeschaffenheit, wenn unter Pos. *a* eine erste Anforderung beschrieben ist. *c* = Fertigungsverfahren z. B. gedreht *d* = Oberflächenrillen und Oberflächenausrichtung z. B. „M" *e* = Bearbeitungszugabe in mm

Symbolmaße

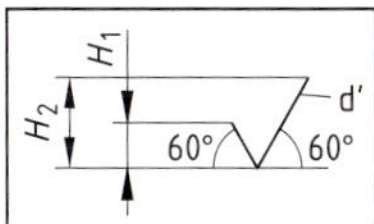	Größe der Ziffern und Großbuchstaben *h*	3,5	5	7
	Linienbreite *d'*	0,35	0,5	0,7
	Höhe H_1	5	7	10
	Höhe H_2	10	14	20

Bedeutung der Symbole

Symbol	Erklärung	ISO 1302 (alt 1992)	ISO 1302 (neu 2002)	Beispiele
Grundsymbol	Das Grundsymbol ist mit weiteren Angaben zu ergänzen.	Ra3,2	Ra 3,2	Der Rauheitswert $Ra = 3{,}2\ \mu m$ darf nicht überschritten werden. Die Fertigung kann spanlos (z. B. Druckgießen) oder spanend (z. B. Fräsen) erfolgen.
Grundsymbol mit Querlinie	Die Oberfläche wird spanend hergestellt.	Ra3,2 Ra3,2	Ra 3,2	Nur R_a (Beachte: „16%-Regel"[1]) Der Rauheitswert $Ra = 3{,}2\ \mu m$ darf nicht überschritten werden. Die Fertigung erfolgt spanend, z. B. Fräsen.
Grundsymbol mit Querlinie	Die Oberfläche wird spanend hergestellt.	Ry4,2 Ry4,2 Ry 4,2	Rz 4,2	Andere Kenngröße als nur *Ra* (Beachte: „16%-Regel"), z. B. R_z 4,2.
Grundsymbol mit Querlinie	Die Oberfläche wird spanend hergestellt.	Ramax1,6	Ramax 1,6	Die Rauheit darf 1,6 µm nicht überschreiten: „max-Regel".
Grundsymbol mit Querlinie	Die Oberfläche wird spanend hergestellt.	Ra3,2 2,5	-2,5 / Ra 3,2	Die Rauheit *Ra* 3,2 wird bezogen auf die Einzelmessstrecke von 2,5 mm.
Grundsymbol mit Querlinie	Die Oberfläche wird spanend hergestellt.	Ra1,6 Ry4,2	-2,5 / Ra 3,2	Die Rauheit *Ra* 1,6 wird mit einer weiteren Rauheitskenngröße z. B. *Rz* 4,2 kombiniert.
Grundsymbol mit Querlinie	Die Oberfläche wird spanend hergestellt.	Ra3,2 Ra1,6	U Ra 3,2 L Ra 1,6 L Ra 1,6 U = upper = ober L = lower = niedrig	Für die vorhandene Rauheit R_t gilt: $U\ Ra = 3{,}2\ \mu m \leq R_t \leq L\ Ra = 1{,}6\ \mu m$ Die Fertigung erfolgt spanend, z. B. durch Fräsen. Die Buchstaben U und L können bei eindeutiger Angabe weggelassen werden. Die vorhandene Rauheit R_t darf den unteren Grenzwert 1,6 µm nicht unterschreiten.
Grundsymbol mit Kreis	Die Oberfläche darf nicht spanend bearbeitet werden oder ist im vorgefertigten Zustand zu belassen.	Ra25	Ra 25	Der Rauheitswert $Ra = 25\ \mu m$ darf nicht überschritten werden. Die Fertigung erfolgt spanlos, z. B. durch Gießen.
Grundsymbol mit waagerechter Linie ergänzt	Auf der waagerecht verlaufenden Linie werden Fertigungsverfahren, Oberflächenbehandlungen oder Überzüge vorgeschrieben.	geschliffen Ra0,8	geschliffen Ra 0,8	Der Rauheitswert $Ra = 0{,}8\ \mu m$ darf nicht überschritten werden. Das Fertigungsverfahren ist Schleifen.
Grundsymbol mit waagerechter Linie und Kreis ergänzt	Die Vorgaben der Oberflächenbeschaffenheit werden auf alle Oberflächen des Werkstückes erweitert.	Ra0,8	Ra 0,8	Der Rauheitswert $Ra = 0{,}8\ \mu m$ darf auf allen Oberflächen des Werkstückes nicht überschritten werden. Die Fertigung erfolgt spanend, z. B. durch Schleifen.

[1] Definition 16%-Regel:
Eine Oberfläche gilt als annehmbar, wenn nicht mehr als 16% der gemessenen Werte den oberen bzw. unteren Grenzwert überschreiten bzw. unterschreiten, bezogen auf den in Zeichnungen oder Produktdokumentationen festgelegten Wert.

Oberflächenangaben in Zeichnungen

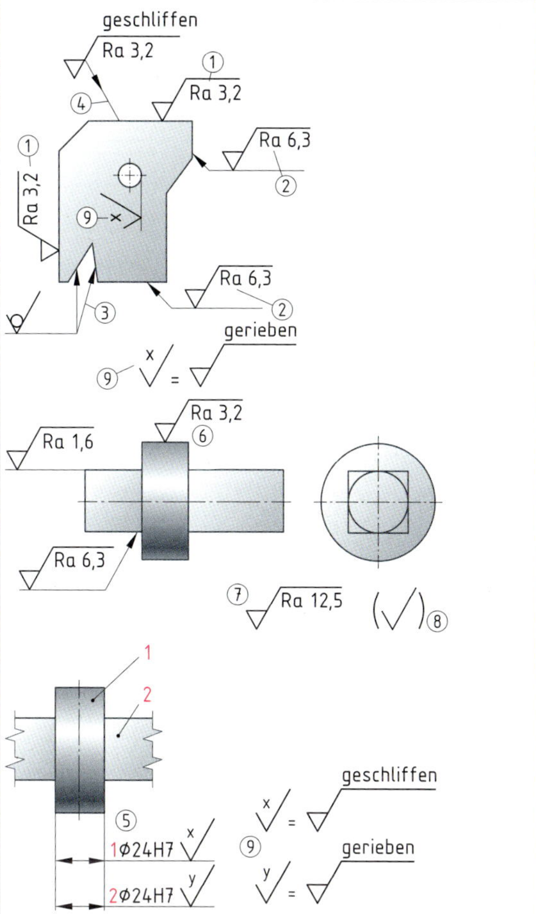

① Das Oberflächensymbol und ergänzende Eintragungen sind von unten oder rechts lesbar.

② Das Oberflächensymbol kann beliebig eingezeichnet werden, wenn der Rauheitswert von unten oder rechts lesbar ist.
Bei Bedarf können das Symbol und ergänzende Angaben auf eine Hinweislinie mit Pfeil eingetragen werden.

③ Der Pfeil zeigt auf die Oberfläche.

④ Die Verlängerung des Pfeils zeigt auf die Oberfläche.

⑤ Zur Vermeidung von Missverständnissen können die Positionsnummern den Oberflächenangaben vorangestellt werden.

⑥ Jede Oberfläche wird nur einmal in einer Zeichnung mit Oberflächenangaben versehen. Gleiches gilt für zylindrische oder prismatische Oberflächen.

⑦ Eine Oberflächenangabe außerhalb des Werkstückes bezieht sich auf alle Oberflächen.

⑧ Abweichungen zu einer für alle Oberflächen geltenden Angabe werden in Klammern gesetzt und in die Zeichnung eingetragen.

⑨ Umfangreiche oder sich wiederholende Angaben können verschlüsselt werden und in einer Legende in der Nähe des Schriftfeldes erläutert werden.

Zeichnungseintragung	Erläuterung	
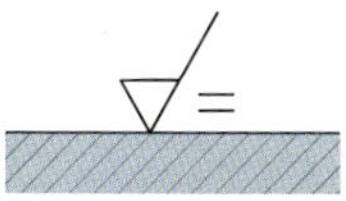	Rillenrichtung parallel zur Projektionsebene	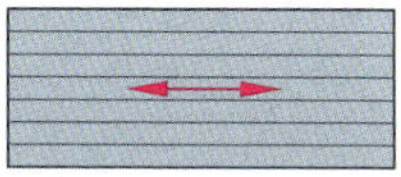
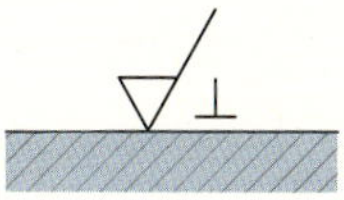	Rillenrichtung senkrecht zur Projektionsebene	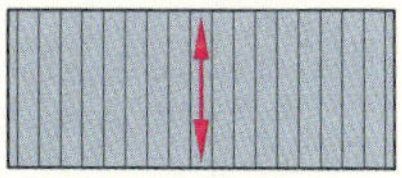
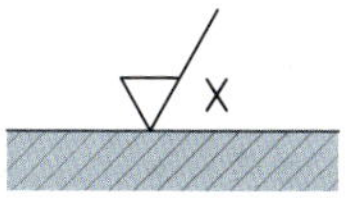	Rillenrichtung gekreuzt in zwei schrägen Richtungen	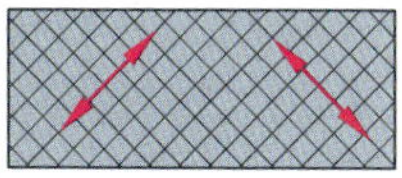
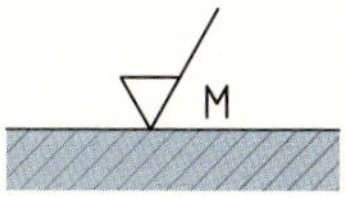	Rillenrichtung in viele Richtungen	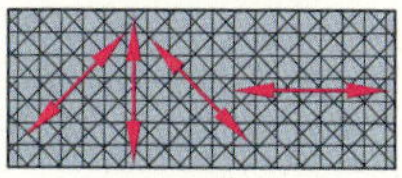
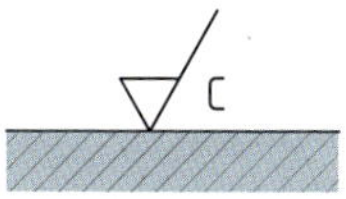	Rillenrichtung annähernd zentrisch zum Mittelpunkt der Oberfläche	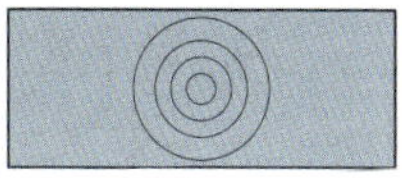

Oberflächenangaben in Zeichnungen (Fortsetzung)

Zeichnungseintragung	Erläuterung	
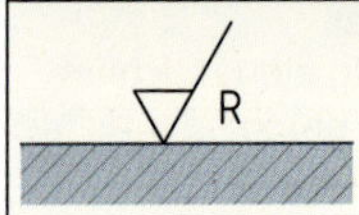	Rillenrichtung annähernd radial zum Mittelpunkt der Oberfläche	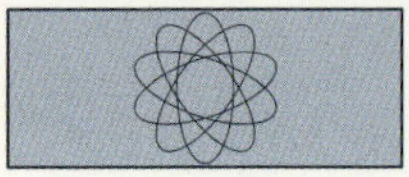
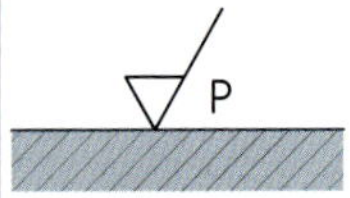	Nichtrillige Oberfläche, ungerichtet oder muldig	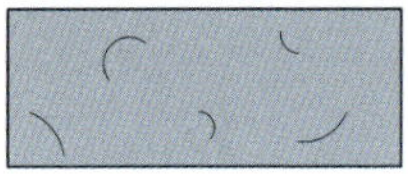
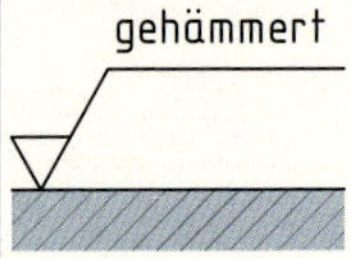	Oberfläche durch Hämmern gestaltet	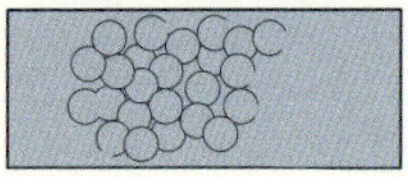
Mit Walzhaut	Textangabe in der Nähe des Schriftfeldes. Die Walzhaut nicht entfernen	

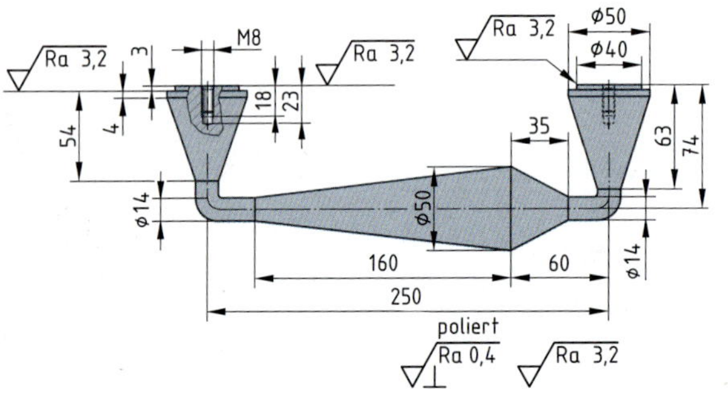

Eintragungsbeispiel für Oberflächenangaben

Fertigungsverfahren und Oberflächenbeschaffenheit[1]

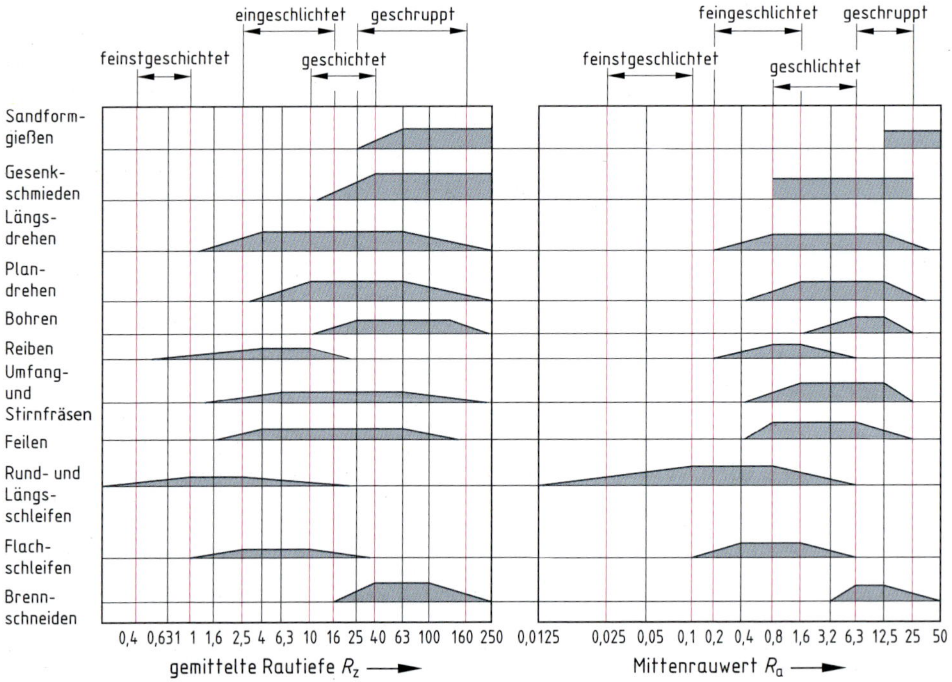

[1] Anhaltswerte nach zurückgezogener DIN 4766

2.12 Schweißen und Löten

Symbole für die Darstellung von Schweiß- und Lötnahtformen DIN EN 22553:1997-03

Stoßarten

Stumpfstoß	Parallelstoß	Überlappstoß

T-Stoß	**Doppel-T-Stoß**	**Schrägstoß**
	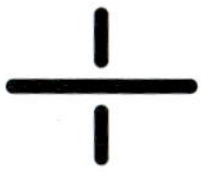	
Eckstoß	**Mehrfachstoß**	

Grundsätze für Bemaßung von Schweiß- und Lötverbindungen

Darstellung erläuternd	symbolhaft	Darstellung erläuternd	symbolhaft
Nicht durchgeschweißte I-Naht mit Vormaß		unterbrochene I-Naht, durchgeschweißt	
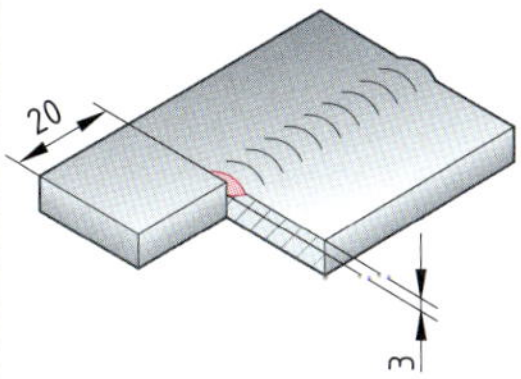	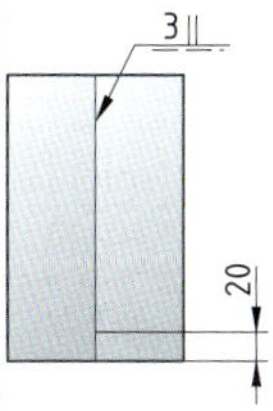	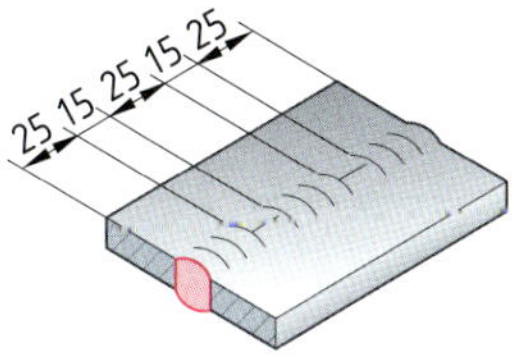	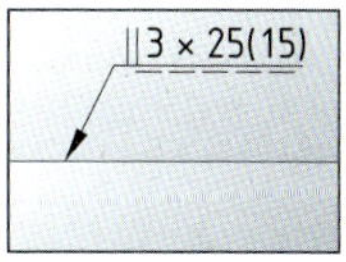
Nahtdickenangabe $s = 3$ mm entfällt bei durchgeschweißter Naht		Nahtstücke: $n = 3$ Einzelnahtlänge: $l = 25$ mm Zwischenraumlänge: $e = 15$ mm	
durchgehende Kehlnaht		Bördelnaht	
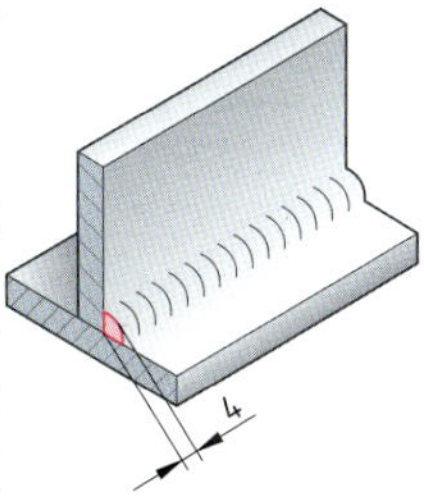	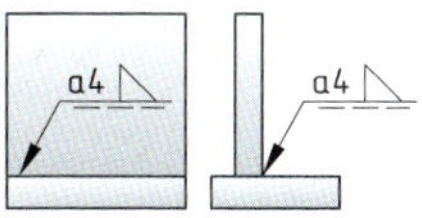	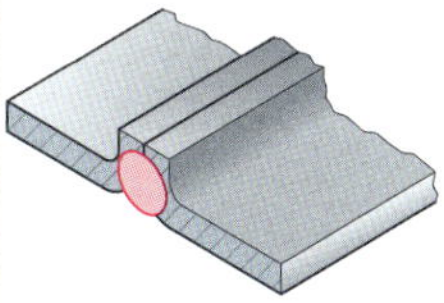	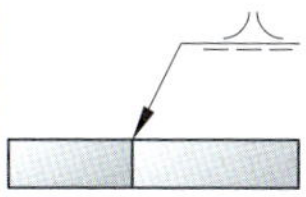
Doppelkehlnaht		V-Naht mit Gegenlage	
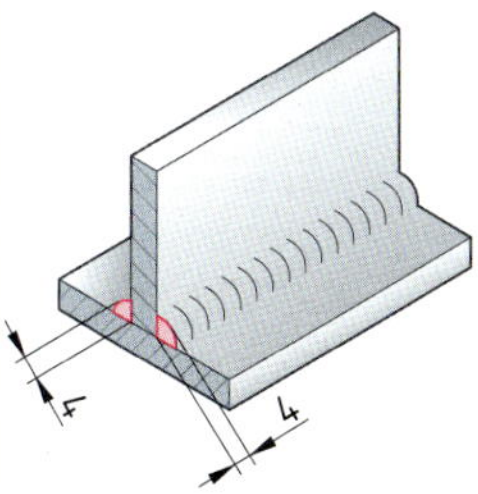	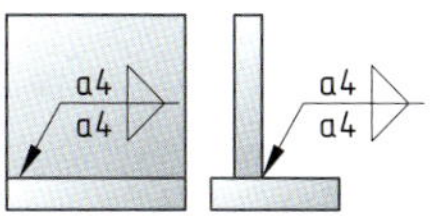	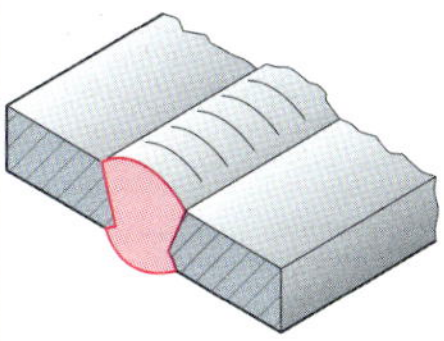	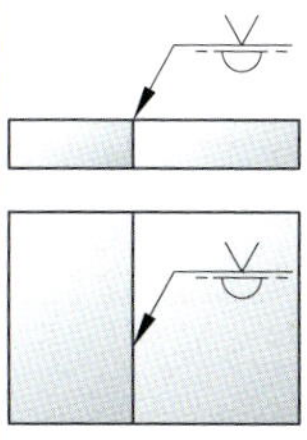

Grundsätze für Bemaßung von Schweiß- und Lötverbindungen (Fortsetzung)

Darstellung erläuternd	**symbolhaft**	**Darstellung erläuternd**	**symbolhaft**
unterbrochene Kehlnaht versetzt mit zwei Vormaßen		Punktnaht (Widerstandspressschweißen)	
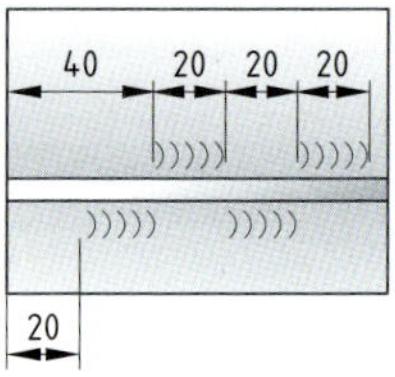	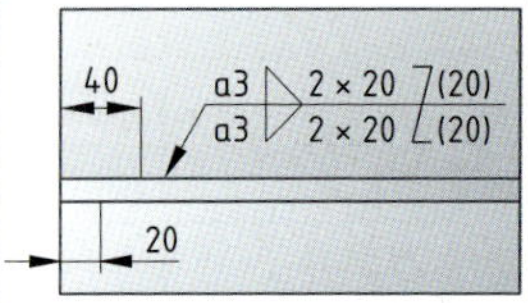	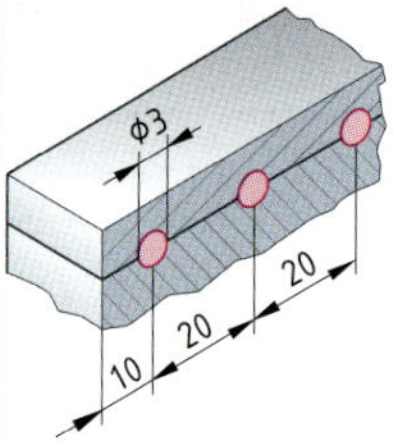	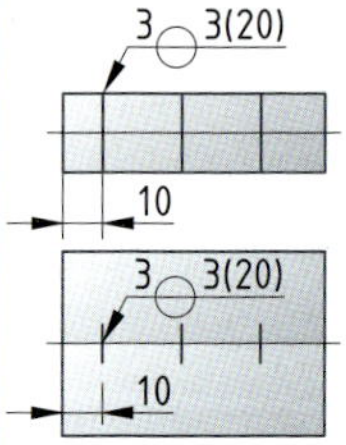

Ergänzende Angaben in der Gabel

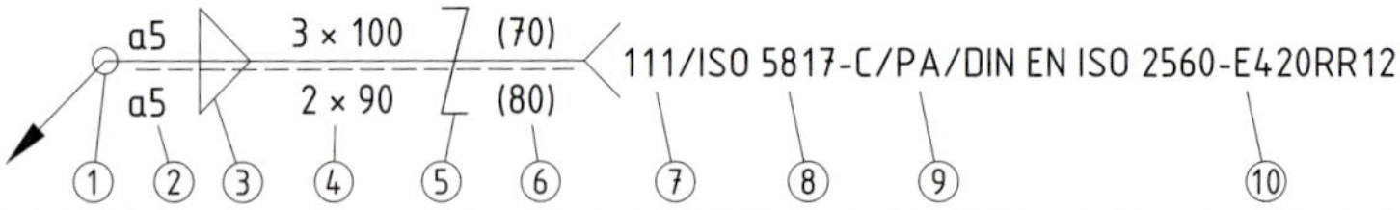

① Ergänzungssymbol ② Nahtdicken *a* oder *z* (bzw. Nahtdicke *s*) ③ Nahtsymbol ④ Anzahl der Nähte × Nahtlänge ⑤ Zeichen für Nahtversatz ⑥ Nahtabstand	⑦ Kennzahl für Schweiß-/Lötverfahren ⑧ Bewertungsgruppe für Schweißnahtgüte ⑨ Schweißposition ⑩ Zusatzwerkstoff/Hilfsstoff
Gruppen gleicher Nähte 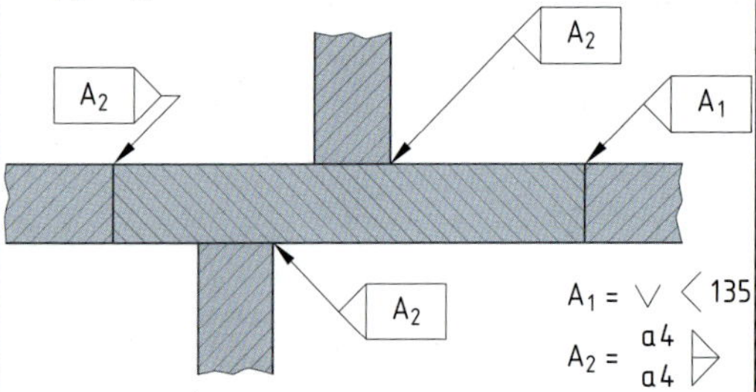	Gleiche Nähte 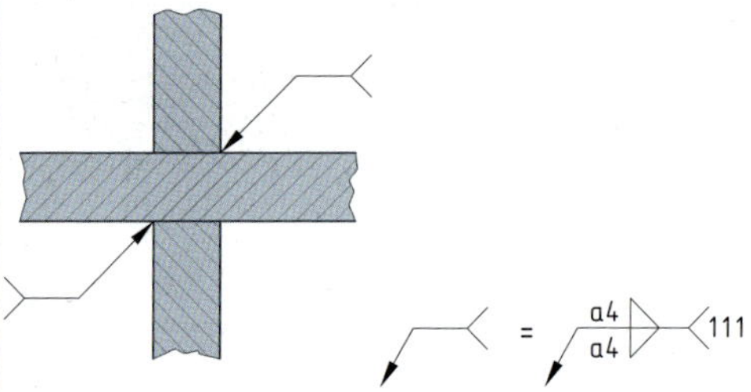

Grundsymbole

Symbol	**Darstellung erläuternd**	**symbolhaft**
Bördelnaht	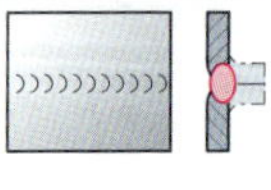	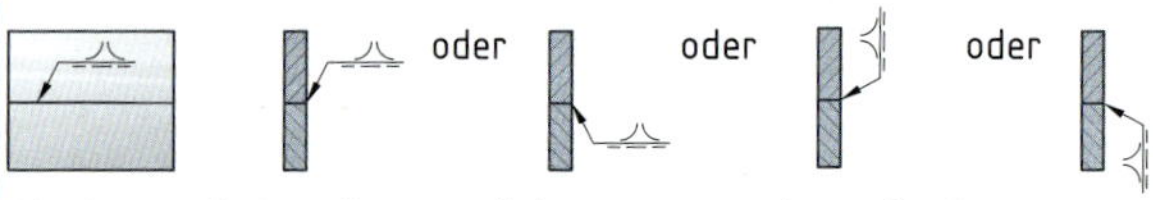 Die Bezugslinie sollte möglichst waagerecht verlaufen
I-Naht	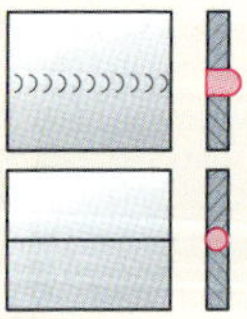	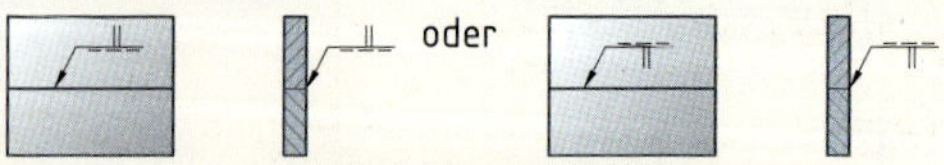 Die Naht wird von der Pfeilseite gefertigt 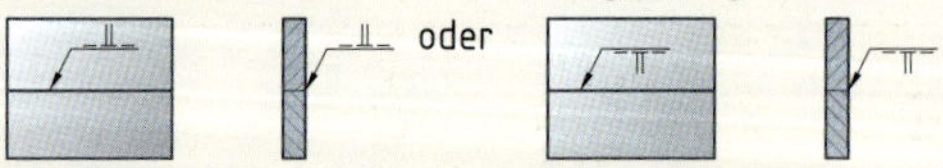 Die Naht wird von der Gegenseite gefertigt

Grundsymbole (Fortsetzung)

Symbol	Darstellung erläuternd	symbolhaft
V-Naht	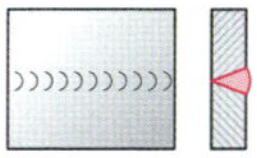	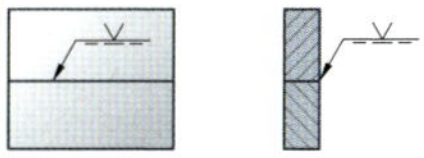
HV-Naht Halbe-V-Naht	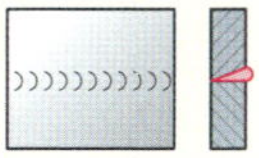	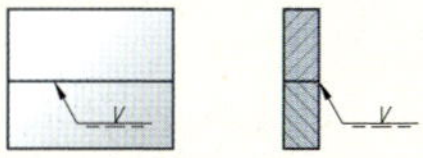 Die Pfeillinie des Bezugszeichnens zeigt auf die vorzubereitende Seite
Y-Naht	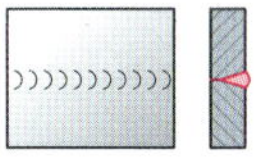	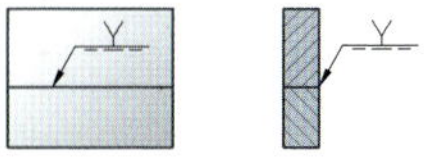
Halbe-Y-Naht	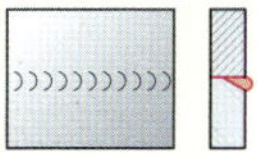	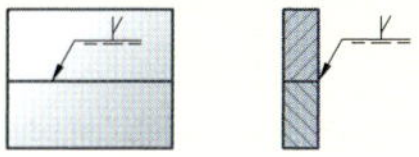
U-Naht	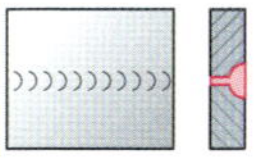	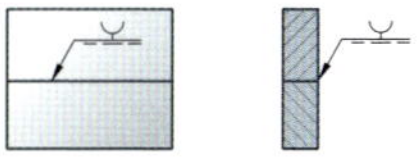
HU-Naht Halbe-U-Naht	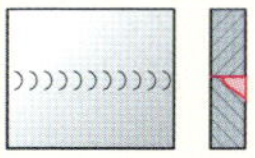	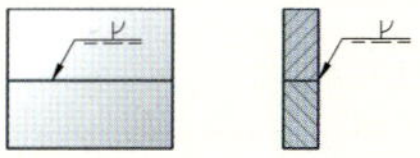
Kehlnaht	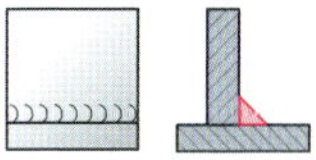	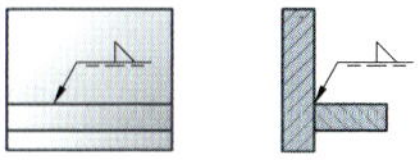
Punktnaht	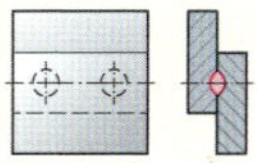	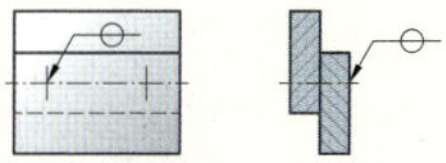 Die Strichlinie entfällt
Lochnaht	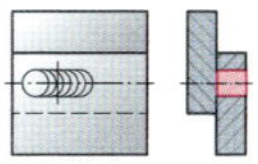	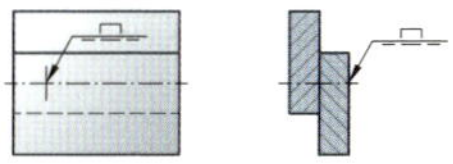
Liniennaht	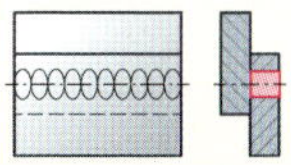	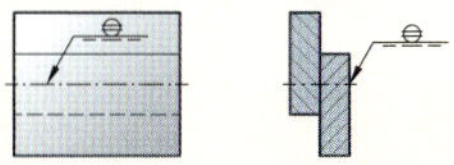
Steil-flankennaht	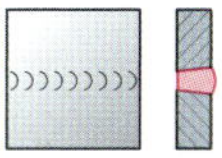	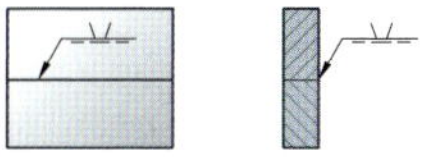
Halb-Steil-flankennaht	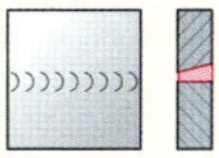	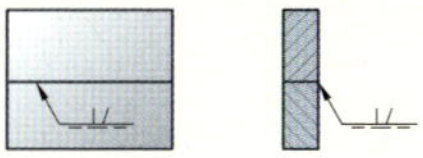
Stirnflachnaht	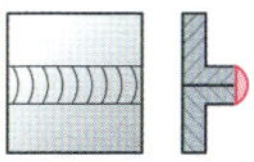	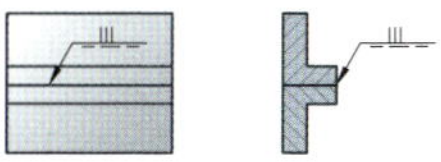
Flächennaht	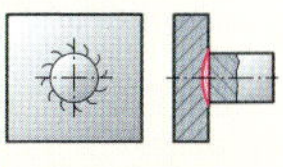	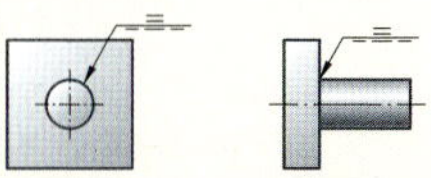
Schrägnaht	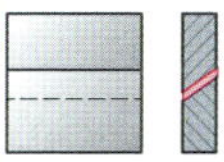	

Grundsymbole (Fortsetzung)

Symbol	Darstellung erläuternd	symbolhaft
Falznaht	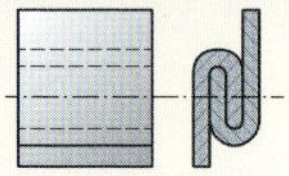	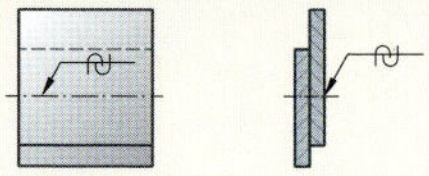
Auftragung		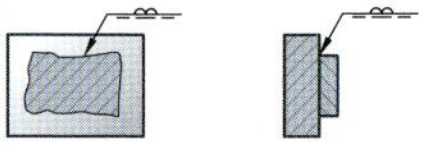

Kombination von Grundsymbolen, Zusatz- und Ergänzungssymbolen

Symbol	Darstellung erläuternd	symbolhaft	
Doppel-V-Naht (X-Naht)	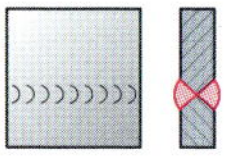	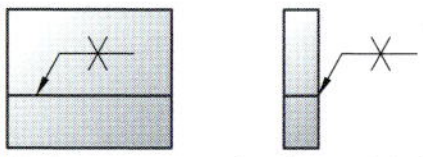 Bei symmetrischen Nähten entfällt die Strichlinie	
beidseitig geschweißt I-Naht gewölbt	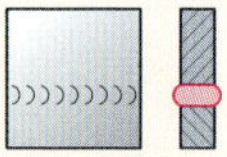	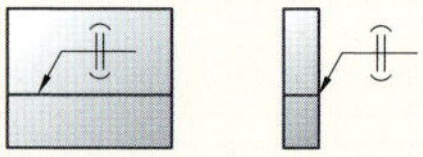	⌒ = gewölbt — = flach ◡ = hohl
V-Naht mit Gegennaht, flach	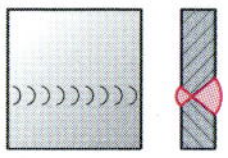	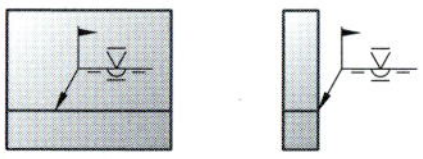	⚑ = Montagenaht ⌓ = Gegennaht
Kehlnaht, kerbfreier Übergang	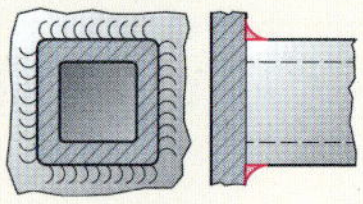	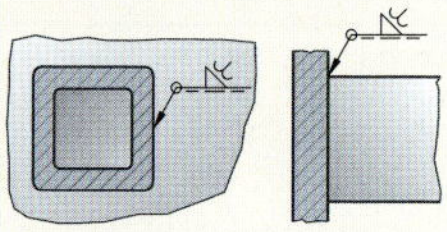	⌣ = kerbfreier Nahtübergang ○ = „ringsum"-Naht
Doppel-HU-Naht, beidseitig eingeebnet	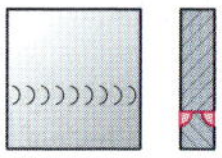	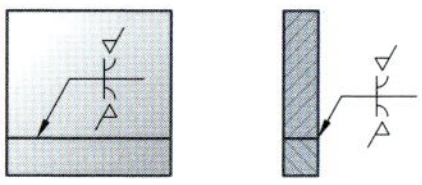	✓ = Naht eingeebnet

Prüfung von Schweißern

DIN EN 287-1 : 2006-06

Bezeichnungsbeispiel

Schweißerprüfung EN 287-1 | 111 | P | BW | 2 | B | t09 | PF | ss nb

- Normblatt
- Schweißverfahrenskennzahl (siehe Seite IHK 36)
- Halbzeug: Blech (P), Rohr (T)
- Nahtart: Stumpfnaht (BW), Kehlnaht (FW)
- Werkstoffgruppe gemäß CR ISO 15608
  Werkstoffgruppe 2 = thermomechanisch gewalzte Feinkornstähle mit einer Streckgrenze $R_{eH} < 360\ N/mm^2$
- Zusatzwerkstoff: Keiner (nm), meist artgleich (siehe Seite IHK 40 ff.)
- Werkstückdicken: Dicke (t), Rohr-∅ (D)
- Schweißposition (siehe F 3)

Nahtausführung	
bs	beidseitiges Schweißen
gb	Schweißen mit Gas als Wurzelschutz
gg	Wurzellage ausfugen o. Ausschleifen
mb	Schweißen mit Badsicherung
nb	Schweißen ohne Badsicherung
ng	ohne Ausfugen oder Ausschleifen
ss	einseitiges Schweißen

Schweißfolgeplan

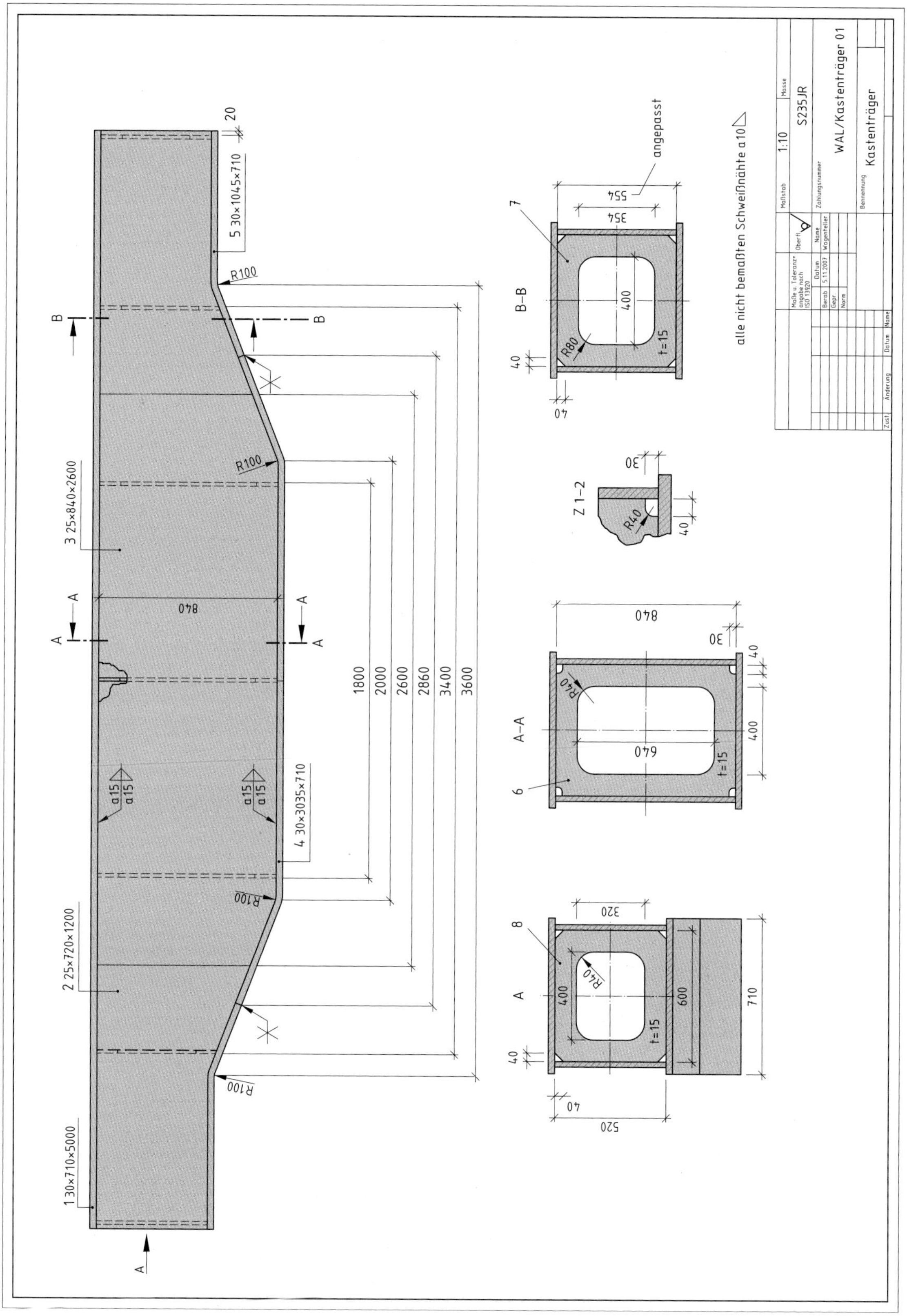

Stückliste für Kastenträger

1 Pos.	2 Menge	3 Einh.	4 Benennung	5 Norm	6 Bemerkung
1	1		Obergurt	EN 10025	Bl 30 × 710 × 5000, S235JR
2	4		Kastenblech schmal	EN 10025	Bl 25 × 720 × 1200, S235JR
3	2		Kastenblech groß	EN 10025	Bl 25 × 840 × 2600, S235JR
4	1		Untergurt lang	EN 10025	Bl 30 × 3035 × 710, S235JR
5	2		Untergurt kurz	EN 10025	Bl 25 × 1045 × 1200, S235JR
6	3		Versteifung groß	EN 10025	Bl 15 × 840 × 600, S235JR
7	2		Versteifung mittel	EN 10025	Bl 15 × 555 × 600, S235JR
8	2		Versteifung klein	EN 10025	Bl 15 × 520 × 600, S235JR

Schweißplan für Kastenträger

	Schweißfolgeplan	**Ausg.: 03**	**Werkstoff: S235JR**
HT	Nr.: SP – 071107 Ident-Nr.: 5408 Bauteil: Kastenträger	Blatt: 1/2	Zeichnungsnummer: WAL/Kastenträger 01

Bauteilbezeichnung: WAL/Kastenträger 01
Hauptabmessungen: $L = 5000$ mm, $B = 710$ mm, $H = 840$ mm
Masse (kg);
Allgemeine Angaben:
1. Nahtabmaße sind den Zeichnungen zu entnehmen.
2. Stumpfnähte in Position PA, Kehlnähte in Position PA oder PB geschweißt
3. Stumpfnähte Wurzeln ausgefugt und gegengeschweißt.
4. Schweißfolge nach Schweißfolgeplan (Anlage SFP 1)
5. Schweißrichtung von Mitte nach außen.
   Bei mehrlagigen Schweißnähten: Schweißrichtung nach jeder Lage ändern.
   Bei doppelseitigen Schweißnähten wechselseitig schweißen.

Vorrichtungen: Wendevorrichtung
Sonstiges: ...

Schweißfolgeplan für Kastenträger

	Schweißfolgeplan	**Ausg.: 03**	**Werkstoff: S235JR**
HT	Nr.: SP – 071107 Ident-Nr.: 5408 Bauteil: Kastenträger	Blatt: 2/2	Zeichnungsnummer: WAL/Kastenträger 01

Nr.	**Arbeitsfolge**	**Schweißzusatz, Schweißanweisungen, Prüfanweisungen**
1	Gebrannte Bleche auf Maßhaltigkeit prüfen	Prüfplan B verwenden
2	Heften von Pos. 3 mit 2 × Pos. 2 und gegebenenfalls richten	111, EN 499 – E 42 0 RR 2
3	Wurzel schweißen	315, EN 440-G4Si1, Bauteil wenden, Wurzel ausfugen
4	DV-Naht schweißen	3215, EN 440-G4Si1, Hinweise Schweißplan beachten
5	Schweißnähte stichprobenweise durchstrahlen.	WPS -16.10.01 – PA16.10.01
6	...	
25	Maß- und Formkontrolle	Prüfdokumentation nach Vorgabe beachten.
26	Übergabe	

IHK 20

3.8 Wärmebehandlung von Stahl *heat treatment of steel*

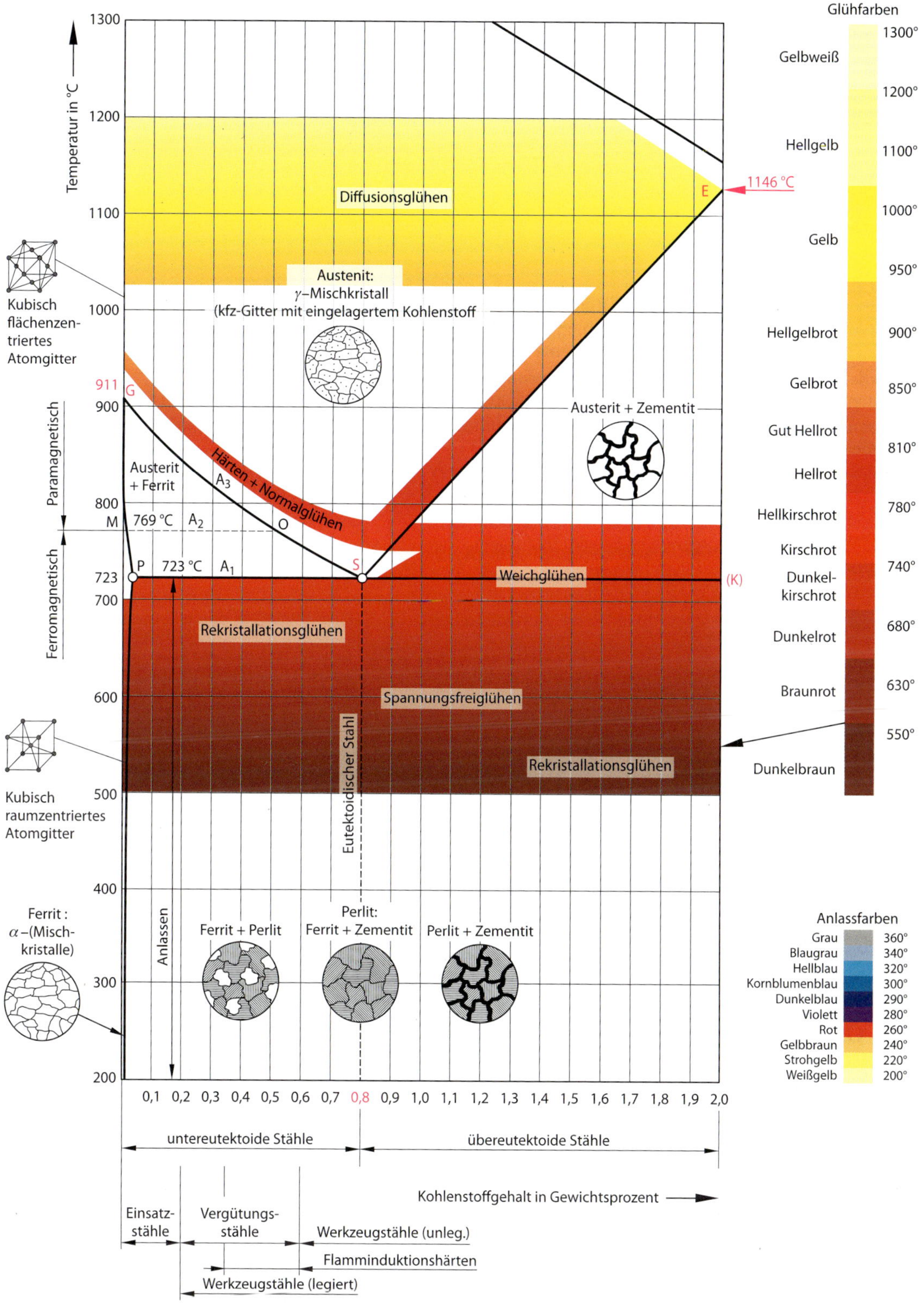

Wärmebehandlung	Erläuterung	Vorgänge
Abschrecken	Abkühlen eines Werkstücks aus dem Austenitbereich mit großer Geschwindigkeit	Abkühlen in Wasser ⇒ hohe Härte ... in Öl ⇒ geringere Härte
Anlassen	Erwärmen nach dem Abschrecken auf Temperaturen unterhalb GSK mit nachfolgendem Abschrecken	Erwärmen auf ca. 300 °C ergibt „Schneidhärte" ca. 500 °C ergibt „Schlaghärte"
Austenithärten	Erwärmen auf Austenisitisierungstemperatur (über GSK)	Kohlenstoffatome werden vollständig im Eisengitter gelöst
Einsatzhärten	Härten nach vorhergehendem Aufkohlen der Randzone des Werkstücks	Kohlenstoff diffundiert in die Randzone ein und steigert den C-Gehalt
Flammhärten	Erwärmen der Randzone eines Werkstücks (über GSK) mit einem Brenner und sofortiges Abkühlen	rasches Erwärmen und Abkühlen insb. bei Serienteilen üblich, da automatisierbar
Glühen	langsames Erwärmen – langsames Abkühlen	
• Diffusionsglühen	Eindringen (= Diffundieren) von Atomen von außen, z.B. C-Atomen beim Einsetzen	Erwärmen über 1050 °C
• Rekristallisationsglühen	Neubildung der Kornstruktur, z.B. nach Grobkornbildung durch Schweißen	Erwärmen auf 500...550 °C
• Spannungsarmglühen	Verringern der inneren Spannungen durch Gitterumlagerungen	Erwärmen auf 550...650 °C
• Weichglühen	„weich machen" von gehärteten Werkstücken	Erwärmen im Bereich PSK
• Zwischenglühen	Glühen zwischen zwei Bearbeitungsvorgängen z.B. beim Umformen	Erwärmen
• Normalglühen	Verringern der Spannungen und Verfeinerung des Gefüges	Erwärmen auf 780...950 °C
Härten	rasches Abkühlen des Austenitgefüges	Härtesteigerung durch Einlagerung von Kohlenstoffatomen im Gitter = Martensitbildung
Induktionshärten	Erwärmen der Randzone eines Werkstücks (über GSK) durch elektrische Induktion und sofortiges Abkühlen	rasches Erwärmen und Abkühlen insb. bei Serienteilen üblich, da automatisierbar
Nitrieren	Erwärmen in stickstoffabgebenden Medien und anschließendes Abschrecken	Einhängen in heißes Stickstoffgas – keine Martensitbildung, geringe Schichtdicken
Tempern von Gusseisen	Langzeitiges Glühen (bis mehrere Tage) zum Ausgleich von Strukturdefekten. Bei Guss zur Verbesserung der mechanischen Eigenschaften	Erwärmen auf 700...1050 °C
Vergüten	Härten mit nachfolgendem Anlassen mit Temperaturen knapp unterhalb GSK	Martensithärten mit Anlassen auf „Schlaghärte"

3.9 Oberflächenkennzeichnung für kaltgewalztes Blech und Band

Oberflächenart

Kennzeichen (frühere Bezeichnung)	Benennung
A (03)	übliche kaltgewalzte Oberfläche
B (05)	beste Oberfläche

Oberflächenausführung

Kennzeichen	Benennung	Merkmale der Oberfläche	Rautiefe *Ra* in µm
b	besonders glatt	gleichmäßig glatt	< 0,4
g	glatt	gleichmäßig glatt	< 0,9
m	matt	gleichmäßig matt	0,6...1,6
r	rau	aufgeraut	> 1,6

3.10 Aluminium *aluminium*

3.10.1 Bezeichnungssystem für Aluminium

EN	A	W	–	Al	99,98	–	
EN	A	W	–	Al	Mg3	–	H14

Euronorm

Buchstabe für Werkstoff	
A	Aluminium

Erzeugnisform	
A	Anoden
B	Blockform
C	Gusswerkstoff
F	Schweißzusatzwerkstoffe und Hartlote
M	Vorlegierungen
R	Raffiniertes Kupfer
S	Werkstoff in Form von Schrott
W	Knetwerkstoff
X	Nicht genormte Werkstoffe

chemische Zusammensetzung

Aluminium + % -Anteile Basismetall oder Basismetall Al + Legierungselemente mit %-Anteile absteigend

Werkstoffzustand

Grundzustand		Unterteilte Zustandsbezeichnung (auszugsweise Aufstellung)			
F	Herstellungszustand	H1x	kaltverfestigt	Hx2	¼ hart
O	weichgeglüht	H2x	kaltverfestigt und rückgekühlt	Hx4	½ hart
H	kaltverfestigt	H3x	kaltverfestigt und stabilisiert	Hx6	¾ hart
W	lösungsgeglüht	H4x	kaltverfestigt und einbrennlackiert	Hx8	4/4 hart[1]
T	wärmebehandelt und abgeschreckt oder lösungsgeglüht	H111[2]	geringfügig kaltverfestigt[2]	T4	lösungsgeglüht und kaltausgelagert
		H112[2]	verfestigt d. Warm- oder Kaltumformung[2]		

[1]Voll durchgehärtet. [2] Die dritte Ziffer kennzeichnet eine Variante zu Hxx. Hx11 nicht so stark oder gleichmäßig verfestigt wie Hx1. Hx12 erlangt durch Warm- oder begrenzte Kaltumformung eine bestimmte Verfestigung

3.10.2 Übliche Aluminiumwerkstoffe

Werkst.-Nr.	Kurzzeichen nach DIN 1725 (alt)	Alte Bezeichnung	Streckgrenze R_e in N/mm²	Zugfestigkeit R_m in N/mm²	Bruchdehnung A in %	Verwendung, Eigenschaften
EN AW-1050A	EN AW-Al 99,5	Al 99,5	20	60…95	25	Vormaterial für Wärmeaustauscher, Druckgerät, Druckbehälter, Rohrleitung, Hydraulikgerät, Behälter, Dachbelag, Dachrinne
EN AW-1200	EN AW-Al 99,0	Al 99,0	25…140	20…200	6…30	Vormaterial für Wärmeaustauscher, Rohrleitung in der Chemieindustrie, Behälter, Transportgefäß für Öl, Fett, Lack, Kraftstoff, Salpetersäure
Knetlegierungen						
EN AW-3103	EN AW AlMn1	Al Mn1	35…60	80…135	7…28	
EN AW-3004	EN AW AlMn1Mg1	Al Mn1Mg1	60…310	155…330	1…16	Vormaterial für Wärmeaustauscher geeignet für Lebensmittelkontakt
EN AW-5754	EN AW AlMg3	AlMg3	80…100	180…200	12…14	Behälter, Apparatebau, Vormaterial für Wärmeaustauscher
Kalt und aushärtbare Legierungen						
EN AW-6060	EN AW-Al MgSi	AlMgSi0,5	60…160	130…270	8…16	Vormaterial für Wärmeaustauscher, Druckgerät, Druckbehälter, Rohrleitung
EN AW-6082 T61	EM AW-Al Si1MgZr	AlMgSi1	200…205	280	3…12	Druckbehälter, Hydraulikgerät, HF-längsnahtgeschweißtes Rohr, Schraube, Mutter

3.11 Warmgewalzte rundkantige U-Profile DIN 1026-1 : 2009-04

Normallängen: bei Profillängen unter 300 mm: 8 … 16 m, über 300 mm: 8 … 18 m
Neigung der inneren Flanschflächen: 8 % bei $h \leq 300$ mm, 5 % bei $h > 300$ mm

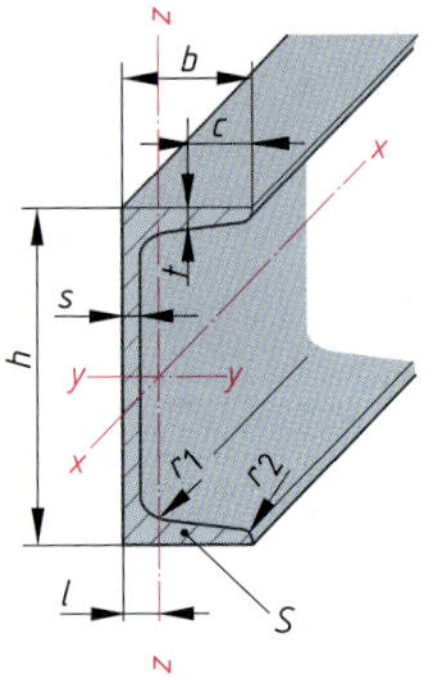

Beispiel:
U-Profil DIN 1026 – U 100 – S235JR

Höhe: $h = 100$ mm
Breite: $b = 50$ mm
Querschnittsfläche: $S = 13{,}5\ cm^2$
Widerstandsmoment (Maß für die Eignung als Träger)
(„starke" Achse) $W_y = 41{,}2\ cm^3$
(„schwache" Achse) $W_z = 8{,}49\ cm^3$
Flächenmoment 2. Grades (Maß die Eignung als Stütze)
(„starke" Achse) $I_y = 106\ cm^4$
(„schwache" Achse) $I_z = 29{,}3\ cm^4$

Abweichende Bezeichnungen:	DIN 1026	Stahlbau
starke Achse:	$x - x$	$y - y$
schwache Achse:	$y - y$	$z - z$

$c = \frac{b}{2}$ bei $h \leq 300$ mm $r_1 = t$

$c = \frac{b - s}{2}$ bei $h > 300$ mm $r_2 = \frac{t}{2}$

Kurzzeichen	Abmessungen[1]					Statische Kennwerte					Längenbezogene	
						„starke" Achse $y - y$		„schwache" Achse $z - z$			Masse	Oberfläche
U	h in mm	b in mm	s in mm	t in mm	Querschnittsfläche S in cm^2	I_y in cm^4	W_y in cm^3	I_z in cm^4	W_z in cm^3	Abstand Schwerachse $z - z$ e_z in cm	m' in $\frac{kg}{m}$	A_o' in $\frac{m^2}{m}$
30 × 15	30	15	4	4,5	2,21	2,53	1,69	0,38	0,39	0,52	1,74	0,103
30	30	33	5	7	5,44	6,39	4,26	5,01	2,60	1,34	4,27	0,174
40 × 20	40	20	5	5,5	3,66	7,58	3,79	1,14	0,86	0,67	2,87	0,142
40	40	35	5	7	6,21	14,1	7,05	6,68	3,08	1,33	4,88	0,199
50 × 25	50	25	5	6	4,92	16,8	6,73	2,49	1,48	0,81	3,86	0,181
50	50	38	5	7	7,12	26,5	10,6	9,10	3,74	1,37	5,59	0,232
60	60	30	6	6	6,46	31,6	10,5	4,51	2,16	0,91	5,07	0,215
65	65	42	5,5	7,5	9,03	57,5	17,7	14,0	5,04	1,42	7,09	0,273
80	80	45	6	8	11,0	106	26,5	19,4	6,35	1,45	8,65	0,312
100	100	50	6	8,5	13,5	205	41,1	29,3	8,45	1,55	10,6	0,372
120	120	55	7	9	17,0	364	60,7	43,1	11,1	1,61	13,3	0,434
140	140	60	7	10	20,4	605	86,4	62,5	14,7	1,76	16,0	0,489
160	160	65	7,5	10,5	24,0	925	115,6	85,1	18,2	1,84	18,9	0,546
180	180	70	8	11	28,0	1 354	150	114	22,4	1,93	22,0	0,611
200	200	75	8,5	11,5	32,2	1 911	191	148	26,9	2,01	25,3	0,661
220	220	80	9	12,5	37,4	2 691	245	196	33,5	2,14	28,4	0,718
240	240	85	9,5	13	42,3	3 599	300	247	39,6	2,24	33,2	0,775
260	260	90	10	14	48,3	4 824	371	317	47,8	2,37	37,9	0,834
280	280	95	10	15	53,4	6 276	448	398	57,2	2,53	41,9	0,890
300	300	100	10	16	58,8	8 028	535	493	67,6	2,70	46,1	0,950
320	320	100	14	17,5	75,8	10 870	679	597	80,6	2,60	59,5	0,982
350	350	100	14	16	77,30	12 840	734	571	75,1	2,40	60,6	1,05
380	380	102	13,5	16	80,4	15 760	829	615	78,7	2,38	63,1	1,11
400	400	110	14	18	91,5	20 350	1018	851	102	2,68	71,8	1,18

[1] Abmessungen entsprechen aktuellen Herstellerunterlagen. Diese können von der Norm geringfügig abweichen.

DIN 997 : 1970-10
DIN 1026-U

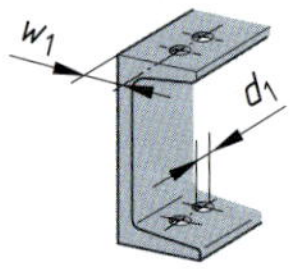

Kurzzeichen	Anreißmaße in mm	
[	w_1	d_1 max.
30 × 15	10	4,3
30	20	8,4
40 × 20	11	6,4
40	20	8,4
50 × 25	16	8,4
50	20	11
60	18	8,4
65	25	11
80	25	13
100	30	13
120	30	17 … 13
140	35	17

Kurzzeichen	Anreißmaße in mm	
[	w_1	d_1 max.
160	35	21 … 17
180	40	21
200	40	23 … 21
220	45	23
240	45	25 … 23
260	50	25
280	50	25
300	65	28
320	58	28
350	58	28
380	60	28
400	60	28

3.12 Warmgewalzte I-Profile

Schmale I-Profile mit schrägen Flanschen DIN 1025-1 : 2009-04

Normallängen: bei Profillängen unter 300 mm: 8 … 16 m, über 300 mm: 8 … 18 m

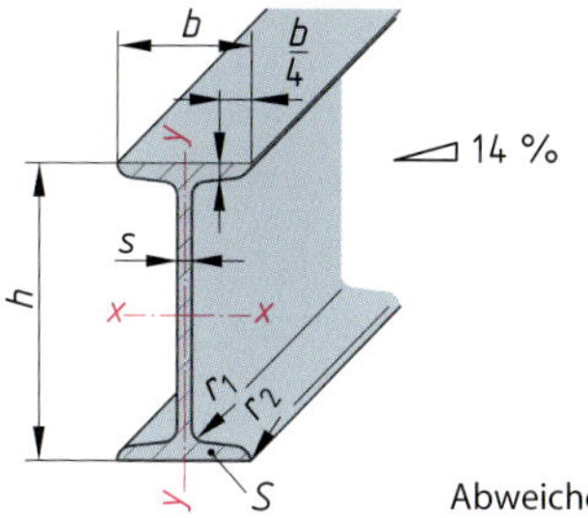

Beispiel:
I-Profil DIN 1025 – S235JR – I 100

Höhe: $h = 100$ mm
Breite: $b = 50$ mm
Querschnittsfläche: $S = 10{,}60\ \text{cm}^2$
Widerstandsmoment (Maß für die Eignung als Träger)
(„starke" Achse) $W_y = 34{,}2\ \text{cm}^3$
(„schwache" Achse) $W_z = 4{,}88\ \text{cm}^3$
Flächenmoment 2. Grades (Maß für die Eignung als Stütze)
(„starke" Achse) $I_y = 171\ \text{cm}^4$
(„schwache" Achse) $I_z = 12{,}2\ \text{cm}^4$

Abweichende Bezeichnungen: $r_1 = s$

	DIN 1025	Stahlbau
starke Achse:	$x - x$	$y - y$
schwache Achse:	$y - y$	$z - z$

$r_2 = 0{,}6\,s$

Kurzzeichen	Abmessungen[1]					Statische Kennwerte				Längenbezogene	
						„starke" Achse $y - y$		„schwache" Achse $z - z$		Masse	Oberfläche
I	h in mm	b in mm	s in mm	t in mm	Querschnittsfläche S in cm²	I_y in cm⁴	W_y in cm³	I_z in cm⁴	W_z in cm³	m' in kg/m	A_o' in m²/m
80	80	42	3,9	5,9	7,57	77,8	19,5	6,28	3,00	5,94	0,304
100	100	50	4,5	6,8	10,6	170,3	34,1	12,2	4,86	8,34	0,370
120	120	58	5,1	7,7	14,2	327,1	54,5	21,4	7,38	11,1	0,439
140	140	66	5,7	8,6	18,2	572,4	81,7	35,1	10,6	14,3	0,502
160	160	74	6,3	9,5	22,8	934	117	54,6	14,8	17,9	0,575
180	180	82	6,9	10,4	27,9	1 444	160	81,2	19,8	21,9	0,640
200	200	90	7,5	11,3	33,4	2 138	214	116,4	25,9	26,2	0,709
220	220	98	8,1	12,2	39,5	3 055	278	162	33,1	31,50	0,775
240	240	106	8,7	13,1	46,1	4 239	353	220	41,5	36,2	0,844
260	260	113	9,4	14,1	53,3	5 735	441	287	51,0	41,9	0,906
280	280	119	10,1	15,2	61,0	7 575	541	363	61,0	47,9	0,966
300	300	125	10,8	16,2	69,0	9 785	652	450	71,9	54,2	1,03
320	320	131	11,5	17,3	77,7	12 490	781	554	84,6	61	1,09
340	340	137	12,2	18,3	86,7	15 670	922	672	98,1	68	1,15
360	360	143	13,0	19,5	97,0	19 570	1087	817	114	76	1,21
380	380	149	13,7	20,5	107,0	23 980	1262	973	131	84	1,27
400	400	155	14,4	21,6	117,7	29 170	1459	1156	149	92,4	1,33
450	450	170	16,2	24,3	147,0	45 790	2035	1722	203	115	1,48
500	500	185	18,0	27,0	179,4	68 650	2746	2473	267	141	1,63
550	550	200	19,0	30,0	212,0	98 950	3598	3481	348	166	1,80

[1] Abmessungen entsprechen aktuellen Herstellerunterlagen. Diese können von der Norm geringfügig abweichen.

DIN 1025-I

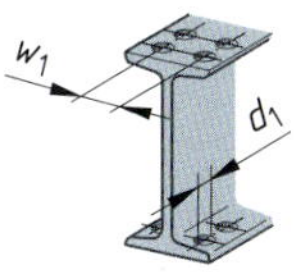

Kurzzeichen	Anreißmaße in mm	
I	w_1	d_1 max.
80	22	6,4
100	28	6,4
120	32	8,4
140	34	11
160	40	11
180	44	13
200	48	13
220	52	13
240	56	17 … 13

Kurzzeichen	Anreißmaße in mm	
I	w_1	d_1 max.
260	60	17
280	60	17
300	64	21 … 17
320	70	21 … 17
340	74	21
360	76	23 … 21
380	82	23 … 21
400	86	23
500	100	28

Mittelbreite I-Profile mit parallelen Flanschen

DIN 1025-5 : 1994-03

Normallängen: bei Profillängen unter 300 mm: 8 bis 16 m, über 300 mm: 8 bis 18 m

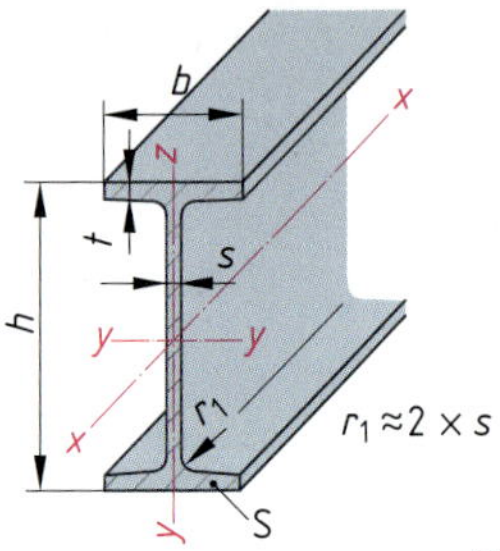

Beispiel:
IPE-Profil DIN 1025 – S235JR – IPE 100

Höhe: $h = 100$ mm
Breite: $b = 50$ mm
Querschnittsfläche: $S = 10{,}3\ cm^2$
Widerstandsmoment (Maß für die Eignung als Träger)
(„starke" Achse) $W_y = 34{,}2\ cm^3$
(„schwache" Achse) $W_z = 5{,}79\ cm^3$
Flächenmoment 2. Grades (Maß für die Eignung als Stütze)
(„starke" Achse) $I_y = 171\ cm^4$
(„schwache" Achse) $I_z = 15{,}9\ cm^4$

Abweichende Bezeichnungen: $r_1 \approx 2s$

	DIN 1025	Stahlbau
starke Achse:	$x - x$	$y - y$
schwache Achse:	$y - y$	$z - z$

Kurzzeichen	Abmessungen[1]					Statische Kennwerte				Längenbezogene	
						„starke" Achse $y - y$		„schwache" Achse $z - z$		Masse	Oberfläche
IPE	h in mm	b in mm	s in mm	t in mm	Querschnittsfläche S in cm^2	I_y in cm^4	W_y in cm^3	I_z in cm^4	W_z in cm^3	m' in $\frac{kg}{m}$	A_o' in $\frac{m^2}{m}$
80	80	46	3,8	5,2	7,64	80,1	20,0	8,49	3,69	6,0	0,328
100	100	55	4,1	5,7	10,3	171	34,2	15,9	5,79	8,1	0,400
120	120	64	4,4	6,3	13,2	318	53,0	27,7	8,65	10,3	0,475
140	140	73	4,7	6,9	16,40	541	77,3	44,9	12,3	12,9	0,551
160	160	82	5,0	7,4	20,1	869	109	68,3	16,7	15,7	0,623
180	180	91	5,3	8,0	23,9	1 317	146	101	22,2	18,8	0,698
200	200	100	5,6	8,5	28,5	1 943	194	142	28,5	22,3	0,768
220	220	110	5,9	9,2	33,4	2 772	252	205	37,3	26,2	0,848
240	240	120	6,2	9,8	39,1	3 992	324	284	47,3	30,7	0,922
270	270	135	6,6	10,2	45,9	5 790	429	420	62,2	36,1	1,04
300	300	150	7,1	10,7	53,8	8 356	557	604	80,5	42,2	1,16
330	330	160	7,5	11,5	62,6	11 767	713	788	98,5	49,2	1,25
360	360	170	8,0	12,7	72,7	16 266	904	1043	123	57,1	1,35
400	400	180	8,6	13,5	84,5	23 128	1156	1318	146	66,3	1,47
450	450	190	9,4	14,6	98,8	33 743	1500	1676	176	77,6	1,61
500	500	200	10,2	16,0	116,0	48 199	1928	2142	214	90,7	1,74
550	550	210	11,1	17,2	134,0	67 116	2441	2668	254	105,5	1,88
600	600	220	12,0	19,0	156,0	92 093	3069	3387	308	122,4	2,01

[1] Abmessungen entsprechen aktuellen Herstellerunterlagen. Diese können von der Norm geringfügig abweichen.

DIN 1025-IPE

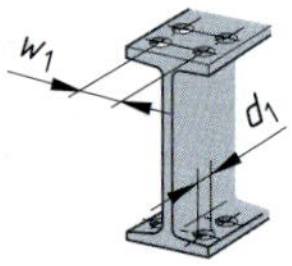

Kurzzeichen	Anreißmaße in mm	
IPB	w_1	d_1 max.
80	26	6,4
100	30	8,4
120	36	8,4
140	40	11
160	44	13
180	50	13
200	56	13
220	60	17
240	68	17

Kurzzeichen	Anreißmaße in mm	
IPB	w_1	d_1 max.
270	72	21 … 17
300	80	23
330	86	25 … 23
360	90	25
400	96	28 … 25
450	106	28
500	110	28
550	120	28
600	120	28

Breite I-Profile mit parallelen Flanschen

DIN 1025-2 : 1995-11

IPB-Reihe (HE-B-Reihe)

Normallängen: bei Profillängen unter 300 mm: 8 ... 16 m, über 300 mm: 8 ... 18 m

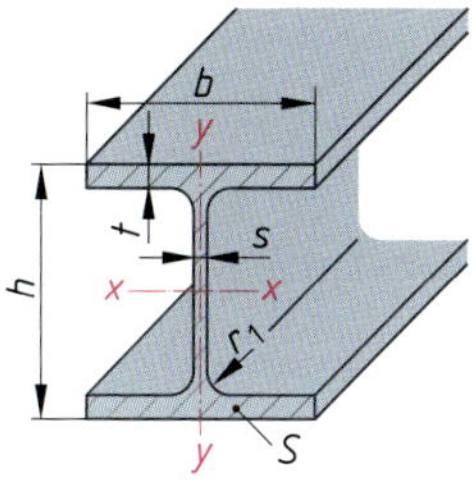

Beispiel:
IPB-Profil DIN 1025 – S235JR – IPB 100

Höhe:	$h = 100$ mm
Breite:	$b = 100$ mm
Querschnittsfläche:	$S = 26{,}0\ \text{cm}^2$
Widerstandsmoment (Maß für die Eignung als Träger)	
(„starke" Achse)	$W_y = 89{,}9\ \text{cm}^3$
(„schwache" Achse)	$W_z = 33{,}5\ \text{cm}^3$
Flächenmoment 2. Grades (Maß für die Eignung als Stütze)	
(„starke" Achse)	$I_y = 450\ \text{cm}^4$
(„schwache" Achse)	$I_z = 167\ \text{cm}^4$

Abweichende Bezeichnungen: $r_1 \approx 2s$

	DIN 1025	**Stahlbau**
starke Achse:	$x - x$	$y - y$
schwache Achse:	$y - y$	$z - z$

Kurzzeichen	**Abmessungen**[1]					**Statische Kennwerte**				**Längenbezogene**	
						„starke" Achse $y - y$		**„schwache" Achse $z - z$**		**Masse**	**Oberfläche**
IPB bzw. HE-B	**h in mm**	**b in mm**	**s in mm**	**t in mm**	**Querschnittsfläche S in cm^2**	**I_y in cm^4**	**W_y in cm^3**	**I_z in cm^4**	**W_z in cm^3**	**m' in $\frac{\text{kg}}{\text{m}}$**	**A_o' in $\frac{\text{m}^2}{\text{m}}$**
100	100	100	6	10	26,0	450	89,9	167	33,5	20,4	0,567
120	120	120	6,5	11	34,0	864	144	318	52,9	26,7	0,686
140	140	140	7	12	43,0	1 509	216	550	78,5	33,7	0,805
160	160	160	8	13	54,3	2 492	311	889	111	41,6	0,918
180	180	180	8,5	14	65,3	3 831	426	1 363	151	51,2	1,04
200	200	200	9	15	78,10	5 696	570	2 003	200	61,3	1,15
220	220	220	9,5	16	91,0	8 091	736	2 843	258	71,5	1,27
240	240	240	10	17	106,0	11 259	938	3 923	327	83,2	1,38
260	260	260	10	17,5	118,0	14 919	1 148	5 135	395	93,0	1,50
280	280	280	10,5	18	131,0	19 270	1 376	6 595	471	103,1	1,62
300	300	300	11	19	149,0	25 166	1 678	8 563	571	117	1,73
320	320	300	11,5	20,5	161,0	30 824	1 926	9 239	616	126,7	1,77
340	340	300	12	21,5	171,0	36 656	2 156	9 690	646	134,2	1,81
360	360	300	12,5	22,5	181,0	43 193	2 400	10 141	676	141,8	1,85
400	400	300	13,5	24	198,0	57 680	2 884	10 819	721	155,3	1,93
450	450	300	14	26	218,0	79 888	3 551	11 721	781	171,1	2,03
500	500	300	14,5	28	239,0	107 180	4 287	12 624	842	187,3	2,12
550	550	300	15	29	254,0	136 690	4 971	13 077	872	199,4	2,22
600	600	300	15,5	30	270,0	171 040	5 701	13 530	902	212,0	2,32
800	800	300	17,5	33	334,0	359 080	8 977	14 904	994	262,0	2,71
1000	1000	300	19	36	400,0	644 050	12 895	16 276	1085	314,0	3,11

[1] Abmessungen entsprechen aktuellen Herstellerunterlagen. Diese können von der Norm geringfügig abweichen.

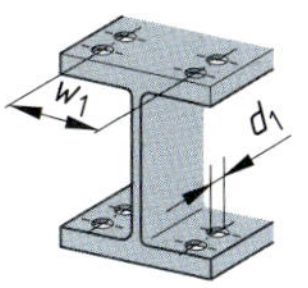

Kurzzeichen	**Anreißmaße in mm**			
	einreihig	**zweireihig**		**d_1**
IPB	**w_1**	**w_2**	**w_3**	**max.**
100	56	56	–	13
120	66	66	–	17
140	76	76	–	21
160	86	86	–	23
180	100	100	–	25
200	110	110	–	25
220	120	120	–	25
240	96	35	35	25
260	106	106	40	25
280	110	110	45	25
300	120	120	45	25

Kurzzeichen	**Anreißmaße in mm**			
	einreihig	**zweireihig**		**d_1**
IPB	**w_1**	**w_2**	**w_3**	**max.**
320	120	120	45	28
340	120	120	45	28
360	120	120	45	28
400	120	120	45	28
450	120	120	45	28
500	120	120	45	28
550	120	120	45	28
600	120	120	45	28
800	130	130	40	28
1000	130	130	40	28

3.13 Warmgewalzte gleichschenklige rundkantige T-Profile

DIN EN 10055 : 1995-12

Normallängen: 6 m, 8 m

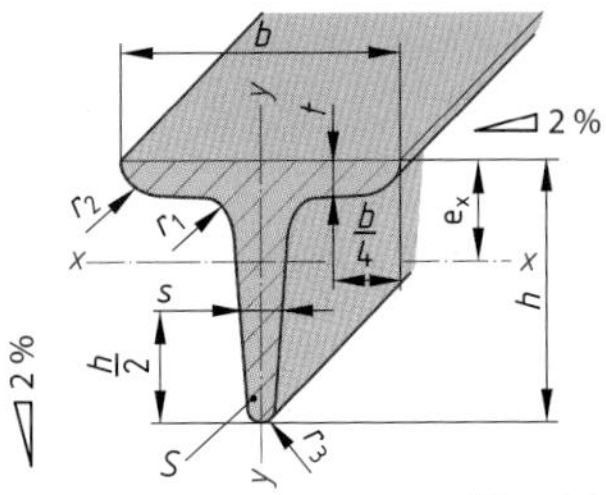

Beispiel:

T-Profil EN 10055 – T100 – S235JR (USt 37-2)

Höhe:	$h = 100$ mm
Breite:	$b = 100$ mm
Querschnittsfläche:	$S = 20{,}9\ \text{cm}^2$
Widerstandsmoment (Maß für die Eignung als Träger)	
(„starke" Achse)	$W_y = 24{,}6\ \text{cm}^3$
(„schwache" Achse)	$W_z = 17{,}7\ \text{cm}^3$
Flächenmoment 2. Grades (Maß für die Eignung als Stütze)	
(„starke" Achse)	$I_y = 179\ \text{cm}^4$
(„schwache" Achse)	$I_z = 88{,}3\ \text{cm}^4$

Abweichende Bezeichnungen:

	DIN EN 10055	**Stahlbau**
starke Achse:	$x-x$	$y-y$
schwache Achse:	$y-y$	$z-z$

$r_1 = t$

$r_2 \approx \frac{t}{2}$

Kurzzeichen	**Abmessungen**[1)]				**Statische Kennwerte**					**Längenbezogene**	
					„starke" Achse $y-y$		**„schwache" Achse $z-z$**			**Masse m' in $\frac{\text{kg}}{\text{m}}$**	**Oberfläche A_o' in $\frac{\text{m}^2}{\text{m}}$**
T	**h in mm**	**b in mm**	**$s = t$ in mm**	**Querschnittsfläche S in cm²**	**I_y in cm⁴**	**W_y in cm³**	**I_z in cm⁴**	**W_z in cm³**	**Abstand Schwerachse $z-z$ e_z in cm**		
20*	20	20	3	1,12	0,38	0,27	0,20	0,20	0,58	0,88	0,075
25*	25	25	3,5	1,64	0,87	0,49	0,43	0,34	0,73	1,29	0,094
30	30	30	4	2,26	1,72	0,80	0,87	0,58	0,85	1,77	0,114
35	35	35	4,5	2,97	3,10	1,23	1,57	0,90	0,99	2,33	0,133
40	40	40	5	3,77	5,28	1,84	2,58	1,29	1,12	2,96	0,153
50	50	50	6	5,66	12,1	3,36	6,06	2,42	1,39	4,44	0,191
60	60	60	7	7,94	23,8	5,48	12,2	4,07	1,66	6,23	0,229
70	70	70	8	10,6	44,5	8,79	22,2	6,32	1,94	8,32	0,268
80	80	80	9	13,6	73,7	12,8	37	9,25	2,22	10,7	0,307
100	100	100	11	20,9	179	24,6	88,3	17,7	2,74	16,9	0,383
120	120	120	13	29,6	366	42,0	178,0	29,7	32,8	23,2	0,459
140	140	140	15	39,9	660	64,7	330,0	47,2	38,0	31,3	0,537

1) Abmessungen entsprechen aktuellen Herstellerunterlagen. Diese können von der Norm geringfügig abweichen.

* Handelsware, nicht genormt

T, TB

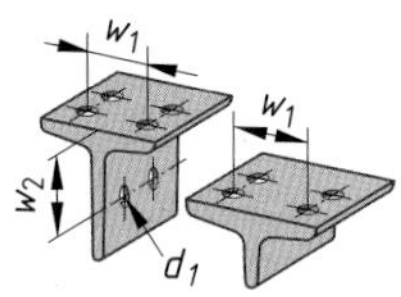

Kurzzeichen	**Anreißmaße in mm**		
T	**w_1**	**w_2**	**d_1 max.**
30	17	17	4,3
35	19	19	4,3
40	21	22	6,4
50	30	30	6,4
60	34	35	8,4
70	38	40	11
80	45	45	11
100	60	60	13
120	70	70	17
140	80	80	21

3.14 Warmgewalzte ungleichschenklige rundkantige L-Profile

DIN EN 10056-1 : 1998-10

Normallängen: 6 m, 8 m

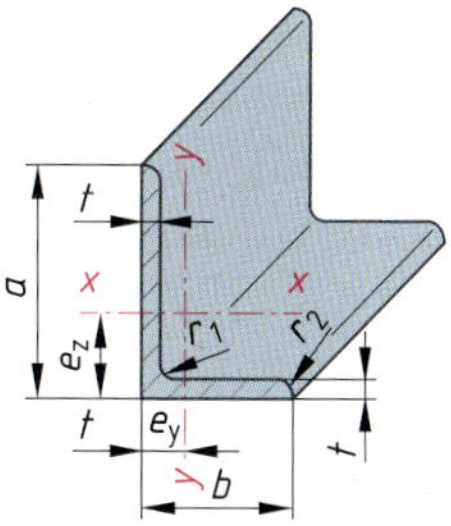

Beispiel: **L EN 10056-1 – 100 × 50 × 8 – S235JR**

Schenkelbreite:	$a = 100$ mm, $b = 50$ mm
Schenkeldicke:	$t = 8$ mm
Querschnittsfläche:	$S = 11{,}43$ cm^2
Widerstandsmoment (Maß für die Eignung als Träger)	
(„starke" Achse)	$W_y = 18$ cm^3
(„schwache" Achse)	$W_z = 5{,}04$ cm^3
Flächenmoment 2. Grades (Maß für die Eignung als Stütze)	
(„starke" Achse)	$I_y = 116$ cm^4
(„schwache" Achse)	$I_z = 19{,}5$ cm^4

Abweichende Bezeichnungen: $r_1 \approx s$

	DIN EN 10056-1	**Stahlbau**
starke Achse:	$x-x$	$y-y$
schwache Achse:	$y-y$	$z-z$

$r_2 \approx \frac{s}{2}$

Kurzzeichen	**Abmessungen**[1]						**Statische Kennwerte**				**Längenbezogene**	
							„starke" Achse		**„schwache" Achse**			
L	***a* in mm**	***b* in mm**	***t* in mm**	**Querschnittsfläche *S* in cm²**	**Abstand e_z in cm**	**Abstand e_y in cm**	**I_y in cm⁴**	**W_y in cm³**	**I_z in cm⁴**	**W_z in cm³**	**Masse m' in $\frac{kg}{m}$**	**Oberfläche A_o' in $\frac{m^2}{m}$**
30 × 20 × 3	30	20	3	1,43	1,0	0,5	1,25	0,62	0,44	0,29	1,12	0,097
4			4	1,86	1,03	0,54	1,59	0,81	0,55	0,38	1,46	
40 × 20 × 3*	40	20	3	1,72	1,4	0,44	2,79	1,08	0,47	0,30	1,35	0,117
4			4	2,26	1,47	0,48	3,59	1,42	0,60	0,39	1,77	
50 × 40 × 4*	50	40	4	3,46	1,52	1,03	8,54	2,47	4,86	1,64	2,71	0,177
5*			5	4,27	1,56	1,07	10,4	3,02	5,89	2,01	3,35	
60 × 40 × 5	60	40	5	4,79	1,96	0,97	17,2	4,25	6,11	2,02	3,76	0,195
6			5	5,68	2,0	1,01	20,1	5,03	7,12	2,38	4,46	
80 × 40 × 6	80	40	6	6,89	2,85	0,88	44,9	8,73	7,59	2,44	5,41	0,234
8			8	9,01	2,94	0.95	57,6	11,4	9,68	3,18	7,07	
100 × 50 × 8	100	50	8	11,43	3,59	1,13	116	18,0	19,5	5,04	8,97	0,292
10*			10	14,1	3,67	1,20	141	22,2	23,4	6,17	11,06	
120 × 80 × 10	120	80	10	19,1	3,92	1,95	276	34,1	98,1	16,2	15,02	0,391
12			12	22,7	4,0	2,03	323	40,4	114	19,1	17,8	
150 × 75 × 9	150	75	9	19,6	5,28	1,57	455	46,8	78,3	13,2	15,38	0,582
11*			11	23,6	5,37	1,65	545	56,6	93,0	15,9	18,56	
180 × 90 × 10*	180	90	10	26,2	6,28	1,85	880	75,1	151	21,2	20,58	0,696
12*			12	31,2	6,37	1,93	1040	89,3	177	25,1	24,47	
200 × 100 × 10	200	100	10	29,2	6,93	2,01	1220	93,2	210	26,3	22,95	0,774
12			12	34,8	7,03	2,10	1440	111	247	31,3	27,32	

[1] Abmessungen entsprechen aktuellen Herstellerunterlagen. Diese können von der Norm geringfügig abweichen.
* Lagerware – nichtgenormte Größen bis 250 × 90 × 16

DIN EN 10056

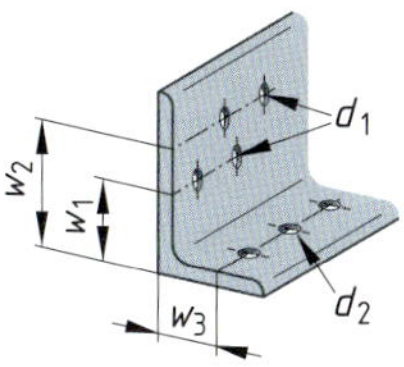

Kurzzeichen	**Anreißmaße in mm**				
L	**w_1**	**w_2**	**w_3**	**d_1 max.**	**d_2 max.**
30 × 20 × 3	17	–	12	8,4	4,3
4					
40 × 20 × 3*	22	–	12	11	4,3
4					
45 × 30 × 4	25	–	17	13	8,4
5					
50 × 40 × 5*	30	–	22	13	11
60 × 40 × 5	35	–	22	17	11
6					
75 × 50 × 7	40	–	30	23	13

Kurzzeichen	**Anreißmaße in mm**				
L	**w_1**	**w_2**	**w_3**	**d_1 max.**	**d_2 max.**
80 × 40 × 6	45	–	22	23	11
8					
100 × 50 × 8	55	–	30	25	13
10*					
120 × 80 × 10	50	80	45	25	23
12					
150 × 75 × 9	60	105	40	28	23
11*					21
180 × 100 × 10*	60	135	50	28	25
12*					
200 × 100 × 10	65	150	55	28	25
12					

3.15 Warmgewalzte gleichschenklige rundkantige L-Profile DIN EN 10056-1 : 1998-10

Normallängen: 6 m, 8 m, 10 m, 12 m

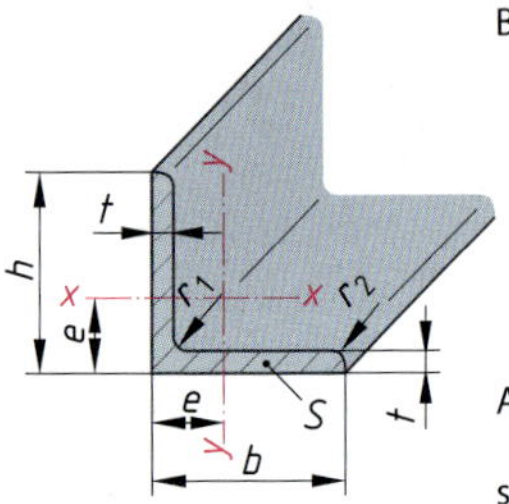

Beispiel: **L EN 10056-1 – 100 × 100 × 10 – S235JR**

Schenkelbreite: $a = 100$ mm
Schenkeldicke: $t = 10$ mm
Querschnittsfläche: $S = 19{,}2\ cm^2$
Widerstandsmoment (Maß für die Eignung als Träger)
(zwei gleich „starke" Achsen) $W_y = W_z = 24{,}7\ cm^3$
Flächenmoment 2. Grades (Maß für die Eignung als Stütze)
(„starke" Achse) $I_y = I_z = 177\ cm^4$

Abweichende Bezeichnungen: $r_1 \approx s$

	DIN EN 10056-1	Stahlbau
starke Achse:	$x - x$	$y - y$
schwache Achse:	$y - y$	$z - z$

$r_2 \approx \frac{s}{2}$

Kurzzeichen L	Abmessungen[1]				Statische Kennwerte		Längenbezogene	
	a in mm	t in mm	Querschnittsfläche S in cm^2	Abstand $e_z = e_y$ in cm	$I_y = I_z$ in cm^4	$W_y = W_z$ in cm^3	Masse m' in $\frac{kg}{m}$	Oberfläche A_o' in $\frac{m^2}{m}$
20 × 20 × 3	20	3	1,12	0,6	0,39	0,28	0,88	0,077
25 × 25 × 3		3	1,42	0,73	0,79	0,45	1,12	0,097
4	25	4	1,85	0,76	1,01	0,58	1,45	
30 × 30 × 3		3	1,74	0,84	1,41	0,65	1,36	0,116
4	30	4	2,27	0,89	1,81	0,86	1,78	
35 × 35 × 4		4	2,67	1,0	2,96	1,18	2,09	0,136
5*	35	5	3,28	1,04	3,56	1,45	2,52	
40 × 40 × 4		4	3,08	1,12	4,48	1,56	2,42	0,155
5	40	5	3,79	1,16	5,43	1,91	2,97	
45 × 45 × 4*		4	3,49	1,23	6,43	1,97	2,74	0,174
5*	45	5	4,3	1,28	7,83	2,43	3,38	
50 × 50 × 5		5	4,8	1,4	11	3,05	3,77	0,194
6		6	5,69	1,45	12,8	3,61	4,47	
7*	50	7	6,56	1,49	14,6	4,15	5,15	
60 × 60 × 5		5	5,82	1,64	19,4	4,45	4,57	0,233
6	60	6	6,91	1,69	22,8	5,29	5,42	
8		8	9,03	1,77	29,1	6,88	7,09	
70 × 70 × 7		7	9,4	1,97	42,4	8,43	7,38	0,272
9*	70	9	11,9	2,05	52,6	10,6	9,32	
80 × 80 × 8	80	8	12,3	2,26	72,3	12,6	9,63	0,311
10		10	15,1	2,34	87,5	15,5	11,9	
90 × 90 × 7	90	7	12,2	2,45	92,6	14,1	9,61	0,357
9		9	15,5	2,54	116	18	12,1	
100 × 100 × 8*	100	8	15,5	2,74	145	19,9	12,18	0,390
10*		10	19,2	2,82	177	24,7	15,04	
12*		12	22,7	2,9	207	29,2	17,83	
120 × 120 × 10*		10	23,2	3,31	313	36,0	18,20	0,469
12*	120	12	27,5	3,40	368	42,7	21,62	
150 × 150 × 12*	150	12	34,8	4,12	737	67,7	27,35	0,586
15*		15	43,0	4,25	898	83,5	33,77	
180 × 180 × 16*	180	16	55,4	5,02	1680	130	43,48	0,705
18*		18	61,9	5,10	1870	145	48,60	
200 × 200 × 16*		16	61,8	5,52	2340	162	48,50	0,785
20*	200	20	76,4	5,68	2850	199	59,53	
24*		24	90,6	5,84	3331	235	71,11	

* Lagerware – nichtgenormte Größen

DIN EN 10056-1

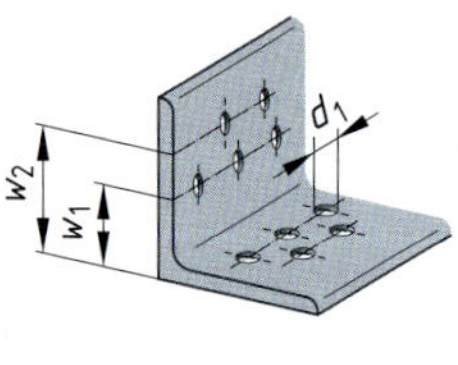

Kurzzeichen L	Anreißmaße in mm w_1	w_2	d_1 max.
20 × 3	12	–	4,3
25 × 3	15	–	6,4
4			
30 × 3	17	–	8,4
4			
35 × 4	18	–	11
5*			
40 × 4	22	–	11
5			
45 × 4*	25	–	13
5*			

Kurzzeichen L	Anreißmaße in mm w_1	w_2	d_1 max.
50 × 5	30	–	13
6			
7*			
60 × 5	35	–	17
6			
8			
70 × 7	40	–	21
9*			
80 × 8	45	–	23
10			
90 × 7	50	–	25
9			

Kurzzeichen L	Anreißmaße in mm w_1	w_2	d_1 max.
100 × 8	55	–	25
10			
12			
120 × 10	50	80	25
12			
150 × 12	60	105	28
15			
180 × 16	60	135	28
18	65		
200 × 16	65	150	28
20			

[1] Abmessungen entsprechen aktuellen Herstellerunterlagen. Diese können von der Norm geringfügig abweichen.

3.16 Warmgefertigter Stabstahl

Rundstahl *round steel*
DIN EN 10060:2004-02

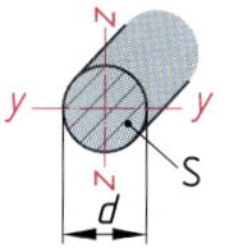

Vierkantstahl *square bar steel*
DIN EN 10059-1:2004-02

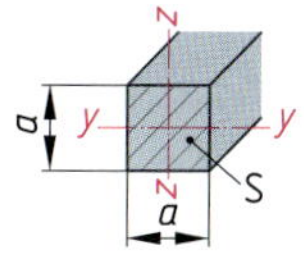

Sechskantstahl *hexagon bars*
DIN EN 10061:2004-02

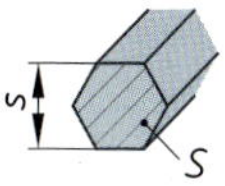

Lieferlänge: gestuft, bis 12 m

Rundstahl				**Vierkantstahl**				**Sechskantstahl**
Durchmesser *d* in mm	**Querschnittsfläche *S* in cm²**	**$W_y = W_z$ in cm³**	**Längenbezogene Masse *m'* in $\frac{kg}{m}$**	**Kantenlänge *a* in mm**	**Querschnittsfläche *S* in cm²**	**$W_y = W_z$ in cm³**	**Längenbezogene Masse *m'* in $\frac{kg}{m}$**	**Schlüsselweite *s* in mm**
8	0,50	0,05	0,39	**8**	0,64	0,08	0,50	
10	0,78	0,10	0,62	**10**	1,0	0,16	0,78	
12	1,13	0,17	0,89	**12**	1,44	0,28	1,13	
14	1,54	0,27	1,21	**14**	1,96	0,45	1,54	
16	2,01	0,40	1,58	**16**	2,56	0,68	2,01	
18	2,54	0,57	2,0	**18**	3,24	0,97	2,54	**18**
20	3,14	0,79	2,47	**20**	4,0	1,33	3,14	**20,5**
22	3,80	1,05	2,98	**22**	4,84	1,78	3,8	**22,5**
24	4,52	1,36	3,55					**23,5**
25	4,91	1,53	3,85	**25**	6,25	2,60	4,91	**25,5**
28	6,16	2,16	4,83					**28,5**
30	7,07	2,65	5,55	**30**	9,0	4,5	7,07	**31,5**
32	8,04	3,22	6,31	**32**	10,2	5,46	8,04	**33,5**
35	9,62	4,21	7,55	**35**	12,3	7,15	9,62	**37,5**
38	11,3	5,39	8,80					
40	12,6	6,28	9,86	**40**	16,0	10,7	12,6	**42,5**
45	15,9	8,95	12,5					
50	19,6	12,3	15,4	**50**	25,0	20,8	19,6	**47,5**
55	23,8	16,3	18,7					**52**
60	28,3	21,2	22,2	**60**	36,0	36,0	28,3	**57**
80	50,3	50,3	39,5	**80**	64,0	85,3	50,2	
100	78,5	98,2	61,7	**100**	100	167	78,5	
120	113	170	88,8					

Beispiel: **Rund EN 10060 – S235J** (USt 37-2)

Kaltgezogener, blanker Stabstahl (Auswahl)

DIN EN 10278 : 1999-12

Lieferlänge: gestuft, bis 12 m (Querschnitte siehe oben), längenbezogene Masse berechnet

Abmessung *d* = *s* = *a* in mm	**Längenbezogene Masse *m'* in $\frac{kg}{m}$**			**Abmessung *d* = *s* = *a* in mm**	**Längenbezogene Masse *m'* in $\frac{kg}{m}$**		
	Rd	**Vierkant**	**Sechskant**		**Rd**	**Vierkant**	**Sechskant**
2	0,024	0,031	0,027	20	2,42	3,08	–
3	0,054	0,069	0,060	24	3,48	–	3,85
4	0,097	0,124	0,107	30	5,44	–	6,00
5	0,151	0,192	0,167	32	6,19	7,88	6,83
6	0,218	0,278	0,240	36	7,84	10,01	8,64
8	0,387	0,492	0,427	40	9,67	12,36	–
10	0,605	0,770	0,667	50	15,11	19,23	16,68
12	0,871	1,11	0,960	60	21,78	–	24,03
14	1,19	1,51	1,30	70	29,63	37,77	32,67
16	1,15	1,97	1,71	80	38,75	49,25	42,65
18	1,96	2,49	–	100	60,53	77,01	66,71

Beispiel: **0,6 t Rund EN 10278 – 16 × Lager 6000 – EN 10027-1 S235JR**
(= Masse in Tonnen, Durchmesser 16 mm, Lagerlänge 6 m, Baustahl)

3.17 Warmgewalzter Flachstahl (S235JR) DIN EN 10058 : 2004-02

Breite b in mm	Längenbezogene Masse m' in $\frac{kg}{m}$ bei Dicke h in mm (berechnet) Dicke h in mm →														
	5	**6**	**7**	**8**	**9**	**10**	**12**	**14**	**16**	**18**	**20**	**30**	**40**	**50**	**60**
10	0,39														
12	0,47	0,57													
14	0,55	0,66	0,77	0,88											
16	0,63	0,75	0,88	1	1,13	1,26									
18	0,71	0,85	–	1,13	1,27	1,41									
20	0,79	0,94	1,10	1,26	1,41	1,57	1,88								
25	0,98	1,18	1,37	1,57	–	1,96	2,36	2,75	3,14						
26	1,02	1,22	1,43	1,63	–	2,04	2,45	2,86	3,27	3,67	4,08				
28	1,10	1,32	1,54	1,76	–	2,20	2,64	3,08	3,52	3,96					
30	1,18	1,41	1,65	1,88	2,12	2,38	2,83	3,30	3,77	4,24	4,71				
32	1,26	1,51	–	2,01	–	2,51	3,01	3,52	4,02		5,02				
35	1,37	1,65	1,92	2,20	–	2,75	3,30	3,85	4,12	4,85	5,50				
40	1,57	1,88	2,20	2,51	2,83	3,14	3,77	4,40	5,02	5,65	6,28	9,42			
45	1,77	2,12	2,47	2,83	–	3,53	4,24	4,95	5,65		7,07	10,6			
50	1,96	2,36	2,75	3,14	3,53	3,93	4,71	5,50	6,28	7,07	7,85	11,8	15,7		
55	2,16	2,59	–	3,45	–	4,32	5,18	6,04	6,91	7,77	8,84	13,0			
60	2,36	2,83	3,30	3,77	4,24	4,71	5,65	–	7,54	8,48	9,42	14,1	18,8		
65	2,55	3,06	–	4,08	4,59	5,10	6,12	–	8,16		10,2	15,3	20,4		
70	2,75	3,30	3,85	4,40	–	5,50	6,59	–	8,79	9,89	11,0	16,5	22,0	27,5	
80	3,14	3,77	4,40	5,02	–	6,28	7,54	–	10,0		12,6	18,8	25,1	31,4	
90	3,53	4,24		5,65	6,36	7,07	8,48	–	11,3		14,1	21,2	28,3	35,3	42,4
100	3,93	4,71		6,28	–	7,85	9,42	11,0	12,6		15,7	23,6	31,4	38,3	47,1
110				6,91	7,77	8,84	10,4	12,1	13,8		17,3	25,9	34,5	43,2	
120				7,54	–	9,42	11,3	–	15,1		18,8	26,3	37,7	47,1	56,5
130				8,16	9,18	10,2	12,2	14,3	16,3		20,4	30,6	40,8	51,0	
140				8,79		11,0	13,2		17,6		22,0	33,0	44,0	55,0	
150				9,42		11,8	14,1	16,5	18,8		23,6	35,3	47,1	58,9	70,7

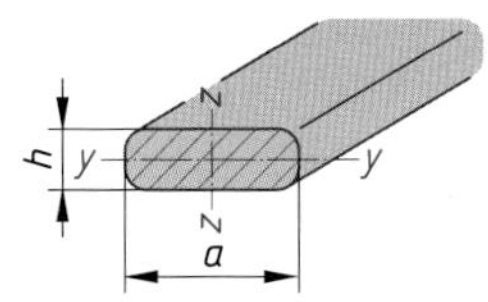

Beispiel: 2,5 t Flach DIN 1017-1 – 20 × 12 – 600 – EN 10 027-1 S235JR
(= Masse in Tonnen, Breite 20 mm, Dicke 12 mm, Länge 600 mm)

3.18 Blanker Flachstahl (S235JR) DIN EN 10278 : 1999-12

Breite b in mm	Längenbezogene Masse m' in $\frac{kg}{m}$ bei Dicke h in mm (berechnet) Dicke h in mm →														
	2	**2,5**	**3**	**4**	**5**	**6**	**8**	**10**	**12**	**16**	**20**	**25**	**32**	**40**	**50**
5	0,077	0,096	0,116												
6	0,092	0,116	0,138	0,184											
8	0,124	0,154	0,184	0,246	0,308	0,37									
10	0,154	0,192	0,232	0,308	0,386	0,462									
12	0,184	0,232	0,278	0,370	0,462	0,554	0,740								
14	0,216	0,270	0,324	0,432	0,540	0,646	0,862								
16	0,246	0,308	0,370	0,492	0,616	0,740	0,981	1,24							
18	0,278	0,347	0,416	0,554	0,694	0,832	1,11	1,38	1,67						
20	0,308	0,386	0,462	0,616	0,770	0,942	1,24	1,54	1,84	2,46					
22	0,338		0,508	0,678	0,848	1,02	1,35	1,7	2,03						
25	0,386	0,482	0,578	0,770	0,962	1,16	1,54	1,92	2,32	3,08	3,86				
28	0,432	–	0,646	0,862	1,08	1,29	1,73	2,16	2,59	3,45	4,32				
32	0,492	0,616	0,740	0,981	1,24	1,48	1,97	2,46	–	3,94	4,92	6,16			
36	0,554	0,694	0,832	1,11	1,38	1,67	–	2,78	3,33	–	5,54				
40	0,616	–	0,924	1,24	1,54	1,84	2,46	3,08	3,7	4,92	6,16	7,7	9,81		
45	0,694	–	1,04	1,38	1,74	2,08	2,78	3,46	–	5,54	6,94	8,66	11,09		
50	0,77	–	1,16	1,54	1,92	2,32	3,08	3,86	4,62	6,16	7,7	9,62	12,36		
56	–	–	1,29	1,73	2,16	–	3,45	4,32	5,18	6,9	8,62	10,78	13,83		
63	–	–	1,45	1,94	2,42	2,91	3,88	4,86	5,82	7,76	9,7	12,16	15,5	19,42	
70	–	–	–	2,16	2,7	3,24	–	5,4	6,46	8,62	10,79	13,44	–	21,58	
80	–	–	–	–	3,08	3,7	–	6,16	7,4	9,81	12,36	15,4	–	–	–
90					3,46	4,16	–	6,94	8,32	11,09	13,83	17,36			
100					3,85	4,62	–	7,7	9,24	12,36	15,4	19,23			
125					4,82	5,78	7,7	9,62	11,58	15,4	19,22	24,03	30,8	38,55	48,16
140						6,46	–	10,79	12,95						
160								12,36			24,62	30,8			

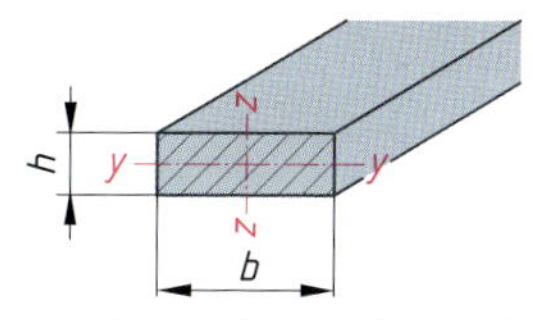

Beispiel: 1,5 t Flach EN 10278 – 20 × 12 Lager 3000 – EN 10027-1 S235JR
(= Masse in Tonnen, Breite 20 mm, Dicke 12 mm, Lagerlänge 3 m)

4.1.13 HV-Verbindungen *High-strength friction grip fastening*

Sechskantschrauben mit großen Schlüsselweiten *Hexagon bolts with large nuts across flats*
HV-Schrauben (hochfest vorgespannte Schraubenverbindungen im Metall- und Stahlbau)

DIN EN 14399-4 : 2006-06

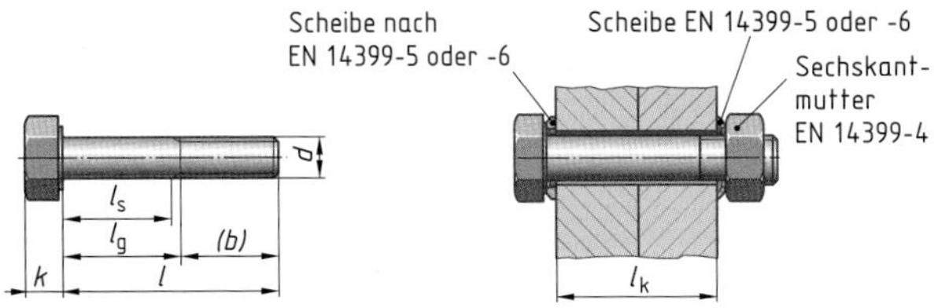

HV-Verschraubung mit:
- Sechskantschraube EN 14399-4
- Sechskantmutter EN 14399-4
- 2 Scheiben für HV-Verbindungen EN 14399-5 oder -6
  Garnitur nur vom gleichen Hersteller zulässig

Oberflächenzustand:
- normal: üblicher Herstellungszustand mit leichtem Ölfilm
- feuerverzinkt
- nach Vereinbarung Festigkeitsklasse: 10.9/10

Gewinde *d*	**M 12**	**M 16**	**M 20**	**M 22**	**M 24**	**M 27**	**M 30**
Steigung *P*	1,75	2	2,5	2,5	3	3	3,5
Gewindelänge *b*	23	28	33	34	39	41	44
Eckenmaß *e*	23,91	29,56	35,03	39,55	45,2	50,85	55,37
Schlüsselweite *s*	22	27	32	36	41	46	50
Kopfhöhe *k*	8	10	13	14	15	17	19
Länge *l* von	35	40	45	50	60	70	75
bis	95	130	155	165	195	200	200
je 5 mm gestuft							

Bezeichnungsbeispiel:
EN 14399-4 – M20 × 100 – 10.9/10 – HV – tZn

- tZn: Feuerverzinkt
- 10.9/10: Festigkeitsklasse Schraube 10.9, Festigkeitsklasse Mutter 10
- M20 × 100: Gewinde M20 Schaftlänge 100 mm
- 14399-4: Normblatt für hochfest vorspannbare Schraubenverbindung

Sechskantmuttern mit großen Schlüsselweiten
HV-Verbindungen

DIN EN 14399-4 : 2006-06

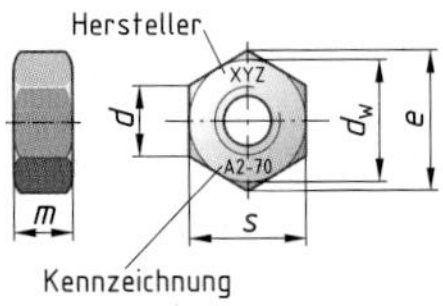

Gewinde *d*	**M 12**	**M 16**	**M 20**	**M 22**	**M 24**	**M 27**	**M 30**
Kopfdurchmesser d_w	20,1	24,9	29,5	33,3	38	42,8	46,6
Eckenmaß *e*	23,91	29,56	35,03	39,55	45,20	50,85	55,37
Mutterhöhe *m*	10	13	16	18	20	22	24
Schlüsselweite *s*	22	27	32	36	41	46	50

Oberflächenzustand siehe Schraube HV
Festigkeitsklasse: 10

Bezeichnungsbeispiel:
Sechskantmutter EN 14399-4: M20 –HV. Hochfest vorspannbre Schraubenverbindung.

Scheiben für HV-Verbindungen

DIN EN 14399-6 : 2006-06

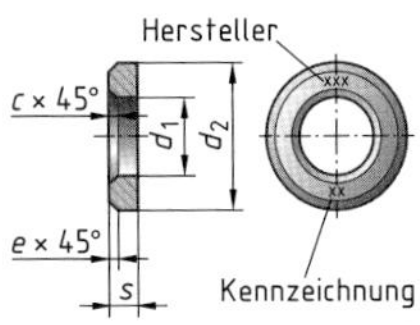

Innendurchmesser d_1	**13**	**17**	**21**	**23**	**25**	**28**	**31**
Für Gewinde	**M 12**	**M 16**	**M 20**	**M 24**	**M 24**	**M 27**	**M 30**
Außendurchmesser d_2	24	30	37	39	44	50	56
Innenfase *c*	1,6	1,6	2	2	2	2,5	2,5
Außenfase *e*	0,5	0,75	0,75	0,75	0,75	1	1
Scheibendicke *s*	3	4	4	4	4	5	5

Bezeichnungsbeispiel: **Scheibe EN 14399 – 36**: HV-Scheibe für HV-Schraubenverbindung mit Gewinde M30

Scheiben für U- und I-Träger für HV-Schrauben

DIN 6917 : 1989-10, DIN 6918 : 1990-04

DIN 6918 für U-Stahl

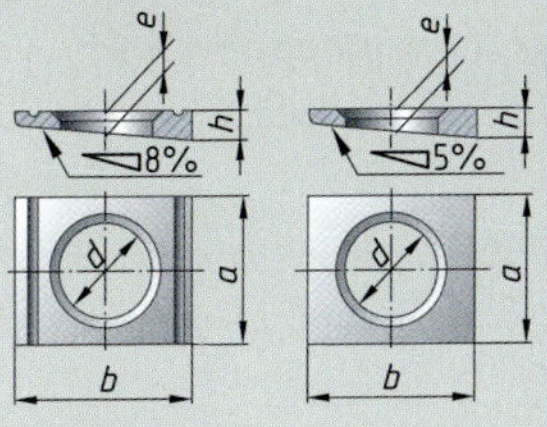

$h \leq 300$mm $h > 300$ mm

DIN 6917 für I-Stahl

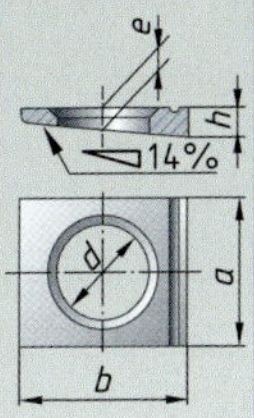

Innen-∅ *d*		**13**	**17**	**21**	**23**	**25**	**28**	**31**
Für Gewinde		**M 12**	**M 16**	**M 20**	**M 22**	**M 24**	**M 27**	**M 30**
Breite *a*		26	32	40	44	56	56	62
Länge *b*		30	36	44	50	56	56	62
DIN 6917	*h*	6,2	7,5	9,2	10	10,8	10,8	11,7
	e	4,1	5	6,1	6,5	6,9	6,9	7,5
DIN 6918	*h*	4,9	5,9	7	8	8,5	8,5	9
	e	3,7	4,45	5,25	6	6,26	6,26	6,52

Werkstoff: Stahl 295 … 350 HV

Bezeichnungsbeispiel:
U-Scheibe DIN 6918-21

HV-Scheibe für U-Profile $d = 21$ mm für M 20

I-Scheibe DIN 6917-23

HV-Scheibe für I-Profile $d = 23$ mm für M 22

4.3 Fügen durch Schweißen *welding*

4.3.1 Schweißverfahren – Lötverfahren: Übersicht:

DIN EN ISO 4063 : 2000-04, DIN ISO 857 : 2002-11

Kennzahl nach DIN EN ISO 4063	Verfahren
0	**Schmelzschweißen**
1	Lichtbogenschweißen
11	Metall-Lichtbogenschweißen
111	Lichtbogenhandschweißen
114	Metall-Lichtbogenschweißen mit Fülldrahtelektrode
12	Unterpulverschweißen
13	Metall-Schutzgasschweißen
131	Metall-Inertgasschweißen
135	Metall-Aktivgasschweißen
136	Metall-Aktivgasschweißen mit Fülldrahtelektrode
137	Metall-Inertgasschweißen mit Fülldrahtelektrode
141	Wolfram-Inertgasschweißen
15	Plasmaschweißen
2	**Widerstandsschweißen**
21	Widerstands-Punktschweißen
22	Widerstand-Rollennahtschweißen
23	Buckelschweißen
24	Abbrennstumpfschweißen
3	**Gasschmelzschweißen**
311	Gasschmelzschweißen mit Acetylen als Brenngas
4	**Pressschweißen**
41	Ultraschallschweißen
42	Reibschweißen
47	Gaspressschweißen
5	**Strahlschweißen**
512	Elektronenstrahlschweißen in Atmosphäre
7	**Andere Schweißverfahren**
72	Elektroschlackeschweißen
781	Lichtbogenbolzenschweißen
	Schweißen von Kunststoffen
	Heizelementschweißen, Warmgasschweißen, Lichtstrahlschweißen, Ultraschallschweißen, Reibschweißen, Hochfrequenzschweißen
	Heizwendelschweißen
9	Löten
91	Hartlöten
912/918	Flammhartlöten / Widerstandshartlöten
94	Weichlöten
942/948/952/971	Flammweichlöten/Widerstandsweichlöten/Kolbenweichlöten/Fugenlöten mit Flamme

4.3.2 Schweißeignung von unlegierten und legierten Stählen *Fitness for welding*

Schweißeignung von unlegierten und legierten Stählen

Die Schweißeignung lässt sich mithilfe des Kohlenstoffäquivalents CEV [1] (früher mit K bezeichnet) bestimmen.

$$CEV = C + \frac{Mn}{6} + \frac{Cr + Mo + V}{5} + \frac{Ni + Cu}{15}$$

für $C \leq 0{,}40\,\%$, $Mn \leq 1{,}6\,\%$, $Cr \leq 1{,}0\,\%$, $Ni \leq 3{,}5\,\%$, $Mo \leq 0{,}60\,\%$, $Cu \leq 1{,}0\,\%$

CEV in %	Schweißeignung	Vorwärmen	Elektrodentyp
0 ...0,40	gut	nicht notwendig	alle geeignet
0,40...0,45	bedingt geeignet	100 °C...150 °C	basische Typen mit geringem Wasserstoffgehalt
0,45...0,60		150 °C...250 °C	basische Typen mit geringem Wasserstoffgehalt, austenitische Elektroden
> 0,60	nicht gewährleistet	250 °C...370 °C	basische Typen mit geringem Wasserstoffgehalt, austenitische Elektroden

[1]) nach Dearden und Neill

4.3.3 Schweißpositionen *Welding positions*

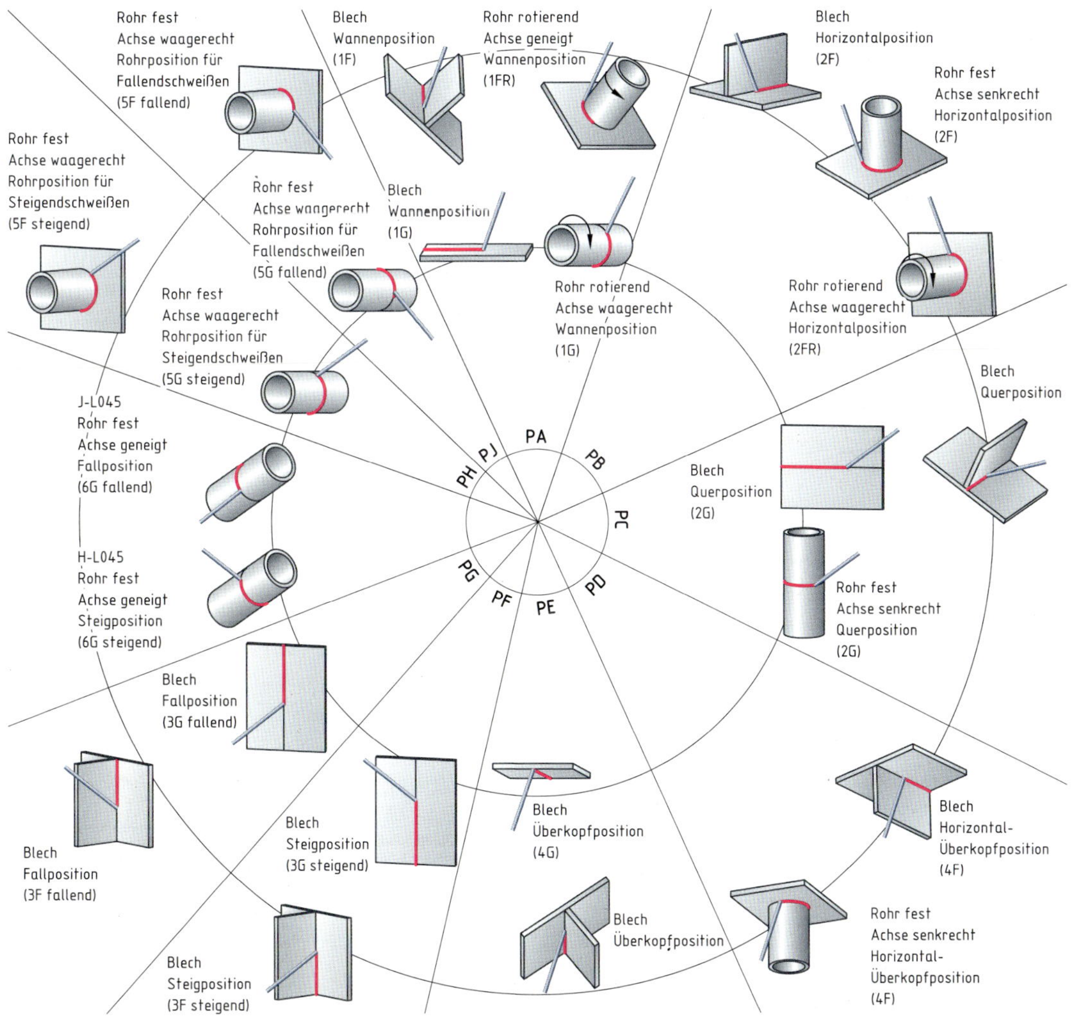

4.3.4 Schweißnahtvorbereitung für Stahl und Aluminium *Joint preperation*

Schweißnahtvorbereitung für Stahl und Aluminium (Stumpfstoß) DIN EN ISO 9692-1:2004-05, -3:2001-07

	Schweißnahtform Fugenform / symbolhafte Darstellung	Blechdicke t in mm	Stahl b in mm	Stahl c in mm	Stahl h in mm	Stahl α, β °	Stahl Verfahren	Aluminium b in mm	Aluminium c in mm	Aluminium h in mm	Aluminium α, β °	Aluminium Verfahren
Bördelnaht	Bördelnaht 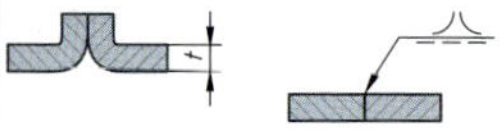	$t \leq 2$	–	–	–	–	3, 111, 141, 512	–	–	–	–	141
I-Naht	I-Naht, einseitig geschweißt 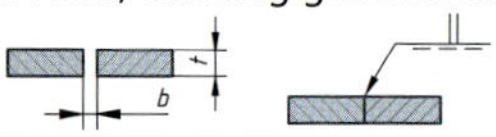	$t \leq 4$	$b \approx t$	–	–	–	3, 111, 141	$b \leq 2$	–	–	–	141
								(Kantenbrechung an Wurzel empfohlen)				
	I-Naht, beidseitig geschweißt. Mit Badsicherung 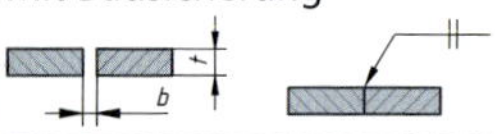	$t \leq 4$	$b \approx t$	–	–	–	111, 141	$b \leq 1{,}5$	–	–	–	141
		$3 \leq t \leq 8$	$6 \leq b \leq 8$	–	–	–	131, 135					
V-Nähte	V-Naht, einseitig geschweißt 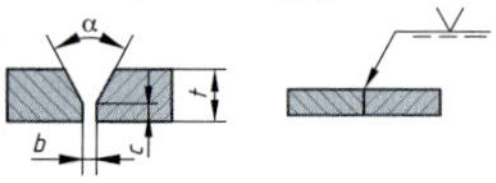	$3 \leq t \leq 10$	$b \leq 4$	$c \leq 2$	–	$40 \leq \alpha \leq 60$	3	$b \leq 3$	$c \leq 2$	–	$\alpha \geq 50$	141
								$b \leq 2$			$60 \leq \alpha \leq 90$	131
								(für Aluminium $3 \leq t \leq 10$)				
	V-Naht, mit Gegenlage 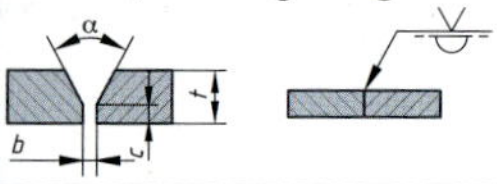	$3 \leq t \leq 40$	$b \leq 3$	$c \leq 2$	–	$\alpha = 60$	111, 141	–	–	–	–	–
						$40 \leq \alpha \leq 60$	131, 135					
	DV-Naht (Doppel-V-, X-Naht) 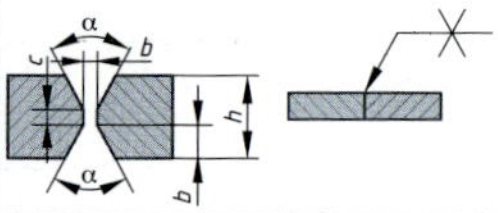	$t > 10$	$1 \leq b \leq 3$	$2 \leq c$	$h = 0{,}5t$	$\alpha = 60$	111, 141	$b \leq 3$	$c \leq 2$	–	$\alpha \geq 60$	141
								(für Aluminium $6 \leq t \leq 15$)				
						$40 \leq \alpha \leq 60$	131, 135				$\alpha \geq 70$	131, 141
								(für Aluminium $t \geq 15$)				
	HV-Naht, ohne/mit Gegenlage 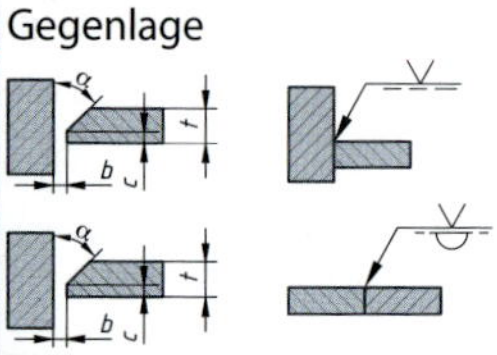	$3 \leq t \leq 10$	$2 \leq b \leq 4$	$1 \leq c \leq 2$	–	$35 \leq \alpha \leq 60$	111, 131,	$b \leq 3$	$c \leq 2$	–	50	131, 141
		$3 \leq t \leq 30$	$1 \leq b \leq 4$	$2 \leq c$	–		135, 141					
	DHV-Naht (Doppel HV-, K-Naht) 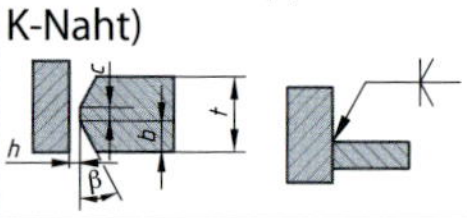	$t > 10$	$1 \leq b \leq 4$	$c \leq 2$	$h = 0{,}5t$ oder $h = 0{,}33t$	$35 \leq \alpha \leq 60$	111, 131, 135, 141	$b \leq 3$	$c \leq 2$	$h = 0{,}5t$	≈ 60	131, 141
								Nicht genormt				
Y-Nähte	Y-Naht, einseitig geschweißt 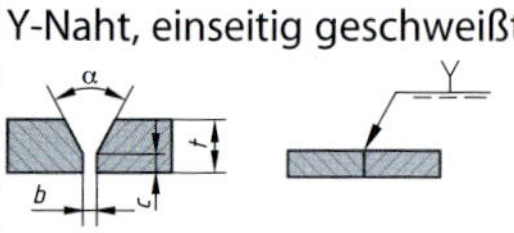	$5 \leq t \leq 40$	$1 \leq b \leq 4$	$2 \leq c \leq 4$		≈ 60	111, 131, 135, 141	$b < 2$	$c \leq 2$	–	$\alpha \geq 50$	131, 141
								(für Aluminium $3 \leq t \leq 15$)				
	DY-Naht (Doppel-Y-Naht) 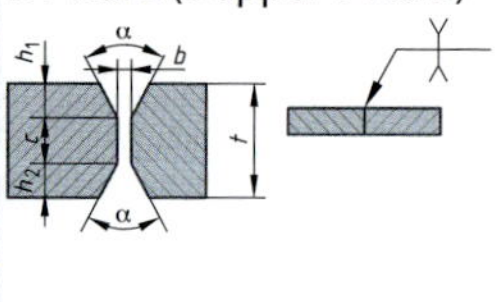	$t > 10$	$1 \leq b \leq 4$	$2 \leq c \leq 6$	$h_1 = h_2 = \frac{t-c}{2}$	$\alpha = 60$	111, 141	$b \leq 3$	$2 \leq c \leq 4$	$h_1 = h_2 = \frac{t-c}{2}$	$\alpha \leq 50$	141
								(für Aluminium $6 \leq t \leq 15$)				
						$40 \leq \alpha \leq 60$	131, 141		$2 \leq c < 6$	$60 \leq \alpha \leq 70$		131
								(für Aluminium $t \geq 15$)				

4.3.5 Übersicht und Kennwerte von Schweißmaschinen (Auswahl) *Welding machines*

Übersicht und Kennwerte von Schweißmaschinen (Auswahl)

Maschinentyp	**Inverter**						**Schweißgleichrichter**	**Schweißaggregate**
Schweißverfahren	WIG AC/DC		WIG DC		Elektrodenschweißgerät	MAG/MIG	E, MIG/MAG	E, MAG
Ausführung	tragbar, gasgekühlt	fahrbar, wassergekühlt	tragbar, gasgekühlt	fahrbar, wassergekühlt	fahrbar, eingebaute Wasserkühlung	fahrbar, wassergekühlt	fahrbar	fahrbar
Anschluss in V	240/400	240/400	240/400	240/400	240/400	240/400	240/400	Dieselmotor/E-Motor
Einstellbereich in A	5…230	5…450	5…300	5…450	1…400	5…550	60…750	60…500
Arbeitsspannung in V	12…36				33…36	31…40	36…44	30…40
Leerlaufspannung in V	75	106/75	75/95/106	78/106	80	75	69	–
Schweißzusatzwerkstoff *d* in mm	1…4				1,5…6,0 Stab	0,6…1,6 Massivdraht, 1…1,6 Aluminiumdraht	0,6…1,6 Massivdraht	1,5…5,0
Sicherheitsklasse	S	S	S	S	S	S	S	

Hinweis: Inverter werden meist als Kombigeräte für WIG/Lichtbogenhandschweißen oder MIG/MAG angeboten. Je nach Hersteller verfügen moderne Schweißmaschinen über folgende Zusatzfunktionen: HF-Zündgeräte, Einstellen der Taktfrequenz, wahlweises Einstellen von AC oder DC[1]), Frequenzeinstellmöglichkeit bei AC für Dünnbleche, Einstellen der Wechselstrombalance für Alu-Schweißen, Hotstart für Stabelektroden, u. a. m.

[1]) AC = Wechselstrom, DC = Gleichstrom

4.3.6 Stabelektroden nach DIN EN ISO 2560 : 2010-03 *Stick electrodes*

Stabelektrode

ISO 2560 - A - E 46 / 3 / 1 Ni / B / 5 / 4 / H5

A: Einteilung nach Streckgrenze und Kerbschlagarbeit von 47 J

46:

Mindestbruchdehnung in %	Zugfestigkeit in $\frac{N}{mm^2}$	Mindeststreckgrenze in $\frac{N}{mm^2}$	
22	440 ... 570	355	35
20	470 ... 600	380	38
20	500 ... 640	420	42
20	530 ... 680	460	46
18	560 ... 720	500	50

3:

Mindestkerbschlagarbeit bei 47J und °C	
keine Anforderung	Z
20	A
0	0
- 20	2
- 30	3
- 40	4
- 50	5
- 60	6

1 Ni:

Chemische Zusammensetzung in % Mn	Mo	Ni	
2,0	-	-	ohne Angabe
1,4	0,3 ... 0,6	-	Mo
>1,4 ... 2,0	0,3 ... 0,6	-	MnMo
1,4	-	0,6 ... 1,2	1Ni
1,4	-	1,8 ... 2,6	2Ni
1,4	-	2,6 ... 3,8	3Ni
>1,4 ... 2,0	-	0,6 ...1,2	Mn1Ni
1,4	0,3 ... 0,6	0,6 ...1,2	1NiMo

H5:

	Wasserstoffgehalt in $\frac{ml}{100g\ Schweißgut}$
H5	5
H10	10
H15	15

4:

	Schweißposition
1	alle
2	alle, außer Fallposition
3	Stumpfnaht in Wannenposition Kehlnaht in Wannen- und Horizontalposition
4	Stumpf- und Kehlnaht in Wannenposition
5	Fallposition und siehe 3

5:

	Ausbringung in %	Stromart
1	<105	~ und ⎓
2	<105	⎓
3	>105 ... 125	~ und ⎓
4	>105 ... 125	⎓
5	>125 ... 160	~ und ⎓
6	>125 ... 160	⎓
7	>160	~ und ⎓
8	>160	⎓

B:

	Umhüllungstyp
A	sauerumhüllt
B	basischumhüllt
C	zelluloseumhüllt
R	rutilumhüllt
RR	dick rutilumhüllt
RC	rutil-zelluloseumhüllt
RA	rutil-sauerumhüllt
RB	rutil-basischumhüllt

Hinweis: Die Anforderungen an Zugfestigkeit, Mindestkerbschlagbarkeit beziehen sich auf das Schweißgut.

4.3.7 Zuordnung Stabelektroden für das Lichtbogenhandschweißen – Werkstoff

ISO 2560 : 2010-03(Auswahl)

Stabelektroden nach DIN EN 499	Stahlsorten														
	Baustähle				Rohrstähle				Kesselbleche						
	S235JR (St 37-2)	S235J2G3* (St 37-3)	E295 (St 52-0)	S355J2G3* (St 52-3)	L235 [5]) (St 37-0)	L355 [5]) (St 52.0)	L275 [5]) (St 44. 0)	L290NB (StE 290.7)	P235GH (HI)	P265GH (HII)	P295GH (17 Mn 4)	P355GH (19 Mn 6)	Stromart[1])	Position[2])	Umhüllung
E 42 0 RC 11	×	×		×	×	×	×	×	×	×	×	×	~, ⎓ −	alle	Rutilzellulose
E 42 0 RR 12	×	×		×	×	×	×	×	×	×	×	×	⎓ −, ~	Alle, bedingt PG(f)	Rutil, dickumhüllt
E 42 0 RC 11	×	×		×	×	×	×	×	×	×	×	×	~, ⎓ −	alle	Rutilzellulose
E 42 0 RR 12[3])	×	×		×	×	×	×	×	×	×	×	×	⎓ −, ~	Alle, bedingt PG(f)	Rutil, dickumhüllt
E 42 0 RR 12[4])	×	×		×	×	×	×		×	×			⎓ −, ~	Alle, bedingt PG(f)	Rutil, dickumhüllt
E 38 2 RB 12	×	×		×	×	×	×	×	×	×	×	×	⎓ −, ~	Alle, außer PG(f)	rutilbasisch
E 42 2 RB 12	×	×		×	×	×	×	×	×	×	×	×	⎓ −, ~	Alle, außer PG(f)	rutilbasisch
E 38 0 RR 73	×	×		×	×	×	×	×	×	×	×	×	~, ⎓ −	Bevorzugt PA(w), PB(h)	dickrutil
E 38 0 RR 53	×	×		×	×	×	×	×	×	×	×	×	~, ⎓ −	Bevorzugt PA(w), PB(h)	dickrutil
E 42 0 RR 73	×	×		×	×	×	×	×	×	×	×	×	~, ⎓ −	Bevorzugt PA(w), PB(h)	dickrutil
E 38 0 RR 73	×	×	×	×	×	×	×	×	×	×	×	×	~, ⎓ −	Bevorzugt PA(w), PB(h)	dickrutil
E 42 2 B 15 H10	×	×	×	×	×	×	×	×	×	×	×	×	~, ⎓ −	Bevorzugt PG(f)	basisch
E 38 2 B 12 H10	×	×	×	×	×	×	×	×	×	×	×	×	⎓ ±, ~	Alle, bedingt PG(f)	rutilbasisch
E 42 4 B 32 H10	×	×	×	×	×	×	×	×	×	×	×	×	⎓ +, ~	Alle, außer PG(f)	rutilbasisch
E 38 5 B 73 H10	×	×	×	×	×	×	×	×	×	×	×	×	~, ⎓ +	Bevorzugt PA(w), PB(h)	rutilbasisch
E 42 6 B 42 H10	×	×	×	×	×	×	×	×	×	×	×	×	⎓ +, ~	Alle, außer PG(f)	basisch
E 38 6 B 42 H10	×	×	×	×	×	×	×	×	×	×	×	×	⎓ +, ~	Alle, außer PG(f)	basisch
E 42 3 B 42 H10	×	×	×	×	×	×	×	×	×	×	×	×	⎓ +, ~	Alle, außer PG(f)	basisch
E 43 3 B 83 H10	×	×		×	×	×	×	×	×	×	×	×	⎓ +	Bevorzugt PA(w), PB(h)	basisch

[1]) ~ für Wechselstrom, ⎓ − für Gleichstrom mit Elektrode an Minuspol, ⎓ + für Gleichstrom mit Elektrode an Pluspol
[2]) Position nach DIN EN ISO 6947 (DIN 1912 zurückgezogen)
[3]) Si 0,5, Mn 0,6 Gew.-%
[4]) Si 0,4, Mn 0,5 Gew.-%
[5]) Rohre, Rohrverbindungen und Fittings für den Transport wässriger Flüssigkeiten einschließlich Wasser
* Güteklassen sind in DIN EN 10025 nicht mehr definiert.

4.3.8 Stabelektroden: Lieferformen, Einstelldaten (Auswahl)

Elektrodentyp nach DIN EN 2560	Stabelektrodendurchmesser *d* in mm											
	2		2,5		3,2		4		5		6	
	Stromstärke in A	Länge in mm	Stromstärke in A	Länge in mm	Stromstärke in A	Länge in mm	Stromstärke in A	Länge in mm	Stromstärke in A	Länge in mm	Stromstärke in A	Länge in mm
E 42 0 RC 11	50…60	250	60… 85	350	95…130	350	125…170	350	–	–	–	–
E 42 0 RR 12	50…75	250 350	60…100	350	95…140	350	130…190	450	170…240	450	–	–
E 42 0 RC 11	–	–	55… 85	350	90…135	350	130…170	350	175…220	450		
E 42 0 RR 12 [1])	50…70	250 350	65… 90	250 350	100…140	350 450	140…180	350 450	190…240	450	240…290	450
E 42 0 RR 12 [2])	50…70	250 350	65… 90	250 350	90…140	350	120…180	350	170…240	450	–	–
E 38 2 RB 12	50…60	250	70… 90	350	100…150	350 450	140…190	350 450	220…260	450	260…320	450
E 42 2 RB 12	50…60	250	70… 95	250 350	100…150	350 450	140…190	350 450	200…250	450	–	–
E 38 0 RR 73	–	–	–	–	130…150	450	180…220	450	280…360	450	300…360	450
E 38 0 RR 53	–	–	–	–	140…160	450	180…230	450	260…340	450	–	–
E 42 0 RR 73	–	–	–	–	140…160	450	180…230	450	260…340	450	–	–
E 38 0 RR 73	–	–	–	–	120…180	450	180…220	450	260…310	450	340…400	450
E 42 2 B 15 H10*	–	–	–	–	–	–	140…200	450	220…270	450	–	–
E 38 2 B 12 H10*	55…65	350	60… 90	350	95…150	350 450	140…190	450	190…250	450	260…330	450
E 42 4 B 32 H10*	–	–	65… 90	350	100…140	450	140…190	450	190…250	450	260…340	450
E 38 5 B 73 H10*	–	–	–	–	–	–	160…220	450	220…320	450	–	–
E 42 6 B 42 H10*	–	–	65… 90	350	100…140	350 450	140…190	450	190…250	450	260…340	450
E 38 6 B 42 H10*	–	–	60… 85	350	90…140	350	140…190	450	190…250	450	–	–
E 42 3 B 42 H10*	–	–	65… 90	350	100…140	450	140…190	450	190…250	450	260…340	450
E 46 3 B 83 H10*	–	–	50…100	350	110…160	450	160…210	450	200…280	450	–	–

Hinweis: Mit * gekennzeichnete Stabelektroden bei 300 bis 350 °C für 2 Stunden rücktrocknen.
Alle anderen im Bedarfsfall rücktrocknen bei 100 bis 110 °C für 1 Stunde.

[1]) Si 0,5; Mn 0,6 Gew.-% [2]) Si 0,4; Mn 0,5 Gew.-%

4.3.9 Elektrodenverbrauch pro Meter Naht (Stabelektrodenlänge 450 mm, Stummellänge 50 mm) *electrode consumption*

Nahtart		Bleckdicke in mm	Spaltbreite in mm	Elektrodenzahl Stück/Meter		
				Ø 2,5 mm	Ø 3,25 mm	Ø 4,0 mm
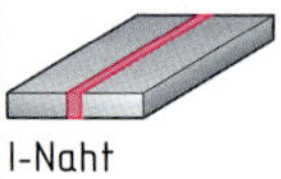 I-Naht	Einseitig Zweiseitig Zweiseitig	3 4 5	1,5 2 2	5,4 – –	2,4 2,9/2,9 3,5	 2,3
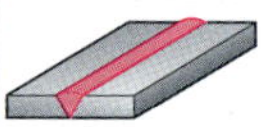 V-Naht 60°		6 8 10	1 1,5 2	– – –	4 4 } Wurzel 4	2,3 6,3 11,5
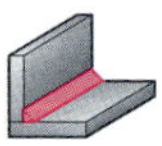 Kehlnaht	Nahtdicke in mm					
	3 4 5	– – –	– – –	– – –	4 6 9,3	2,7 4 6,2

4.3.10 Schweißverhalten und Klassenkennzeichnung von Gasschweißstäben

DIN EN 12536 : 2000-08

Schweißstabklasse nach DIN EN 12536	0 I (G I)	0 II (G II)	0 III (G III)	0 IV (G IV)	0 V (G V)	0 VI (G VI)	– (G VII)[1]
Fließverhalten	dünnfließend	weniger dünnfließend	zäh fließend				
Spritzer	viel	wenig	keine				
Porenneigung	ja	ja	nein				gering
Einprägung	I	II	III	IV	V	VI	VII
Farbe	–	Grau	Gold	Rot	Gelb	Grün	Silber
Lieferform	Stabdurchmesser: 1,5; 2,0; 2,5; 3,0; 4,0; 5,0 und 6,0 mm Stablängen: 1000 mm, verkupfert (Korrosionsschutz)						

[1]) Bezeichnungen in Klammern nach zurückgezogener DIN 8554. Der Schweißstab G VII wird in DIN EN 12536 nicht aufgenommen.

4.3.11 Zuordnung von Schweißstäben – Stahlsorte

DIN EN 12536 : 2000-08

Gasschweißen								
Werkstoffbenennung				**Geeignete Schweißstabklasse DIN EN 12536**				
Stahlart	**Norm**	**Stahlsorte Bezeichnung**	**0 I (G I)**	**0 II (G II)**	**0 III (G III)**	**0 IV (G IV)**	**0 V (G V)**	**0 VI (G VI)**
Allgemeine Baustähle	DIN EN 10025	S185	×	×	×	×		
		S235JR		×	×	×		
		S235J0			×	×		
		S275JR		×	×	×		
		S275J0			×	×		
		E295	×	×	×	×		
		S355J0			×	×		
Stahlrohre	DIN EN 10208		×	×	×	×		
	DIN EN 10217-1				×	×		
Rohre	DIN EN 10216-2				×	×		
Warmfeste Rohre	DIN EN 10217-2				×	×		
Bleche Bänder	DIN EN 10028	P235GH P265GH			× ×	× ×		
Bleche Bänder Rohre	DIN EN 10028 DIN EN 10216-2	P295GH 13CrMo 4-5 10CrMo 9-10				×	×	×

4.3.12 Zuordnung Werkstoff zu Drahtelektrode für MAG-Schweißen

DIN EN ISO 14341: 2008-08

Werkstoff	**Bezeichnung des Schweißgutes Bezeichnung der Drahtelektrode** [1])	**Anforderungen an Schweißgut**				**Schutzgas**
Bezeichnung: DIN EN		**Mindest-streckgrenze in $\frac{N}{mm^2}$**	**Zugfestigkeit in $\frac{N}{mm^2}$**	**Mindest-bruchdeh-nung in %**	**Mindestkerb-schlagarbeit von 47J bei °C**	
Unlegierte Baustähle						
DIN EN 1 025: S185, S235 bis S355, E295*, E355* * vorwärmen	G 46 2 C **G4 Si 1**	460	530...680	20	–20	CO_2/M2
	G 50 3 M **G4 Si 1**	500	560...720	18	–30	M2
	G 42 1 C **G3 Si 1**	420	500...640	20	–10	CO_2/M2
	G 46 2 M **G3 Si 1***	460	530...680	20	–20	CO_2/M2
	G 42 2 M **G2 Mo***	420	500...640	20	–20	M2
	* kein St50, St60					
Kesselstähle						
DIN EN 10028-1: P235 bis P355	G 46 2 C **G4 Si 1**	460	530...680	20	–20	CO_2/M2
	G 50 3 M **G4 Si 1**	500	560...720	18	–30	
P235 bis 295, 16Mo3	G 42 2 M **G2 Mo**	420	500...640	20	–20	z.B. M2
Rohrstähle						
DIN EN 10224/ DIN EN 10217-1 L235 bis L355/ P235TR1 bis P265TR2 DIN EN 10208-2 L 210GA (+M) bis L360NB	G 46 2 C **G4 Si 1**	460	530...680	20	–20	CO_2/M2
	G 50 3 M **G4 Si 1**	500	560...720	18	–30	
	G 42 1 C **G3 Si 1***	420	500...640	20	–10	
	* nur bis StE 320.7					
	G 42 2 M **G2 Mo**	420	500...640	20	–20	M2
Feinkornbaustähle						
DIN EN 10028-1: P275 bis P355	G 46 2 C **G4 Si 1**	460	530...680	20	–20	CO_2/M2
	G 50 3 M **G4 Si 1**	500	560...720	18	–30	
	G 42 1 C **G3 Si 1**	420	500...640	20	–10	
	G 46 2 M **G3 Si 1**	460	530...680	20	–20	
Schiffbaustähle						
Stahlguss						

[1]) Fettgedruckter Teil entspricht der Bezeichnung der Drahtelektrode
Bezeichnungsbeispiel für das Schweißgut: Schweißgut EN 440 – G 46 2 M G3 Si
Bezeichnungsbeispiel für den Zusatzwerkstoff: Drahtelektrode EN 440 – G3 Si

4.3.13 Lieferformen von Schweißdrähten *filler rods*

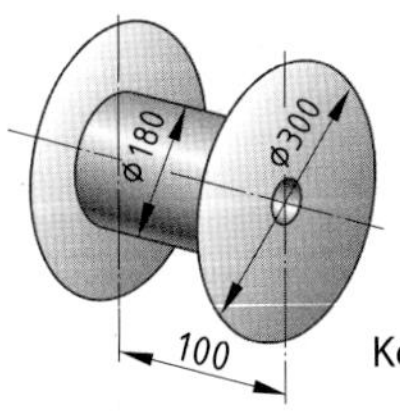

Korbspule

Drahtdurchmesser 0,8–1,6 mm
Spulengewicht max. 15 kg

Großspulen als Sonderanfertigung
für Drahtgewichte bis 300 kg
Alle Drähte gezogen und verkupfert.

4.3.14 Schutzgasschweißen *inert gas welding*

Lieferformen von Schutzgasflaschen

Flaschenvolumen in *l*	Fülldruck in bar	Gasinhalt in m^3
10	200/300	2,2/3,1
20		4,4/6,2
50		10,7/15,2

4.3.15 Schutzgase zum Lichtbogenschweißen

DIN EN ISO 14175 : 2008-06

Kurzbezeichnung		Komponenten in Volumenprozent (%)						Übliche Anwendung	Bemerkung
Hauptgruppe	Nebengruppe	oxidierend		inert		reduzierend	reaktionsträge		
		CO_2	O_2	Ar	He	H_2	N_2		
I	1			100				131 141 15 Wurzelschutz	inert
	2				100				
	3			Rest	>0,5 … 95				
M1	1	>0,5 … 5		Rest		>0,5 … 5		135	schwach oxidierend
	2	>0,5 … 5		Rest					
	3		>0,5 … 3	Rest					
	4	>0,5 … 5	>0,5 … 3	Rest					
M2	0	>5 … 15		Rest					
	1			Rest					
	2	>15 … 25	>3 … 10	Rest					
	3	>0,5 … 5	>3 … 10	Rest					
	4	>5 … 15	>0,5 … 3	Rest					
	5	>5 … 15	>3 … 10	Rest					
	6	>15..25	>0,5 … 3	Rest					
	7	>15..25	>3 … 10	Rest					
M3	1	>25 ….50		Rest					
	2		>10 … 15	Rest					
	3	>25 … 50	>2 … 10	Rest					
	4	>5 … 25	>10 … 15	Rest					
	5	>25 … 50	>10 … 15	Rest					
C	1	100							
	2	Rest	>0,5 … 30						
R	1			Rest		>0,5 … 15		141,15, Plasmaschneiden, Wurzelschutz	reduzierend
	2			Rest		>15 … 50			
N	1						100	Plasmaschneiden Wurzelschutz	reaktionsträge, reduzierend
	2			Rest			>0,5 … 5		
	3			Rest		>0,5 … 10	>5 … 50		
	4			Rest		>0,5 … 50	>0,5 … 5		
	5						Rest		
O	1		100						
Z	Enthält ein Mischgas ausschließlich mit Komponenten, die nicht aufgeführt sind/oder außerhalb der benannten Konzentrationsbereiche liegen.								

4.3.16 Einstellgrößen für das MAG-Schweißen von unlegierten und niedriglegierten Stählen in der Position PA (waagerecht)

Blech- bzw. Nahtdicke t in mm	Nahtart	Zusatzdraht d in mm	Schweißgeschwindigkeit v in $\frac{cm}{min}$	Stromstärke I in A	Spannung U in V	CO_2-Verbrauch $\dot{V}_{Gas}$ in $\frac{l}{min}$
1	I-Naht	0,8	40	60	18...20	8...10
2	I-Naht	1,2	36	120	18...20	8...10
3	I-Naht	1,2	36	180	20...21	12...16
4	I-Naht	1,2	36	180	20...21	12...16
8	I-Naht	1,6	33	180...240	21...27	16...18
10	I-Naht	1,6	36	180...240	21...30	16...18
3	Kehlnaht	1,2	33	160	23...25	12...16
4	Kehlnaht	1,6	50	350	42...50	18...20
5	Kehlnaht	1,6	50	350	42...50	18...20

4.3.17 Zuordnung von Werkstoff zu Schweißstäben beim WIG-Schweißen

DIN EN ISO 636 : 2008-08, DIN EN ISO 21952 : 2008-02, DIN EN ISO 14343 : 2010-04

Werkstoff		**Schweißstab**	**Anforderungen an Schweißgut**				**Schutzgas**
Bezeichnung:		**Bezeichnung nach DIN EN ISO 14341 (alt: DIN EN 440), DIN EN ISO 21952 (alt: DIN EN 12070), DIN EN ISO 14343 (alt: DIN EN 12072)**	**Mindeststreckgrenze in $\frac{N}{mm^2}$**	**Zugfestigkeit in $\frac{N}{mm^2}$**	**Mindestbruchdehnung in %**	**Mindestkerbschlagarbeit**	
DIN EN	**frühere DIN**						
Rohrstähle für Wurzellagen							
DIN EN 10 224/ DIN EN 10 217-1 L235 bis L355/P235TR1 bis P265TR2 DIN EN 10 208-2 L 210GA(+M) bis L360NB	DIN 1626/1629: St 37.0 bis St 52.0 DIN 1628/1630: St 37.4 bis St 52.4 DIN 17 115: St 35.8 bis St 45.8 DIN 17 172: StE 210 bis StE 350.7	Stab EN 1668-W46 3 **W2 Si**[1]) (alt: Stab DIN 8559-SG1)	460	530...680	20	47 J bei −30 °C	Argon R
		Schweißstab EN 12070 **W Mo**[1])	355	510	22	> 47 J bei RT	
Feinkornbaustähle							
DIN EN 10 028 : P275 bis P355	DIN 17 102: StE 222 bis StE 355 WSt 255 bis WSt 355 TStE 255 bis TStE 255	Stab EN 1668-W46 3 **W2 Si**[1])	460	530...680	20	47 J bei −30 °C	
		Schweißstab EN 12070 **W Mo**	470	570...670	22	> 80 J bei RT	
Nichtrostende Stähle							
DIN EN 10 088-1 X5CrNiMo 17-12-2		Stab DIN EN 12072 **W 19 12 3 L**[1]) (alt: Stab DIN 8556 SG X 2CrNiMo 19 12)	> 320	550...650	> 35	> 80 J bei RT	
X6CrNiTi18-10		Stab DIN EN 12072 **W 19 9 Nb**[1]) (alt: Stab DIN 8556 SG X 5 CrNiNb 19 9)	> 350	570...670	> 30	> 60 J bei RT	

Werkstoff		Schweißstab	Anforderungen an Schweißgut				Schutzgas
Bezeichnung:		**Bezeichnung nach DIN EN ISO 14341 (alt: DIN EN 440), DIN EN ISO 21952 (alt: DIN EN 12070), DIN EN ISO 14343 (alt: DIN EN 12072)**	**Mindeststreckgrenze in $\frac{N}{mm^2}$**	**Zugfestigkeit in $\frac{N}{mm^2}$**	**Mindestbruchdehnung in %**	**Mindestkerbschlagarbeit**	
DIN EN	**DIN**						
Aluminium							
DIN EN 485-2, DIN EN 753-3, DIN EN 1780, DIN EN 1706							Argon R Helium R
EN AW-1050A (Al 99,5) EN AW-1200 (Al 99) EN AW-1080A (Al 99,8) EN AW-1070A (Al 99,7)		Massivstab EN ISO 18273-S Al 1450 (Al99,5Ti) (alt: Stab DIN 1732 SG-Al 99, 5 Ti)	≥ 20	≥ 120	≥ 35		
EN AW-5754 (Al Mg 3) EN AW-5049 (Al Mg Mn 0,8) EN AW-5005 (Al Mg 1)		Massivstab EN ISO 18273-S Al 5754 (AlMg3) (alt: Stab DIN 1732 SG-Al Mg 3)	≥ 80	≥ 190	≥ 20		
EN AW-3207 (AlMn 0,6) EN AW-3103 (AlMn 1) EN AW-3003 (AlMnCu)		Massivstab EN ISO 18273-S Al 3103 (AlMn3) (alt: Stab DIN 1732 SG-Al Mn 1)					
EN AW-5019 (Al Mg 5) EN AW-5754 (Al Mg 3) EN AW-7020 (Al Zn 4,5 Mg 1)		Massivstab EN ISO 18273-S Al 5556A (AlMg5Mn) (alt: Stab DIN 1732 SG-Al Mg 5)	≥ 110	≥ 120	≥ 17		
EN AW-5083 (Al Mg 4,5 Mn) EN AW-5019 (Al Mg 5) EN AW-7020 (Al Zn 4,5 Mg 1)		Massivstab EN ISO 18273-S Al 5183 (AlMg4,5Mn0,7) (alt: Stab DIN 1732 SG-Al Mg 4,5 Mn)	> 125	≥ 275	≥ 17		
EN AW-6060 (Al Mg Si 0,5) EN AW-6005 (Al Mg Si 0,7) EN AW-6082 (Al Mg Si 1)		Massivstab EN ISO 18273-S Al 4043 (AlSi5) (alt: Stab DIN 1732 SG-Al Si 5)	≥ 40	≥ 120	≥ 17		

[1]) Fettgedruckter Teil entspricht der Bezeichnung der Drahtelektrode
Bezeichnungsbeispiele
Massivstab EN ISO 18273-S Al 4043 oder Massivstab EN ISO 18273-S Al 4043 (AlSi5)
Hinweis: Wird mit Massivdraht geschweißt, ändert sich die Bezeichnung durch Voranstellen des Wortes Massivdraht statt Massivstab

4.3.18 Einstellgrößen für das WIG-Schweißen für verschiedene Werkstoffe (Auswahl)

Werkstoff	Blechdicke t in mm	Nahtart	Zusatzdraht d in mm	Stromstärke I in A	Spannung U in V	Schweißgeschwindigkeit v_c in $\frac{cm}{min}$	Ar-Verbrauch $\dot{V}_{Gas}$ in $\frac{l}{min}$
legierter Stahl	1 2 3 5	I-Naht	1,6 2 4 4	60 105 135 195	10…15 10…15 10…15 15…20	10…15 20…25 20…5 15…20	3 3…4 3…5 4…5
Aluminium	1 2 4		2 3 3	45…50 80…86 160…180	20…25 20…25 20…25	≈20 ≈20 ≈16	3…4 3…4 4…5
Kupfer	1 3 5		1,5 2 3	70…100 150…240 220…350	20…25 20…25 25…30	≈32 ≈30 ≈24	4 5 5

Gleichstromlichtbogen
verwendbar für: Stumpf- und Kehlnähte, Wurzelschweißungen
Schutzgas: Argon
Werkstoff: Schwermetalle, Titan
Polung: Minuspol an Elektrode, (geringere thermische Belastung; kein Abschmelzen)

Wechselstromlichtbogen
verwendbar für: Stumpf- und Kehlnähte, Wurzelschweißungen
Schutzgas: Argon
Werkstoff: Leichtmetalle außer Titan
Polung: Wechselstrom. Durch das dauernde Ändern der Polarität wird die hochschmelzende Oxidhaut der Leichtmetalle zerstört.

4.3.19 Schweißnahtberechnungen *Dimensioning of seams*

Nahtquerschnitt, Schweißgutmenge

	Formel	Formelzeichen	Erklärung
Nahtquerschnitt I-Naht 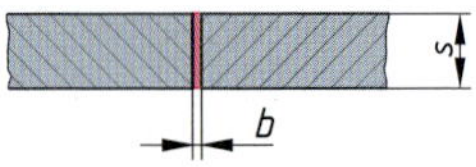	$A = b \cdot s$	A b s α a	Schweißnahtquerschnittsfläche in mm^2 Spaltbreite in mm Blechdicke in mm Öffnungswinkel in ° a-Maß
V-Naht 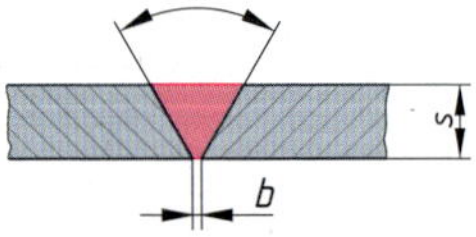	$A = s \cdot b + s^2 \cdot \tan\frac{\alpha}{2}$ $A = s \cdot (c \cdot s + b)$	c	Nahtformfaktor Berechnung des a-Maßes $a = 0{,}7 \cdot t$ bei einseitiger Kehlnaht $a = 0{,}5 \cdot t$ bei Doppelkehlnaht Nahtformfaktoren c
Kehlnaht 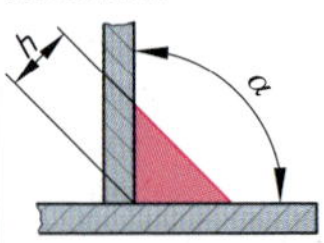	$A = a^2 \cdot \tan\frac{\alpha}{2}$ Für $\alpha = 90^\circ \Rightarrow \tan\frac{\alpha}{2} = 1$ $A = a^2$		

α in °	V-Naht	X-Naht
60	0,58	0,29
70	0,71	0,36
90	1,00	0,50

	Formel	Formelzeichen	Erklärung
Schweißgutmenge durch Massenberechnung 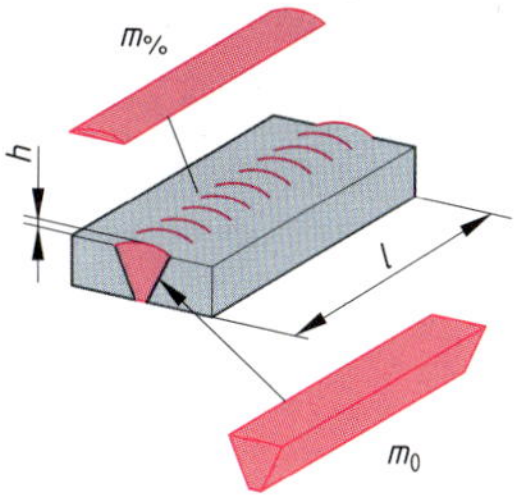	$V = A \cdot l$ $m_0 = A \cdot l \cdot \varrho$ $m_{\%} = m_0 \cdot x$ $m = m_0 \cdot (1 + x)$	V A l m_0 ϱ $m_{\%}$ x	Schweißnahtvolumen in cm^3 Nahtquerschnitt in cm^2 Nahtlänge in cm Schweißgutmasse in g Schweißgutdichte in $\frac{g}{cm^3}$ Schweißgutmasse der Nahtüberhöhung in g Zuschlag für Nahtüberhöhung in % I-Naht: 10...15% V-Naht: 10...25% Kehlnaht: 10...25%
Schweißgutmenge aus Tabellen	$m = l \cdot m_T$	m l m_T	Schweißgutmasse in g Nahtlänge in m längengezogene Schweißgutmasse in $\frac{g}{m}$

Nahtüberhöhung

Kehlnaht $\alpha = 90°$

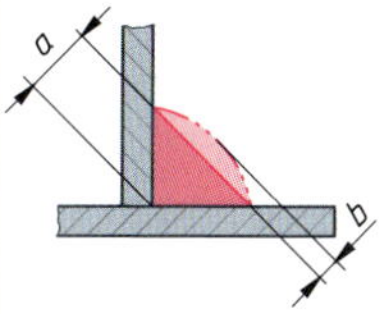

Nahtdicke *a* in mm	Schweißgutmasse in $\frac{g}{m}$ für Überhöhung *b* in mm			Zuschlag *x* in % für
	$b = 0{,}5$	$b = 1{,}0$	$b = 1{,}5$	$b = 0{,}5$
3	86,3	102	118	22,3
4	147	167,5	188,5	18,6
5	222	249	275	13,2
6	314	346	377	11,1
7	422	458	495	9,6

V-Naht $\alpha = 60°$

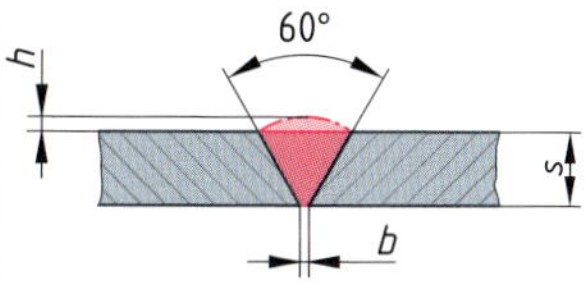

Nahtdicke *s* in mm	Spaltbreite *b* in mm	Schweißgutmasse in $\frac{g}{m}$ für Überhöhung *h* in mm			Zuschlag *x* in % für
		$h = 1{,}0$	$h = 1{,}5$	$h = 2{,}0$	$h = 0{,}5$
5	1	188	206	223	23
6	1	354	380	406	16,5
8	1,5	441	469	469	14,5
10	2	681	716	752	11,5
12	2	925	965	1010	9,8

Elektrodentyp nach DIN EN 499	Abmessung in mm	I_1 in A	t_1 in s	$\dot{m}_1$ in $\frac{kg}{h}$	I_2 in A	t_2 in s	$\dot{m}_2$ in $\frac{kg}{h}$	I_3 in A	t_3 in s	$\dot{m}_3$ in $\frac{kg}{h}$
E 38 0 RC 11	3,25 × 350	90	103	0,62	120	68	0,94	130	57	1,12
	4,00 × 350	140	74	1,33	160	64	1,54	180	57	1,72
E 42 0 RR 12	3,25 × 450	100	95	0,69	130	72	0,90	140	64	1,01
	4,00 × 450	140	129	1,03	170	101	1,32	180	93	1,43
E 38 2 B12 H10	3,25 × 450	95	122	0,78	140	82	1,16	150	74	1,29
	4,00 × 450	140	108	1,35	170	85	1,72	190	73	2,00
E 38 0 RR 73	3,25 × 450	120	119	1,24	140	96	1,55	160	77	1,91
	4,00 × 450	160	129	1,75	200	97	2,34	220	86	2,63

Elektrodenverbrauch, Zeit, Energie

	Formel	Formelzeichen	Erklärung (Einheiten beachten!)
Elektrodenverbrauch durch Massevergleich 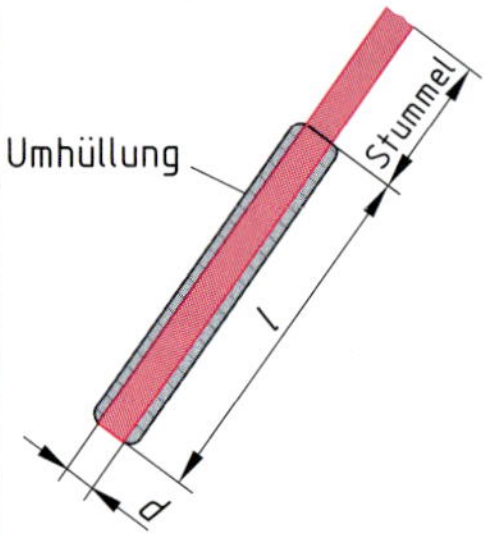	$n = \frac{m}{m_e}$ $m_e = \frac{\pi \cdot d^2}{4} \cdot l \cdot \varrho \cdot \frac{R}{100}$	n m m_e d l ϱ R	Anzahl der Elektroden Schweißgutmasse in g Schweißgutmasse einer Elektrode in g Kerndurchmesser der Elektrode in mm nutzbare Elektrodenlänge in mm Schweißgutdichte in $\frac{g}{cm^3}$ Ausbringung in %
Elektrodenverbrauch durch Volumenvergleich	$n = \frac{V}{V_E}$	V V_E	Nahtvolumen in mm^3 Volumen einer Elektrode in mm^3
Abschmelzzeit 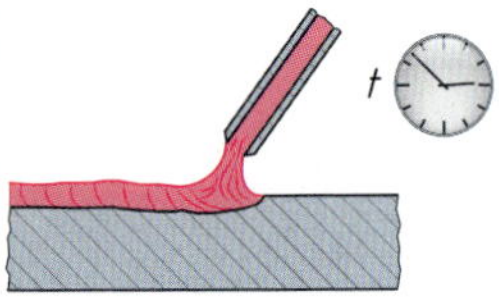	$t_n = n \cdot t_{1...3}$ $t_n = \frac{m \cdot 3600\ s}{\dot{m} \cdot 1\ h}$	t_n n $t_{1...3}$ m $\dot{m}$	Abschmelzzeit in s Anzahl der Elektroden Schweißzeit pro Elektrode (aus Tabellen) Schweißgutmasse in kg Einbringleistung in $\frac{kg}{h}$ (aus Tabellen)

Elektrode $d \times l$	1,5 × 200	2 × 250	2,5 × 300	3,2 × 350	3,2 × 450	4 × 350	4 × 450	5 × 450	6 × 450
V_E in mm^3	300	750	1550	2530	3410	3250	4150	8350	12 000

4.3.20 Gasverbrauch

	Formel	Formelzeichen	Erklärung
Gasverbrauch beim Schweißen 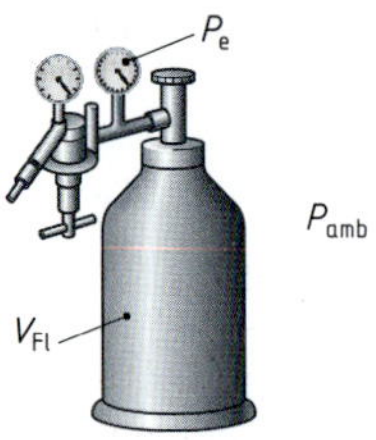 Acetylenflaschen enthalten 13 l/16 l Aceton bei 18 bar/19 bar Fülldruck 1 l Aceton löst 25 l Acetylen bei Normal-Luftdruck	Sauerstoff, CO_2, Argon $V_n = \frac{p_e \cdot V_{Fl}}{p_{amb}}$ $\Delta V = \frac{V_{Fl} \cdot (p_{e1} - p_{e2})}{p_{amb}}$ $\Delta p = p_{e1} - p_{e2}$ Acetylen $V_n = 13\ l \cdot 25\ \frac{1}{bar} \cdot p_e$ $V_n = 5850\ l$ für 18 bar Fülldruck $V_n = 16 \cdot 25 \cdot p_e$ $V_n = 7600\ l$ für 19 bar Fülldruck $\Delta V = (p_{e1} - p_{e2}) \cdot 325 \frac{l}{bar}$ für 18 bar Fülldruck $\Delta V = (p_{e1} - p_{e2}) \cdot 400 \frac{l}{bar}$ für 19 bar Fülldruck	V_{Fl} V_n ΔV p_e p_{amb} p_{e1} p_{e2} Δp $325 \frac{l}{bar}$ $400 \frac{l}{bar}$	Volumen der Flasche in l Nutzbares Gasvolumen in der Flasche in l Gasverbrauch in l Flaschendruck laut Inhaltsmanometer in bar Luftdruck in bar Druck vor der Gasentnahme in bar Druck nach der Gasentnahme in bar Druckabfall am Inhaltsmanometer in bar Rechenwert: $\frac{5850\ l}{18\ bar}$ für 18 bar Fülldruck Rechenwert: $\frac{7600\ l}{19\ bar}$ für 19 bar Fülldruck
Brenn-/Schweißzeit 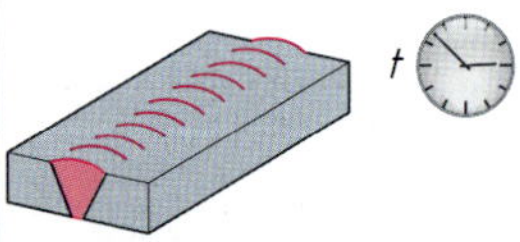	$t_n = \frac{\Delta V}{\dot{V}}$	t_n ΔV $\dot{V}$	Brenn-/Schweißzeit in min Gasverbrauch in l Gasverbrauch in $\frac{l}{min}$ (aus Tabellen)

Beachte:
Da Temperatur- und Außendruckschwankungen den Vorderdruck bei gleicher Füllmenge stark abweichen lassen, ergibt die Berechnung nur einen groben Anhaltswert. Hersteller legen die Abfülltemperatur mit 15 °C fest und geben die Füllmenge in kg an.

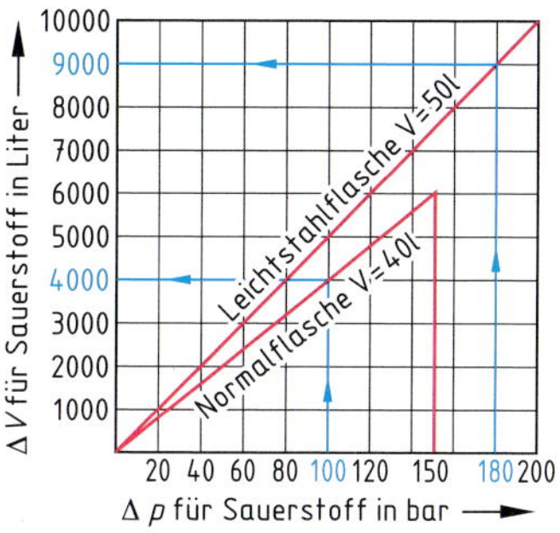

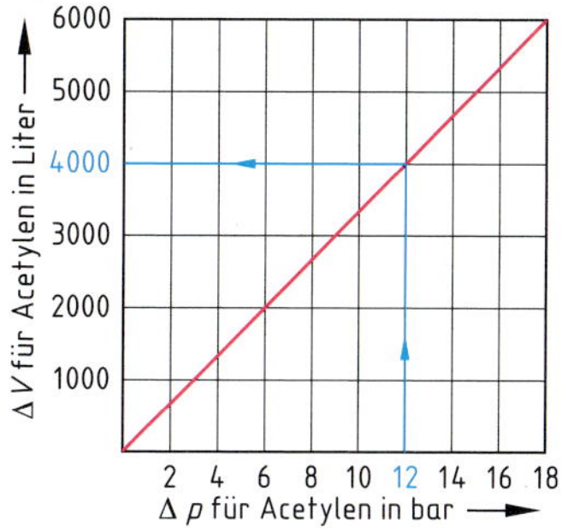

▶ siehe Kap_4.pdf

4.3.21 Unterpulverschweißen *submerged arc welding* DIN EN 756 : 2004-06

Zuordnung von Drahtelektroden zu Pulvertypen für UP-Schweißen von unlegierten Stählen und Feinkornbaustählen.

Drahtelektroden	Pulvertypen	
S0, S1, S2, S3, S4	MS Mangan-Silikat	AB Aluminat-basisch
S1Si, S2Si2, S3Si, S4Si	CS Calcium-Silikat	AS Aluminat-Silikat
S1Mo, S2Mo, S3Mo, S4Mo	ZS Zirkon-Silikat	AG Al-Fluorid-basisch
S2Ni, S2Ni1, S2Ni2, S2Ni3	RS Rutil-Silikat	FB Fluorid-basisch
S2Ni1Mo, S3Ni1Mo, S3Ni1,5Mo	AR Aluminat-Rutil	Z andere Typen

Bezeichnungsbeispiel
Draht-Pulver-Kombination EN 756 – S46 3 AB S1

- S1 – Typ Drahtelektrode
- AB – Typ Pulver
- S46 3 – Eigenschaften Schweißgut

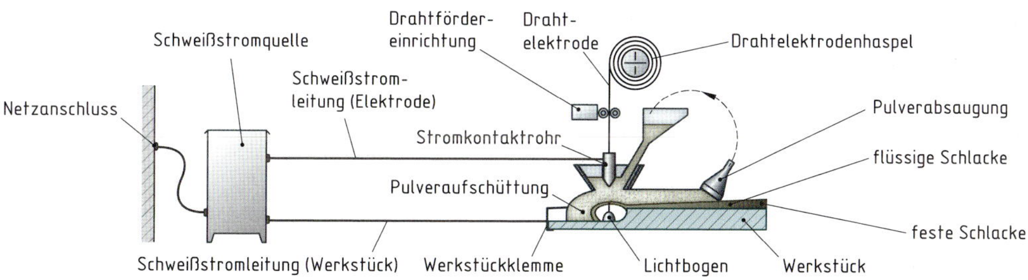

Einstellwerte für das Unterpulverschweißen (nicht genormt)

Nahtart	Werkstoffdicke in mm	Durchmesser Drahtelektrode in mm	Nahtdicke *a* in mm	Spannung *U* in V	Stromstärke *I* in A	Schweißgeschwindigkeit in cm/min
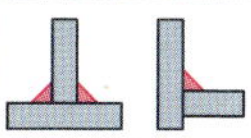	≥ 6	3	3	30…32	450	75
	≥ 8	4	4	30…32	575	70
	≥ 10	4	5	30…32	650	60
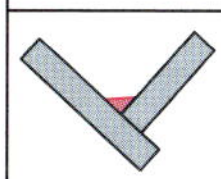	≥ 8	5	4	32…34	800	83
	≥ 12	5	6	32…34	850	58
	≥ 15	6	7	33…35	875	42
Nahtart	**Werkstoffdicke in mm**	**Durchmesser Drahtelektrode in mm**	**Raupen Nr.**	**Spannung *U* in V**	**Stromstärke *I* in A**	**Schweißgeschwindigkeit in cm/min**
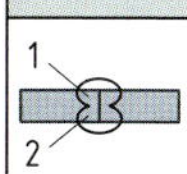	6	4	Raupe 1/2	35	300/350	83
	8	4	Raupe 1/2	35	450/500	77
	10	4	Raupe 1/2	35	500/550	70

Alle Angaben sind Herstellerangaben und können nur als Richtwerte betrachtet werden.

4.3.22 Bewertungsgruppen

DIN EN ISO 5817: 2007-10

Schmelzschweißverbindungen an Stahl, Nickel, Titan und deren Legierungen (ohne Strahlschweißen)

Bewertungsgruppen von Unregelmäßigkeiten

DIN EN ISO 5817 : 2003-12

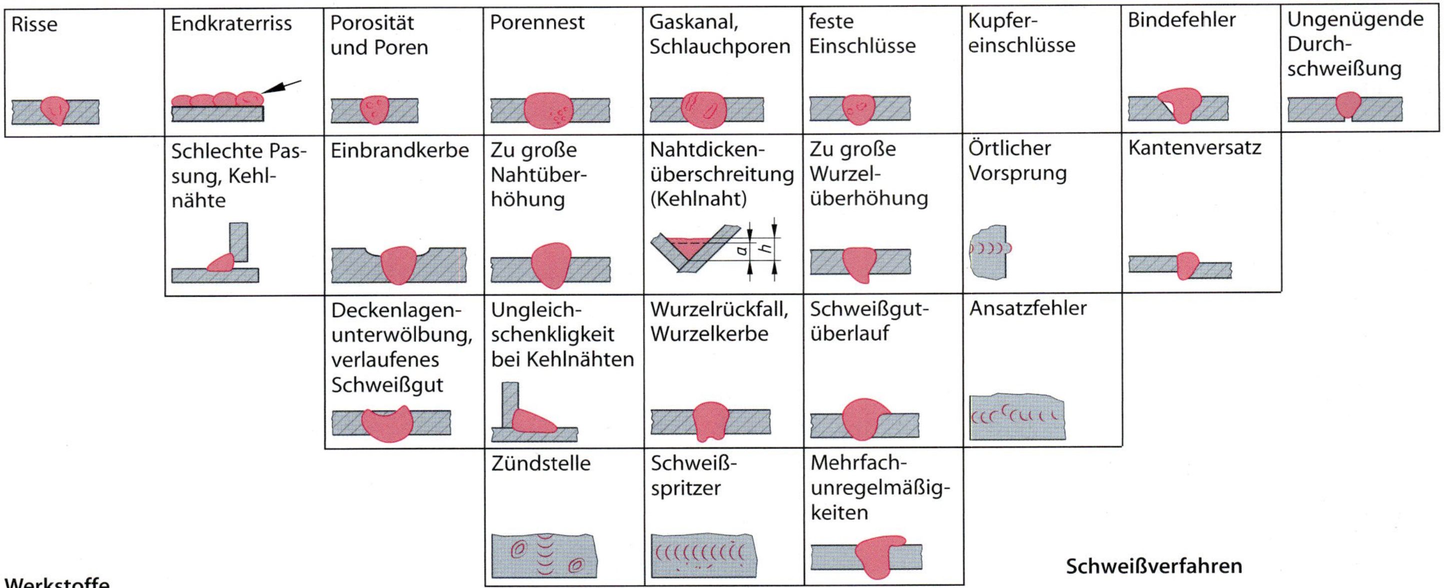

Werkstoffe

unlegierte und legierte Stähle

Metallurgische Gesichtspunkte

keine Erfassung von Korngröße u. a.m.

Bewertungsgruppen für Unregelmäßigkeiten	
Gruppe/Symbol	**Bewertungsgruppe**
D	**niedrig**
C	**mittel**
B	**hoch**

Schweißverfahren

11 Metall-Lichtbogenschweißen ohne Gasschutz
12 UP-Schweißen
13 Schutzgasschweißen
14 WIG
15 Plasmaschweißen

Bezüge

Die Norm erfasst nur die Schweißnaht und nicht das ganze Bauteil.
Verschiedene Nähte können unterschiedlich bewertet werden.
In der Regel erfolgt eine einheitliche Bewertung. Prüfverfahren werden nicht vorgeschrieben.
Die Bewertungsgruppe wird unter den Aspekten Konstruktionsgegebenheiten, nachfolgende Verfahren (z. B. Verzinken), Beanspruchungsarten (z. B. dynamisch), Betriebsbedingungen (z. B. Temperatur), Fehlerfolgen und Wirtschaftlichkeit bestimmt.

Nahtarten

Stumpfnähte
Kehlnähte
Nähte an Rohrabzweigungen

Nahtdicken

3 bis 63 mm

Schweißprozess

von Hand
mechanisiert
automatisiert

Hinweis: Die Grenzwerte für Unregelmäßigkeiten der Bewertungsgruppen sind der Norm zu entnehmen.

4.7.6 Schneidstoff-Anwendungsgruppen zum Zerspanen DIN 1836 : 1984-01

Werkzeuge aus Schnellarbeitsstahl (HSS) werden überwiegend für Bohren, Gewindeschneiden, Fräsen und Reiben eingesetzt. Sie sind sehr zäh, leicht zu bearbeiten und preiswert.

Zu bearbeitender Werkstoff		Zugfestigkeit R_m in $\frac{N}{mm^2}$ bzw. Brinellhärte in HB	Schneidstoff-Anwendungsgruppe ×: Regelfall, ○: Sonderfall, –: ungeeignet		
			Werkstoffeigenschaften		
			N normale Festigkeit und Zähigkeit	H hart, zähhart und/oder kurzspanend	W weich, zäh und/oder langspanend
Allgemeiner Baustahl		≤ 600	×	–	○
		500 ... 900	×	–	–
Automatenstahl		370 ... 600	×	–	○
		550 ... 1000	×	○	–
Einsatzstahl	unlegiert	≤ 600	×	–	○
	legiert	500 ... 800	×	–	–
Nichtrostender Stahl		450 ... 950	×	–	–
Nitrierstahl	weichgeglüht	700 ... 900	×	–	–
	vergütet	800 ... 1250	×	○	–
Vergütungsstahl	weich- o. normalgeglüht	500 ... 750	×	–	–
	unlegiert, vergütet	700 ... 1000	×	–	–
	legiert, vergütet	700 ... 1000	×	–	–
	legiert, vergütet	900 ... 1250	×	○	–
Werkzeugstahl	legiert, vergütet	900 ... 1250	×	–	–
	unlegiert oder legiert weichgeglüht	180 ... 240 HB	×	–	–
	hochgekohlt und/oder legiert, weichgeglüht	220 ... 300	○	×	–
Stahlguss		400 ... 1100	×	–	–
Gusseisen	mit Lamellengraphit	100 ... 230 HB	×	–	–
		240 ... 320 HB	○	×	–
	mit Kugelgraphit	100 ... 230 HB	×	–	–
		240 ... 320 HB	○	×	–
Temperguss		110 ... 270	×	–	–
Al-Knet- und Gusslegierungen (Si ≤ 10 %)		≤ 180	○	–	×
Al-Gusslegierungen (Si > 10 %)		150 ... 250	×	–	○
Kupfer		200 ... 400	○	–	×
Kupferlegierungen	hoher Cu-Gehalt,	200 ... 550	○	–	×
	hohe Festigkeit	250 ... 850	×	–	○
Holz		möglich, Spezialwerkzeuge für Holz beachten			
Beton		möglich, Bohrerspitze mit Hartmetall bestückt			
Glas		möglich			

4.7.7 Anwendung harter Schneidstoffe (Hartmetalle, Schneidkeramiken) zur Zerspanung

DIN ISO 513 : 1992-06

Zuordnung Werkstoff zum Anwendungsbereich

Werkstoff des Werkstückes	Anwendung	Merkmale	Kurz-zeichen	Hauptgruppe, Kennfarbe
Stahl	Feindrehen, Feinbohren	↑ zunehmende Verschleißfestigkeit ↑ zunehmende Schnittgeschwindigkeit ↓ zunehmende Zähigkeit ↓ zunehmender Vorschub	P 01	P
Stahlguss	Drehen, Fräsen		P 10	
langspanender Temperguss	Drehen, Fräsen		P 20	blau
			P 30	
	Drehen		P 40	langspanende Werkstoffe
	Drehen, Nutenfräsen		P 50	
Stahl, Stahlguss, Gusseisen	Drehen		M 10	M
Nichtrostende Stähle	Drehen, Fräsen		M 20	gelb
Gusseisen	Drehen, Fräsen		M 30	lang- oder kurzspanende
NE- und Leichtmetalle	Drehen, Automaten-arbeiten		M 40	Eisen- und NE-Metalle
gehärteter Stahl, Aluminium mit hohem Si-Gehalt, Kunststoff, Hartpapier, Keramik	Drehen, Fräsen		K 01	K
gehärteter Stahl, Al, Cu-Leg., Kunststoff, Glas, Hartgummi, Porzellan, Gestein	Drehen, Fräsen, Bohren		K 10	rot
Cu- und Al-Werkstoffe	Drehen, Fräsen		K 20	
Weicher Stahl, Schichtholz	Drehen, Fräsen		K 30	Kurzspanende Eisen- und NE-Metalle, nichtmetallische Werkstoffe
NE-Metalle, Weich- und Hartholz	Drehen, Fräsen		K 40	

Hartmetalle

Kennbuchstabe	Hartmetall	Bindemittel
HW	Wolframcarbid (WC)	Co
HT, Cermets[1])	Karbide und Nitride von Titan, unbeschichtet	Ni, Co, Mo
HC	wie HW und HT, beschichtet	

[1]) **c**eramics + **met**al**s**

Einteilung und Eigenschaften von Schneidkeramiken

Schneidkeramik	Eigenschaften	Einsatz	Beispiele
Oxidkeramik **CA** (Oxide)	vorwiegend Al_2O_3, verschleißfest, hochtemperaturbeständig	Drehen von Grauguss, Einsatz- und Vergütungsstahl	Aluminiumoxid Al_2O_3, Zirkonoxid ZrO_2, Titanate TiO_2, oxidische Mischkeramik Al_2O_3-ZrO_2
Mischkeramik **CM** (Oxide + Nichtoxide)	vorwiegend Al_2O_3 + anderen Oxidbestandteilen, sehr verschleißfest, gut temperaturbeständig	Drehen und Fräsen von Hartguss und hartem Stahl	Aluminiumoxid-Titancarbid Al_2O_3-TiC Aluminiumoxid-Siliciumcarbid Al_2O_3-SiC
Nichtoxidkeramik Nichtoxide	Vorwiegend Si_3N_4, temperaturbeständig, sehr zäh	Drehen und Fräsen von Guss	Bornitrid **BN**, Siliciumnitrid **CN** (Si_3N_4), Siliciumcarbid SiC, beschichtete Schneidkeramik **CC**

4.7.8 Drehen *turning*

Richtwerte für das Drehen für Drehmeißel aus HSS oder mit Wendeschneidplatten aus Hartmetall

	Drehmeißel aus HSS 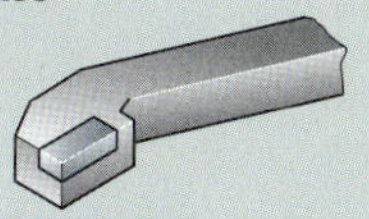					
Werkstoff	**Zugfestigkeit R_m in $\frac{N}{mm^2}$**	**Schnittgeschwindigkeit v_c in $\frac{m}{min}$**	**Vorschub f in mm**	**Schnitttiefe a_p in mm**	**Schneidwerkstoff**	**Standzeit in min**
unlegierter Stahl	< 500	65 … 250	0,1 … 0,5	3	S10-4-3-10	60
		50 … 40	0,2 … 1	6	S18-1-2-10	
leg. Stahl, Einsatzstahl	500 … 900	70 … 50	0,1 … 0,5	3	S10-4-3-10	
		50 … 40	0,2 … 1	6	S18-1-2-10	
Vergütungsstahl	700	70 … 40	0,5 … 1	3 … 6	S18-1-2-10	
		50 … 20	0,1 … 0,5	3 … 6	S10-4-3-10	
Al-Legierungen	–	180 … 120	0,1 … 0,6	3 … 6	S10-4-3-10	240
Cu-Zn-Legierungen	–	–	–	–	–	–
Messing		120 … 80	0,1 … 0,3	6	S10-4-3-10	120
Bronze		150 … 100	0,1 … 0,6	3	S10-4-3-10	
Kunststoffe	–	–	–	–	–	–
Thermoplaste		400 … 200	0,1 … 0,25	3	S14-1-4-5	≤ 8 h
Duroplaste o. Füllstoff		250 … 150	0,1 … 0,25	3	S14-1-4-5	

	Drehmeißel mit Wendeschneidplatten aus Hartmetall 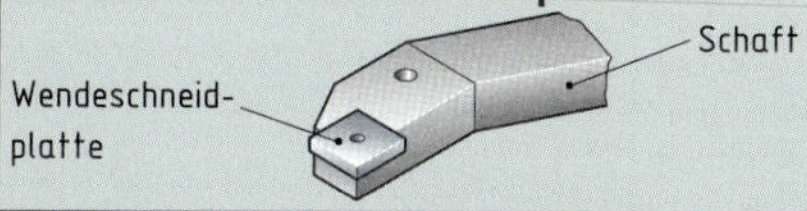						
Werkstoff	**Vorschub f in mm**	**Schnittgeschwindigkeit v_c in $\frac{m}{min}$**					
		Hartmetall beschichtet			**Hartmetall unbeschichtet**		
		P15C	**P25C**	**P35C**	**P10**	**P40**	**K10**
unlegierter Stahl	0,1 … 0,5	260 … 230	200 … 170	160 … 130	170 … 150	115 … 95	–
	0,5 … 1,5	230 … 190	170 … 140	130 … 95	150 … 120	95 … 80	–
leg. Stahl, Einsatzstahl	0,1 … 0,5	270 … 220	240 … 200	170 … 140	160 … 140	95 … 80	–
	0,1 … 1,5	220 … 200	200 … 170	140 … 110	140 … 115	80 … 65	–
Vergütungsstahl	0,1 … 0,5	230 … 205	180 … 150	140 … 120	125 … 110	90 … 70	–
	0,5 … 1,5	205 … 180	150 … 130	120 … 90	110 … 90	70 … 60	–
Al-Legierungen	0,1 … 0,6	600 … 400	–	–	–	–	600 … 200
Cu-Zn-Legierungen	0,1 … 0,6	–	–	–	–	–	500 … 200
Messing	–	–	–	–	–	–	–
Bronze	–	–	–	–	–	–	–

4.7.9 Fräsen *milling*

Schneidbedingungen für das Fräsen mit Schnellarbeitsstählen (HSS)

Werkstoff des Werkstückes	R_m in $\frac{N}{mm^2}$	Walzenfräser 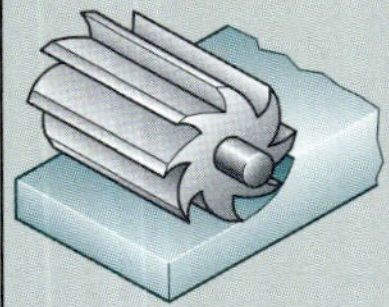				Walzenstirnfräser 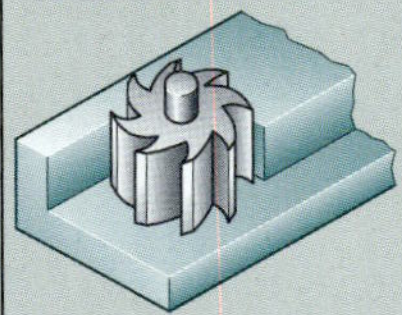				Schaftfräser (Zweischneider) 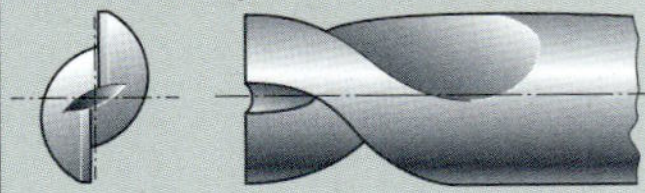				Schaftfräser (Dreischneider) 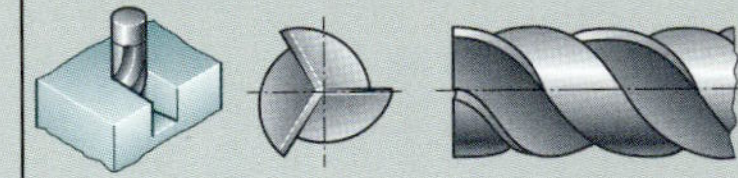			
		f_z in $\frac{mm}{Zahn}$	a_p in mm			f_z in $\frac{mm}{Zahn}$	a_p in mm			Durchmesser d in mm				Durchmesser d in mm			
			1	4	8		1	4	8	≤20		>20		≤20		>20	
			v_c in $\frac{m}{min}$				v_c in $\frac{m}{min}$			f_z in $\frac{mm}{Zahn}$	v_c in $\frac{m}{min}$	f_z in $\frac{mm}{Zahn}$	v_c in $\frac{m}{min}$	f_z in $\frac{mm}{Zahn}$	v_c in $\frac{m}{min}$	f_z in $\frac{mm}{Zahn}$	v_c in $\frac{m}{min}$
unlegierter Stahl	< 500	0,25	28	22	20	0,2	26	22	20	0,01 … 0,09	45 … 90	0,09	35 … 90	0,05	25	0,08	19
		0,1	36	30	25	0,1	34	30	27						30	0,05	23
	500 … 700	0,16	22	18	15	0,15	20	18	16	0,02	35	0,09	60	0,03	20	0,05	15
		0,08	30	22	20	0,08	26	23	21	0,05	65	0,08	35	0,01	25	0,03	18
Vergütungsstahl	700	0,18	28	22	19	0,16	26	22	21	0,02	25	0,01	15 … 20	0,03	22	0,05	18
		0,1	36	30	25	0,08	34	30	27	0,06	40			0,01	27	0,03	20
Cu-Zn-Leg. Messing		0,22	60	50	42	0,2	60	50	46	0,01	150	0,1	200	0,05	60	0,08	45
		0,11	80	64	55	0,1	80	68	60	0,05	220	0,09	140	0,02	74	0,05	55
Bronze		0,18	55	44	38	0,16	55	48	44	0,01	40	0,09	50	0,04	55	0,06	40
		0,09	72	58	50	0,08	72	63	58	0,05	60	0,08	35	0,02	66	0,04	52
Al-Leg. zäh		0,12	300	240	200	0,12	360	250	230	0,01	150	0,1	200	0,03	300	0,05	220
		0,06	390	300	270	0,06	390	330	310	0,05	220	0,09	140	0,01	360	0,03	280
spröde		0,14	220	175	150	0,14	230	190	170	0,01	150	0,1	200	0,03	220	0,05	170
		0,07	280	230	200	0,07	280	246	230	0,05	220	0,09	140	0,01	270	0,03	200

R_m = Zugfestigkeit
f_z = Vorschub pro Zahn
a_p = Schnitttiefe bzw. Eingriffsgröße
v_c = Schnittgeschwindigkeit

Beachte: Genannte Werte sind Richtwerte, besondere Herstellerangaben sind zu beachten.

Schneidbedingungen für das Fräsen mit Hartmetallschneiden

Werkstoff des Werkstückes	R_m[1]) in $\frac{N}{mm^2}$	f_z[2]) in $\frac{mm}{Zahn}$	a_p[3]) in mm	v_c[4]) in $\frac{m}{min}$	Schneidwerkstoff
Stahl unlegiert	< 500	0,1	17	145 ... 116	P40
			15	110 ... 88	
		0,3	5	145 ... 116	
			10	110 ... 88	
		0,8	5	115 ... 92	
			10	85 ... 68	
Stahl unlegiert legiert	500 ... 900	0,1	3	130 ... 104	P30
			7	110 ... 8	
		0,2	3	120 ... 96	
			7	100 ... 0	
		0,5	1	120 ... 96	
			5	95 ... 76	
Stahl, rost- und säurebeständig	≤ 700	0,1	0,5	75 ... 60	
			3	55 ... 44	
		0,3	0,5	60 ... 48	
			3	45 ... 36	
Aluminium-Legierungen	–	0,05 ... 0,3	frei wählbar	1000 ... 300	K20
		0,01 ... 0,15		2000 ... 1000	M10

[1]) R_m = Zugfestigkeit, [2]) f_z = Vorschub pro Zahn,
[3]) a_p = Schnitttiefe bzw. Eingriffsgröße, [4]) v_c = Schnittgeschwindigkeit

Zähnezahl *z* von Fräswerkzeugen bezogen auf den Fräserdurchmesser Werkzeug – Anwendungsgruppe N

Werkzeug	Werkzeug – Werkstoff HSS Fräserdurchmesser *d* in mm				
	≤20	30	40	50	63
Scheibenfräser	–	–	–	12 o. 16	12 o. 16
Schaftfräser	4	6	6	8	8
Walzenstirnfräser	–	–	6	8	8
Nutfräser (extra kurz)	2	2 o. 6	2 o. 8	8	–
T-Nutenfräser	6	8	10	10	10

Beachte: Zähnezahl kann je nach Hersteller abweichen

4.9 Thermisches Trennen *thermal cutting*

Brennschneiden *flame cutting*

Einfluss der Legierungselemente auf die Brennschneideignung von Stahl (thermisches Trennen mit der Acetylen-Sauerstoffflamme)

Legierungselement		Ohne Vorwärmung brennschneidbar bei Anteilen in %	Ausnahmen
Kohlenstoff	C	0,3	Bei einem C-Gehalt von 0,3 bis 1,6 % kann nach Vorwärmung brenngeschnitten werden.
Silicium	Si	2,5	Bei einem Si-Gehalt von 2,5 bis 4 % kann nach Vorwärmung brenngeschnitten werden.
Mangan	Mn	13	Mit Vorwärmung brennschneidbar, wenn der Mn-Gehalt < 18 % und der C-Gehalt < 1,3 %.
Chrom	Cr	1,5	Bei einem Cr-Gehalt von 1,5 ... 3 % vorwärmen auf 600 °C.
Wolfram	W	10	Dabei dürfen die folgenden Grenzwerte für Cr ≤ 0,5 %, Ni ≤ 0,2 % Ni und C ≤ 0,8 % nicht überschritten werden.
Nickel	Ni	7	Wenn der C-Gehalt < 0,3 % beträgt, darf der Ni-Gehalt bis 35 % betragen.
Molybdän	Mo	0,8	Bei einem Mo-Gehalt > 0,8 % geringere Brennschneidgeschwindigkeit; über 2,5 % ist der Werkstoff nicht mehr schneidbar.

Hinweis: Kohlenstoffäquivalent CEV auf Seite F 3

Schneidparameter für Autogenes Brennschneiden von Stahl

Schnitt-dicke in mm	Düsengröße in mm	Düsen-abstand in mm	Fugen-breite in mm		Heiz-Sauerstoff-Verbrauch in $\frac{m^3}{h}$		Heizgase Verbrauch in $\frac{m^3}{h}$			Heizgase Druck in bar			Schneidsauerstoff Verbrauch in $\frac{m^3}{h}$		Schneidsauerstoff Druck in bar	Schneid-geschwin-digkeit in $\frac{mm}{min}$	
			A[1]	P[2], E[3]	A	P, E	A	P	E	O[4]	A	P, E	A	P, E	A, P, E	A	P, E
3		3 ... 4		1,4												730	660
5	3 ... 10		1,5			1,3		0,33	0,8				1,3	1,3	2	690	630
8		4 ... 5		1,6	0,39		0,3			2			1,5		2,5	640	580
10				1,8									1,7	1,7	3	600	550
10				1,9									2,3	2,8	4	620	560
15	> 10 ... 25	5 ... 7	1,8										2,5	3	4,3	520	490
20				2								0,2	2,6	3,1	4,5	450	440
25					0,46						0,5		2,8	3,4	5	410	400
25						1,5	0,35	0,38	0,9	2,5			2,3	2,8	4	410	400
30	> 25 ... 40		2	2,2									2,5	3	4,3	380	370
35													2,6	3,1	4,5	360	350
40													2,8	3,4	5	340	340

[1]) A = Acetylen
[2]) P = Propan
[3]) E = Erdgas, vorwiegend zum Abwracken
[4]) O = Sauerstoff

Schneidparameter für Plasmaschmelzschneiden

Werkstoff	Blechdicke in mm	Stromstärke in A	Schneidgasverbrauch in $\frac{m^3}{h}$		Schnittgeschwindigkeit in $\frac{m}{min}$	
			Luft	Ar/H_2	Luft	Ar/H_2
unlegierter Stahl	1	40	0,7	–	6	–
	2	40	0,7	–	6	–
	4	70	–	–	–	–
	6	80	0,7	–	2,4	–
hochlegierter Stahl	1	40	0,7	–	5	–
	2	60	0,7	–	2	–
	4	70	–	0,6	–	1,4
	6	120	–	0,9	–	1,3
	10	120	–	1,5	–	0,9
	20	200	–	1,5	–	0,7
	40	250	–	1,7	–	0,3
Aluminium	2	30	1,0	–	2,0	–
	4	45	–	1,0	–	5
	6	60	–	1,2	–	4
	8	80	–	1,3	–	3
	10	90	–	1,4	–	2
	12	90	–	1,5	–	1,4

Hinweis: Alle Werte sind Circa-Angaben und abhängig vom Durchmesser der Düsen; die Bedienungsanleitung der Hersteller ist unbedingt zu beachten.

4.10 Kühlschmierstoffe *cooling lubricants*

Kühlschmierstoffe, Benennung, Kurzzeichen, Eigenschaften — DIN 51385 : 1991-06

Kennbuchstaben	Art	Kurzzeichen	Eigenschaften	Wirkungsweise
SN	nicht wassermischbare Kühlschmierstoffe	SN1	Schneidöl mit pflanzlichen oder synthetischen Fettzusätzen; gute Haftung; sehr gute Schmier- und Korrosionsschutzwirkung; nicht für hohe Temperaturen geeignet	KÜHLUNG (↑) SCHMIERUNG (↓)
		SN2	Mild wirkender EP[1]) L-Zusatz; hohe Druck- und Temperaturbeständigkeit	
		SN3	Mild wirkender EP-Zusatz sowie Fettzusatz	
		SN4	Aktiv wirkender EP-Zusatz; Hohe Druck- und Temperaturbeständigkeit	
		SN5	Aktiv wirkender EP-Zusatz sowie Fettzusatz	
SESW	Lösungen in Wasser	SW1	Mit Wasser gemischter Kühlschmierstoff, z. B. Soda in Wasser. Einsatz überwiegend beim Schleifen	
		SW2	Mit Wasser gemischte synthetische Zusätze. Einsatz beim Bohren und Fräsen	
SEMW	Emulsionen (Öl in Wasser)	E2 ... E20	Emulsionen aus Wasser mit 2 % bis 20 % Zusätzen; gute Kühlung; geringe Schmierung. Umgangssprachliche Bezeichnung: Bohrwasser	

[1]) EP = extreme pressure ⇒ Hochdruck, Zusätze zur Steigerung der Aufnahme hoher Flächenpressung

Anwendung von Kühlschmierstoffen

Fertigungsverfahren	Stahl		Al, Al-Legierungen	Cu, Cu-Legierungen
	normal zerspanbar	schwer zerspanbar		
Bohren	E2 % ... E5 %	E10 %, SN4	E5 %, SN1, SN2	trocken, E5 % ... E10 %
Drehen	E2 % ... E5 %	E10 %, SN4	E5 %, SW2, SN1	trocken, SW2, SN1, SN2
Fräsen	E5 % ... E10 % SW2, SN2	E10 %, SN4, SN5	E5 %, SN2, SN3	trocken, E5 %, SN1, SN2
Sägen	E10 %, SW2	E20 %, SW2	E5 %, SN2, SN3	E5 %, SN2, SN3
Schleifen	E2 % ... E5 %, SW2	E5 %, SW2	E2 % ... E5 %	E2 %, SW2

Schmierstoffe, Übersicht — DIN 51502 : 1990-08

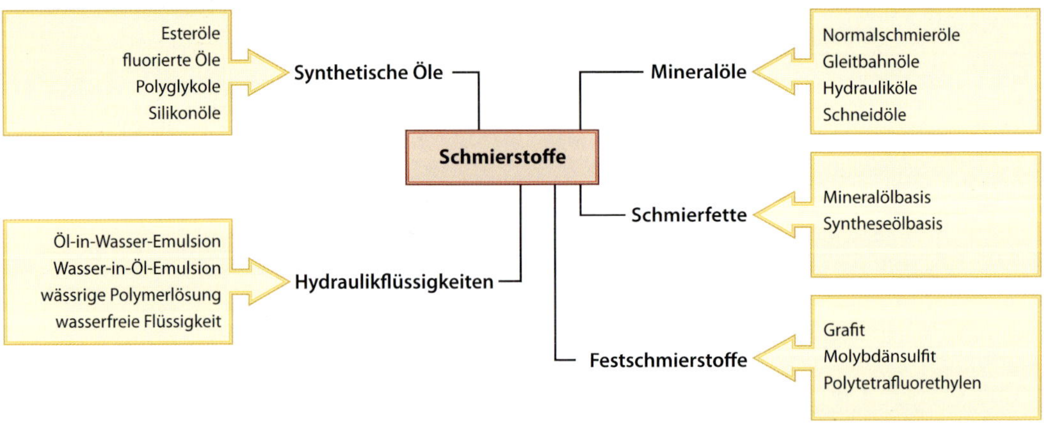

Symbole und Kennzeichen von Schmierölen, Hydraulikölen und Schmierfetten

DIN 51502 : 1990-08

Stoffgruppe, Symbole	Kennbuchstabe	Stoffart, Anwendung	Festgelegt in DIN
Mineralöle	AN	Normalschmieröle	51 501
	B	bitumenhaltiges Schmieröl	51 513
	C	Umlaufschmieröle	51 517-1, -2, -3
	CG	Gleitbahnöle	
	H	Hydrauliköle	51 524-1, -2
schwer entflammbare Hydraulikflüssigkeiten	HFA	Öl-in-Wasser-Emulsionen	24 320
	HFB	Wasser-in-Öl-Emulsion	
	HFC	wässrige Polymerlösungen, hydraulische Steuerungs- und Kraftanlagen	
Syntheseöle	E	Ester, organische Lagerschmierungen	
	FK	Perfluor-Flüssigkeiten, Lager mit Notlaufeigenschaften	
Fette auf Mineralölbasis	K	Gleitlager, Gleitflächen, Wälzlager	51 825-1
	G	geschlossene Getriebe	51 826
	OG	offene Getriebe, Verzahnungen	–
	M	Gleitlager, Dichtungen	
Fette auf Syntheseölbasis		Schmierfette auf Synthesebasis werden in ihren Grundeigenschaften wie die oben stehenden auf Mineralölbasis gekennzeichnet, durch Hinzufügen der Kennbuchstaben	

Kennzeichnungsbeispiele für Schmieröl und Hydraulikflüssigkeit

Schmieröle

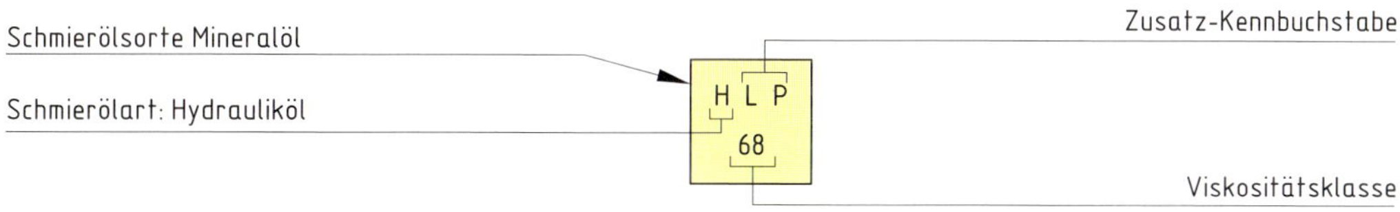

Hydraulikflüssigkeiten

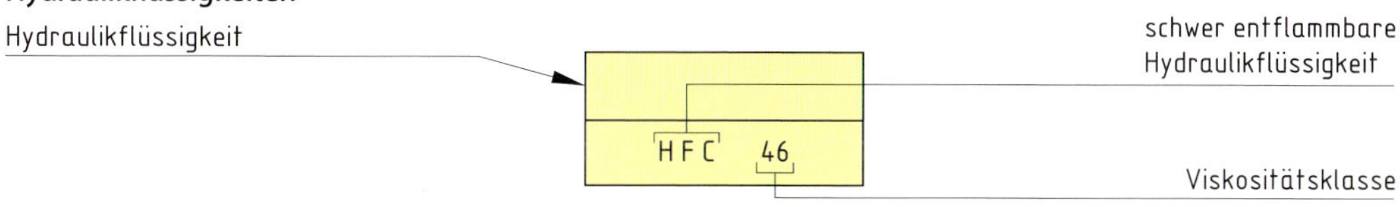

Gefahrstoff	Grenzwert in ml/m³	Grenzwert in mg/m³
Essigsäure	10	25
Essigsäureanhydrid	5	21
Ethandiol	10	26
Ethanol	500	960
Ethanthiol	0,5	1,3
2-Ethoxy-ethanol	5	19
2-(2-Ethoxyethoxy)ethanol	6	35
2-Ethoxyethyl-acetat	5	27
2-Ethoxy-1-methylethylacetat	50	300
1-Ethoxypropan-2-ol	50	220
Ethylacetat	400	1500
Ethylacrylat	5	21
Ethylamin	5	9,4
Ethylbenzol	100	440
Ethyl-chloracetat	1	5
2,2'-(Ethylendioxy)diethanol (Triethylenglykol)		1000 E
Ethyl-3-ethoxypropionat	100	610
Ethylformiat	100	310
2-Ethylhexan-1-ol	20	110
2-Ethylhexylacrylat	10	82
O-Ethyl-O-4-nitrophenyl-phenylthiophosphonat		0,5 E
Fenthion (ISO)		0,2 E
Fluor	1	1,6
Fluoride (als Fluor berechnet)		1 E
Fluorwasserstoff	1	0,83
Furfurylalkohol	10	41
Glykoldinitrat	0,05	0,32
Halothan	5	41
Heptachlor (ISO)		0,5 E
Heptan (alle Isomeren)	500	2100
Heptan-2-on		238
Heptan-3-on	10	47
1,2,3,4,5,6-Hexachlorcyclohexan (techn. Gemisch aus α-HCH [2062708, 319-84-6] und ß-HCH [2062713, 319-85-7])		0,5 E
Hexachlorcyclopentadien	0,02	0,2
Hexachlorethan	1	9,8
Hexadecan-1-ol (Langkettige Alkohole)	20	200
Hexamethylen-1,6-diisocyanat	0,005	0,035

Gefahrstoff	Grenzwert in ml/m³	Grenzwert in mg/m³
n-Hexan	50	180
1-Hexanol (Langkettige Alkohole)	50	210
Hexan-2-on	5	21
2-Hexyldecan-1-ol (Langkettige Alkohole)	20	200
Hydrogenazid	0,1	0,18
Hydrogenbromid		6,7
Hydrogenchlorid	2	3
2-(2-(2-Hydroxyethoxy)-ethyl)-2-aza-bicyclo[2.2.1]heptan	0,5	5
4-Hydroxy-4-methyl-pentan-2-on	20	96
Isobutan	1000	2400
Isobutylchlorformiat	0,2	1,1
3-Isocyanatmethyl-3,5,5-trimethylcyclohexylisocyanat	0,005	0,046
Isopentylacetat	50	270
Isopropenylacetat	10	46
2-Isopropoxy-ethanol	5	22
Isotridecan-1-ol (Langkettige Alkohole)	20	164
Isovaleraldehyd	10	39
Kieselglas		0,3 A
Kieselgur, gebrannt und Kieselrauch		0,3 A
Kieselgur, ungebrannt		4 E
Kieselgut		0,3 A
Kieselsäuren, amorphe		4 E
Kohlenstoffdioxid	5000	9100
Kohlenstoffmonoxid	30	35
Kohlenstofftetrachlorid	0,5	3,2
Kohlenwasserstoffgemische, Verwendung als Lösemittel (Lösemittelkohlenwasserstoffe), additiv-frei		
Fraktionen (RCP-Gruppen):		
C5-C8 Aliphaten		1500
C9-C15 Aliphaten		600
C7-C8 Aromaten		200
C9-C15 Aromaten		100
Lithiumhydrid		0,025 E
Malathion (ISO)		15 E
Maleinsäureanhydrid	0,1	0,41

Gefahrstoff	Grenzwert in ml/m³	Grenzwert in mg/m³
Mangan und seine anorganischen Verbindungen		0,5 E
Mecrilat	2	9,2
Mesitylen	20	100
Methanol	200	270
Methanthiol	0,5	1
Methoxychlor (DMDT)		15 E
Methoxyessigsäure	5	19
2-Methoxy-ethanol	5	16
2-(2-Methoxyethoxy)ethanol	10	50
2-Methoxyethyl-acetat	5	25
2-Methoxy-1-methylethyl-acetat	50	270
1-Methoxy-2-propanol	100	370
2-Methoxypropanol	5	19
2-Methoxypropylacetat	5	28
Methylacetat	200	610
Methylacrylat	5	18
Methylamin	10	13
N Methylanilin	0,5	2,2
2-Methyl-2-azabicyclo[2.2.1]-heptan	5	20
Methylbutan	1000	3000
2-Methylbut-3-en-2-ol	0,6	2
2-Methylbut-3-in-2-ol	0,9	3
1-Methylbutylacetat	50	270
2-Methylbutylacetat	50	270
Methylchloracetat	1	4,5
Methyl-chlorformiat	0,2	0,78
Methylcyclohexan	200	810
Methylcyclohexanol, Techn. Gemisch	6	28
4,4'-Methylendiphenyldiisocyanat		0,05
Methylformiat	50	120
5-Methyl-3-heptanon	10	53
5-Methylhexan-2-on	20	95
Methylisocyanat	0,01	0,024
Methyl-methacrylat	50	210
2-Methylpentan	200	720
3-Methylpentan	200	720
4-Methyl-pentan-2-ol	20	85
4-Methylpentan-2-on	20	83

Gefahrstoff	Grenzwert in ml/m³	Grenzwert in mg/m³
4-Methyl-m-phenylendiisocyanat	0,005	0,035
2-Methyl-m-phenylendiisocyanat	0,005	0,035
2-Methylpropan-1-ol	100	310
2-Methylpropanol-2	20	62
N-Methyl-2-pyrrolidon (Dampf)	20	82
Mevinphos (ISO)	0,01	0,093
Morpholin	10	36
Naled		1 E
1-Naphthylamin	0,17	1 E
1,5-Naphthylendiisocyanat		0,05
Natriumazid		0,2
Natriumfluoracetat		0,05 E
Nikotin		0,5
Nitrobenzol		1
Nitroethan	100	310
1-Nitropropan	25	92
Norfluran	1000	4200
Octadecan-1-ol (Langkettige Alkohole)	20	224
Octan (alle Isomeren außer Trimethylpentan-Isomere)	500	2400
Octan-1-ol (Langkettige Alkohole)	20	106
2-Octyl-2H-isothiazol-3-on		0,05 E
Orthophosphorsäure		2 E
Oxalsäure		1 E
2,2'-Oxydiethanol	10	44
Oxydipropanol (Dipropylenglykol)		67 E
Paraquatdichlorid		0,1 E
Parathion (ISO)		0,1 E
Pentaboran	0,005	0,013
Pentan	1000	3000
Pentan-2,4-dion (Acetylaceton)	30	126
Pentylacetat	50	270
3-Pentylacetat	50	270
Phenol	2	7,8
2-Phenoxyethanol	20	110
p-Phenylendiamin		0,1 E
Phenylisocyanat	0,01	0,05

Gefahrstoff	Grenzwert in ml/m³	Grenzwert in mg/m³
Phenylphosphin	0,01	0,05
2-Phenylpropen	50	250
Phosgen	0,02	0,082
Phosphin	0,1	0,14
Phosphor, weiß/gelb		0,01 E
Phosphorpentachlorid		1 E
Phosphorpentoxid (als Orthophosphorsäure)		2 E
Phosphortrichlorid	0,5	2,8
Phosphoryltrichlorid	0,2	1,3
Piperazin		0,1
Platin (Metall)		1 E
Polyethylenglykole (PEG) (mittlere Molmasse 200–400)		1000 E
Polyethylenglykol 600 (PEG 600)		1000 E
Portlandzement (Staub)		5 E
Propan	1000	1800
Propan-1,2-diyldinitrat	0,05	0,34
Propan-2-ol	200	500
Prop-2-in-1-ol	2	4,7
Propionsäure	10	31
Propoxur (ISO)		2 E
2-(Propyloxy)ethanol	20	86
(2-Propyloxy)ethylacetat	20	120
Pyrethrum (gereinigter Rohextrakt)		1 E
Pyridin-2-thiol-1-oxid, Natriumsalz		1
Quecksilber		0,1
Quecksilberverbindungen, anorganische		0,1 E
Salpetersäure	1	2,6
Schwefelhexafluorid	1000	6100
Selen		0,05 E
Selenverbindungen, anorganische		0,05 E
Silber		0,1 E
Silberverbindungen, anorganische		0,01 E
Styrol	20	86
Sulfotep (ISO)	0,0075	0,1
Sulfuryldifluorid		10
2,4,5-T		10 E
TEPP (ISO)	0,005	0,06
1,1,1,2-Tetrachlor-2,2-difluorethan (R 112a)	200	1700
Tetrachlor-1,2-difluorethan (R 112)	200	1700
1,1,2,2-Tetrachlorethan	1	7
Tetradecanol (Langkettige Alkohole)	20	178
Tetraethylblei (als Pb berechnet)		0,05
Tetrahydrofuran	50	150
3a,4,7,7a-Tetrahydro-4,7-methanoinden	0,5	2,7
Tetrahydrothiophen	50	180
Tetramethylblei (als Pb berechnet)		0,05
Tetramethylorthosilikat	0,3	2
Tetramethylsuccinitril		1
Thiram		1 E
Toluol	50	190
Tri-n-butylzinnverbindungen (als TBTO, steht für Bis(tributylzinn)oxid)		0,05
Tributylzinn-benzoat (als TBTO, steht für Bis(tributylzinn)oxid)	0,0021	0,05
Tributylzinn-chlorid (als TBTO, steht für Bis(tributylzinn)oxid)	0,0021	0,05
Tributylzinn-fluorid (als TBTO, steht für Bis(tributylzinn)oxid)	0,0021	0,05
Tributylzinn-linoleat (als TBTO, steht für Bis(tributylzinn)oxid)	0,0021	0,05
Tributylzinn-methacrylat (als TBTO, steht für Bis(tributylzinn)oxid)	0,0021	0,05
Tributylzinn-naphthenat (als TBTO, steht für Bis(tributylzinn)oxid)	0,0021	0,05
Trichlorbenzol (alle Isomeren außer 1,2,4-Trichlorbenzol)	5	38
1,2,4-Trichlorbenzol	0,5	3,8
1,1,1-Trichlorethan	200	1100
1,1,2-Trichlorethan	10	55
Trichlorfluormethan (R 11)	1000	5700
Trichlormethan (Chloroform)	0,5	2,5
Trichlor-nitro-methan	0,1	0,68
1,1,2-Trichlortrifluorethan (R 113)	500	3900

Gefahrstoff	Grenzwert in ml/m^3	Grenzwert in mg/m^3
Triethylamin	1	4,2
Triisobutylphosphat		50
1,2,3-Trimethylbenzol	20	100
1,2,4-Trimethylbenzol	20	100
3,5,5-Trimethylcyclohex-2-enon	2	11
2,4,6-Trinitrophenol (Pikrinsäure)		0,1 E
2,4,6-Trinitrotoluol (und Isomeren in techn. Gemischen)	0,011	0,1
Vinylacetat	5	18
Vinyltoluol (alle Isomeren)	100	490
Xylol (alle Isomeren)	100	440
Zinn(II)-Verbindungen, anorganische		8 E
Zinn(IV)-Verbindungen, anorganische		2 E
Zirkonium und wasserunlösliche Verbindungen		1 E

TRGS 900

10.2.2.3 Sicherheitshinweise für Gefahrstoffe (GHS – Globally Harmonised System)

10.2.2.3.1 Zusätzliche Gefahrenhinweise (H-Sätze, EUH-Sätze)

- Die ***H-Sätze*** *(Hazard Statements)* beschreiben **Gefährdungen** *hazards*, die von den chemischen Stoffen oder Zubereitungen ausgehen.
- Zusätzlich hat die EU nur für die Zwecke der teils strengeren EU-Gesetzgebung zusätzliche ***EUH-Sätze*** *(Ergänzende Gefahrenmerkmale und Kennzeichnungselemente)* für die *Gefährdung eingeführt. Diese Sätze beschreiben über das GHS hinausgehend Gefahren und* sind – nur innerhalb der EU – zusätzlich nach den H- und P-Sätzen anzuführen.

H200-Reihe: Physikalische Gefahren

- H200 Instabil, explosiv
- H201 Explosiv, Gefahr der Massenexplosion.
- H202 Explosiv; große Gefahr durch Splitter, Spreng- und Wurfstücke.
- H203 Explosiv; Gefahr durch Feuer, Luftdruck oder Splitter, Spreng- und Wurfstücke.
- H204 Gefahr durch Feuer oder Splitter, Spreng- und Wurfstücke.
- H205 Gefahr der Massenexplosion bei Feuer.
- H220 Extrem entzündbares Gas.
- H221 Entzündbares Gas.
- H222 Extrem entzündbares Aerosol.
- H223 Entzündbares Aerosol.
- H224 Flüssigkeit und Dampf extrem entzündbar.
- H225 Flüssigkeit und Dampf leicht entzündbar.
- H226 Flüssigkeit und Dampf entzündbar.
- H228 Entzündbarer Feststoff.
- H240 Erwärmung kann Explosion verursachen.
- H241 Erwärmung kann Brand oder Explosion verursachen.
- H242 Erwärmung kann Brand verursachen.
- H250 Entzündet sich in Berührung mit Luft von selbst.
- H251 Selbsterhitzungsfähig; kann in Brand geraten.
- H252 In großen Mengen selbsterhitzungsfähig; kann in Brand geraten.
- H260 In Berührung mit Wasser entstehen entzündbare Gase, die sich spontan entzünden können.
- H261 In Berührung mit Wasser entstehen entzündbare Gase.
- H270 Kann Brand verursachen oder verstärken; Oxidationsmittel.
- H271 Kann Brand oder Explosion verursachen; starkes Oxidationsmittel.
- H272 Kann Brand verstärken; Oxidationsmittel.
- H280 Enthält Gas unter Druck; kann bei Erwärmung explodieren.
- H281 Enthält tiefgekühltes Gas; kann Kälteverbrennungen oder -Verletzungen verursachen.
- H290 Kann gegenüber Metallen korrosiv sein.

H300-Reihe: Gesundheitsgefahren

- H300 Lebensgefahr bei Verschlucken.
- H301 Giftig bei Verschlucken.
- H302 Gesundheitsschädlich bei Verschlucken.
- H304 Kann bei Verschlucken und Eindringen in die Atemwege tödlich sein.
- H310 Lebensgefahr bei Hautkontakt.
- H311 Giftig bei Hautkontakt.
- H312 Gesundheitsschädlich bei Hautkontakt.
- H314 Verursacht schwere Verätzungen der Haut und schwere Augenschäden.
- H315 Verursacht Hautreizungen.
- H317 Kann allergische Hautreaktionen verursachen.
- H318 Verursacht schwere Augenschäden.
- H319 Verursacht schwere Augenreizung.
- H330 Lebensgefahr bei Einatmen.
- H331 Giftig bei Einatmen.
- H332 Gesundheitsschädlich bei Einatmen.
- H334 Kann bei Einatmen Allergie, asthmaartige Symptome oder Atembeschwerden verursachen.
- H335 Kann die Atemwege reizen.
- H336 Kann Schläfrigkeit und Benommenheit verursachen.
- H340 Kann genetische Defekte verursachen (Expositionsweg angeben, sofern schlüssig belegt ist, dass diese Gefahr bei keinem anderen Expositionsweg besteht).
- H341 Kann vermutlich genetische Defekte verursachen (Expositionsweg angeben, sofern schlüssig belegt ist, dass diese Gefahr bei keinem anderen Expositionsweg besteht).
- H350 Kann Krebs erzeugen (Expositionsweg angeben, sofern schlüssig belegt ist, dass diese Gefahr bei keinem anderen Expositionsweg besteht).
- H350 i Kann bei Einatmen Krebs erzeugen.
- H351 Kann vermutlich Krebs erzeugen (Expositionsweg angeben, sofern schlüssig belegt ist, dass diese Gefahr bei keinem anderen Expositionsweg besteht).
- H360 Kann die Fruchtbarkeit beeinträchtigen oder das Kind im Mutterleib schädigen (konkrete Wirkung angeben, sofern bekannt) (Expositionsweg angeben, sofern schlüssig belegt ist, dass die Gefahr bei keinem anderen Expositionsweg besteht).
- H360 F Kann die Fruchtbarkeit beeinträchtigen.
- H360 D Kann das Kind im Mutterleib schädigen.
- H360 FD Kann die Fruchtbarkeit beeinträchtigen. Kann das Kind im Mutterleib schädigen.
- H360 Fd Kann die Fruchtbarkeit beeinträchtigen. Kann vermutlich das Kind im Mutterleib schädigen.
- H360 Df Kann das Kind im Mutterleib schädigen. Kann vermutlich die Fruchtbarkeit beeinträchtigen.
- H361 Kann vermutlich die Fruchtbarkeit beeinträchtigen oder das Kind im Mutterleib schädigen (konkrete Wirkung angeben, sofern bekannt) (Expositionsweg angeben, sofern schlüssig belegt ist, dass die Gefahr bei keinem anderen Expositionsweg besteht)
- H361 f Kann vermutlich die Fruchtbarkeit beeinträchtigen.
- H361 d Kann vermutlich das Kind im Mutterleib schädigen.
- H361 fd Kann vermutlich die Fruchtbarkeit beeinträchtigen. Kann vermutlich das Kind im Mutterleib schädigen.
- H362 Kann Säuglinge über die Muttermilch schädigen.
- H370 Schädigt die Organe (oder alle betroffenen Organe nennen, sofern bekannt) (Expositionsweg angeben, sofern schlüssig belegt ist, dass diese Gefahr bei keinem anderen Expositionsweg besteht).
- H371 Kann die Organe schädigen (oder alle betroffenen Organe nennen, sofern bekannt) (Expositionsweg angeben, sofern schlüssig belegt ist, dass diese Gefahr bei keinem anderen Expositionsweg besteht).
- H372 Schädigt die Organe (alle betroffenen Organe nennen) bei längerer oder wiederholter Exposition (Expositionsweg angeben, wenn schlüssig belegt ist, dass diese Gefahr bei keinem anderen Expositionsweg besteht).
- H373 Kann die Organe schädigen (alle betroffenen Organe nennen, sofern bekannt) bei längerer oder wiederholter Exposition (Expositionsweg angeben, wenn schlüssig belegt ist, dass diese Gefahr bei keinem anderen Expositionsweg besteht).

H400-Reihe: Umweltgefahren

- H400 Sehr giftig für Wasserorganismen.
- H410 Sehr giftig für Wasserorganismen mit langfristiger Wirkung.
- H411 Giftig für Wasserorganismen, mit langfristiger Wirkung.
- H412 Schädlich für Wasserorganismen, mit langfristiger Wirkung.
- H413 Kann für Wasserorganismen schädlich sein, mit langfristiger Wirkung.

EUH-Sätze

- EUH 001 In trockenem Zustand explosiv.
- EUH 006 Mit und ohne Luft explosionsfähig.
- EUH 014 Reagiert heftig mit Wasser.
- EUH 018 Kann bei Verwendung explosionsfähige/entzündbare Dampf/Luft-Gemische bilden.
- EUH 019 Kann explosionsfähige Peroxide bilden.
- EUH 044 Explosionsgefahr bei Erhitzen unter Einschluss.
- EUH 029 Entwickelt bei Berührung mit Wasser giftige Gase.
- EUH 031 Entwickelt bei Berührung mit Säure giftige Gase.
- EUH 032 Entwickelt bei Berührung mit Säure sehr giftige Gase.
- EUH 066 Wiederholter Kontakt kann zu spröder oder rissiger Haut führen.
- EUH 070 Giftig bei Berührung mit den Augen.
- EUH 071 Wirkt ätzend auf die Atemwege.
- EUH 059 Die Ozonschicht schädigend.
- EUH 201/Enthält Blei. Nicht für den Anstrich von Gegenständen verwenden, die von Kindern gekaut oder gelutscht werden könnten. 201 A Achtung! Enthält Blei.
- EUH 202 Cyanacrylat. Gefahr. Klebt innerhalb von Sekunden Haut und Augenlider zusammen. Darf nicht in die Hände von Kindern gelangen.
- EUH 203 Enthält Chrom(VI). Kann allergische Reaktionen hervorrufen.
- EUH 204 Enthält Isocyanate. Kann allergische Reaktionen hervorrufen.
- EUH 205 Enthält epoxidhaltige Verbindungen. Kann allergische Reaktionen hervorrufen.
- EUH 206 Achtung! Nicht zusammen mit anderen Produkten verwenden, da gefährliche Gase (Chlor) freigesetzt werden können.
- EUH 207 Achtung! Enthält Cadmium. Bei der Verwendung entstehen gefährliche Dämpfe. Hinweise des Herstellers beachten. Sicherheitsanweisungen einhalten.
- EUH 208 Enthält (Name des sensibilisierenden Stoffes). Kann allergische Reaktionen hervorrufen.
- EUH 209 Kann bei Verwendung leicht entzündbar werden.
- EUH 209 A Kann bei Verwendung entzündbar werden.
- EUH 210 Sicherheitsdatenblatt auf Anfrage erhältlich.
- EUH 401 Zur Vermeidung von Risiken für Mensch und Umwelt die Gebrauchsanleitung einhalten.

10.2.2.3.2 Sicherheitsratschläge (P-Sätze)

- *die **P-Sätze** (Precautionary Statements) geben **Sicherheitshinweise** (precautions, Sicherheitsmaßnahme, Vorsicht) im Umgang mit chemischen Stoffen und deren Zubereitungen.*

P 100-Reihe: Allgemeines

- P101 Ist ärztlicher Rat erforderlich, Verpackung oder Kennzeichnungsetikett bereithalten.
- P102 Darf nicht in die Hände von Kindern gelangen.
- P103 Vor Gebrauch Kennzeichnungsetikett lesen.

P 200-Reihe: Prävention

- P201 Vor Gebrauch besondere Anweisungen einholen.
- P202 Vor Gebrauch alle Sicherheitshinweise lesen und verstehen.
- P210 Von Hitze/Funken/offener Flamme/heißen Oberflächen fernhalten. Nicht rauchen.
- P211 Nicht gegen offene Flamme oder andere Zündquelle sprühen.
- P220 Von Kleidung/…/brennbaren Materialien fernhalten/entfernt aufbewahren.
- P221 Mischen mit brennbaren Stoffen/… unbedingt verhindern.
- P222 Kontakt mit Luft nicht zulassen.
- P223 Kontakt mit Wasser wegen heftiger Reaktion und möglichem Aufflammen unbedingt verhindern.
- P230 Feucht halten mit …
- P231 Unter inertem Gas handhaben.
- P232 Vor Feuchtigkeit schützen.
- P233 Behälter dicht verschlossen halten.
- P234 Nur im Originalbehälter aufbewahren.
- P235 Kühl halten.
- P240 Behälter und zu befüllende Anlage erden.
- P241 Explosionsgeschützte elektrische Betriebsmittel/Lüftungsanlagen/Beleuchtung/… verwenden.
- P242 Nur funkenfreies Werkzeug verwenden.
- P243 Maßnahmen gegen elektrostatische Aufladungen treffen.
- P244 Druckminderer frei von Fett und Öl halten.
- P250 Nicht schleifen/stoßen/…/reiben.
- P251 Behälter steht unter Druck: Nicht durchstechen oder verbrennen, auch nicht nach der Verwendung.
- P260 Staub/Rauch/Gas/Nebel/Dampf/Aerosol nicht einatmen.

- P261 Einatmen von Staub/Rauch/Gas/Nebel/Dampf/Aerosol vermeiden.
- P262 Nicht in die Augen, auf die Haut oder auf die Kleidung gelangen lassen.
- P263 Kontakt während der Schwangerschaft/und der Stillzeit vermeiden.
- P264 Nach Gebrauch ... gründlich waschen.
- P270 Bei Gebrauch nicht essen, trinken oder rauchen.
- P271 Nur im Freien oder in gut belüfteten Räumen verwenden.
- P272 Kontaminierte Arbeitskleidung nicht außerhalb des Arbeitsplatzes tragen.
- P273 Freisetzung in die Umwelt vermeiden.
- P280 Schutzhandschuhe/Schutzkleidung/Augenschutz/Gesichtsschutz tragen.
- P281 Vorgeschriebene persönliche Schutzausrüstung verwenden.
- P282 Schutzhandschuhe/Gesichtsschild/Augenschutz mit Kälteisolierung tragen.
- P283 Schwer entflammbare/flammhemmende Kleidung tragen.
- P284 Atemschutz tragen.
- P285 Bei unzureichender Belüftung Atemschutz tragen.
- P231 + P232 Unter inertem Gas handhaben. Vor Feuchtigkeit schützen.
- P235 + P410 Kühl halten. Vor Sonnenbestrahlung schützen.

P 300-Reihe: Reaktion
- P301 Bei Verschlucken:
- P302 Bei Berührung mit der Haut:
- P303 Bei Berührung mit der Haut (oder dem Haar):
- P304 Bei Einatmen:
- P305 Bei Kontakt mit den Augen:
- P306 Bei kontaminierter Kleidung:
- P307 Bei Exposition:
- P308 Bei Exposition oder falls betroffen:
- P309 Bei Exposition oder Unwohlsein:
- P310 Sofort Giftinformationszentrum oder Arzt anrufen.
- P311 Giftinformationszentrum oder Arzt anrufen.
- P312 Bei Unwohlsein Giftinformationszentrum oder Arzt anrufen.
- P313 Ärztlichen Rat einholen/ärztliche Hilfe hinzuziehen.
- P314 Bei Unwohlsein ärztlichen Rat einholen/ärztliche Hilfe hinzuziehen.
- P315 Sofort ärztlichen Rat einholen/ärztliche Hilfe hinzuziehen.
- P320 Besondere Behandlung dringend erforderlich (siehe ... auf diesem Kennzeichnungsetikett).
- P321 Besondere Behandlung (siehe ... auf diesem Kennzeichnungsetikett).
- P322 Gezielte Maßnahmen (siehe ... auf diesem Kennzeichnungsetikett).
- P330 Mund ausspülen.
- P331 Kein Erbrechen herbeiführen.
- P332 Bei Hautreizung:
- P333 Bei Hautreizung oder -ausschlag:
- P334 In kaltes Wasser tauchen/nassen Verband anlegen.
- P335 Lose Partikel von der Haut abbürsten.
- P336 Vereiste Bereiche mit lauwarmem Wasser auftauen. Betroffenen Bereich nicht reiben.
- P337 Bei anhaltender Augenreizung:
- P338 Eventuell vorhandene Kontaktlinsen nach Möglichkeit entfernen. Weiter ausspülen.
- P340 Die betroffene Person an die frische Luft bringen und in einer Position ruhigstellen, die das Atmen erleichtert.
- P341 Bei Atembeschwerden an die frische Luft bringen und in einer Position ruhigstellen, die das Atmen erleichtert.
- P342 Bei Symptomen der Atemwege:
- P350 Behutsam mit viel Wasser und Seife waschen.
- P351 Einige Minuten lang behutsam mit Wasser ausspülen.
- P352 Mit viel Wasser und Seife waschen.
- P353 Haut mit Wasser abwaschen/duschen.
- P360 Kontaminierte Kleidung und Haut sofort mit viel Wasser abwaschen und danach Kleidung ausziehen.
- P361 Alle kontaminierten Kleidungsstücke sofort ausziehen.
- P362 Kontaminierte Kleidung ausziehen und vor erneutem Tragen waschen.
- P363 Kontaminierte Kleidung vor erneutem Tragen waschen.
- P370 Bei Brand:
- P371 Bei Großbrand und großen Mengen:
- P372 Explosionsgefahr bei Brand.
- P373 Keine Brandbekämpfung, wenn das Feuer explosive Stoffe/Gemische/Erzeugnisse erreicht.
- P374 Brandbekämpfung mit üblichen Vorsichtsmaßnahmen aus angemessener Entfernung.
- P375 Wegen Explosionsgefahr Brand aus der Entfernung bekämpfen.
- P376 Undichtigkeit beseitigen, wenn gefahrlos möglich.

- P377 Brand von ausströmendem Gas: Nicht löschen, bis Undichtigkeit gefahrlos beseitigt werden kann.
- P378 … zum Löschen verwenden.
- P380 Umgebung räumen.
- P381 Alle Zündquellen entfernen, wenn gefahrlos möglich.
- P390 Verschüttete Mengen aufnehmen, um Materialschäden zu vermeiden.
- P391 Verschüttete Mengen aufnehmen.
- P301 + P310 Bei Verschlucken: Sofort Giftinformationszentrum oder Arzt anrufen.
- P301 + P312 Bei Verschlucken: Bei Unwohlsein Giftinformationszentrum oder Arzt anrufen.
- P301 + P330 + P331 Bei Verschlucken: Mund ausspülen. Kein Erbrechen herbeiführen.
- P302 + P334 Bei Kontakt mit der Haut: In kaltes Wasser tauchen/nassen Verband anlegen.
- P302 + P350 Bei Kontakt mit der Haut: Behutsam mit viel Wasser und Seife waschen.
- P302 + P352 Bei Kontakt mit der Haut: Mit viel Wasser und Seife waschen.
- P303 + P361 + P353 Bei Kontakt mit der Haut (oder dem Haar): Alle beschmutzten, getränkten Kleidungsstücke sofort ausziehen. Haut mit Wasser abwaschen/duschen.
- P304 + P340 Bei Einatmen: An die frische Luft bringen und in einer Position ruhigstellen, die das Atmen erleichtert.
- P304 + P341 Bei Einatmen: Bei Atembeschwerden an die frische Luft bringen und in einer Position ruhigstellen, die das Atmen erleichtert.
- P305 + P351 + P338 Bei Kontakt mit den Augen: Einige Minuten lang behutsam mit Wasser spülen. Vorhandene Kontaktlinsen nach Möglichkeit entfernen. Weiter spülen.
- P306 + P360 Bei Kontakt mit der Kleidung: Kontaminierte Kleidung und Haut sofort mit viel Wasser abwaschen und danach Kleidung ausziehen.
- P307 + P311 Bei Exposition: Giftinformationszentrum oder Arzt anrufen.
- P308 + P313 Bei Exposition oder falls betroffen: Ärztlichen Rat einholen/ärztliche Hilfe hinzuziehen.
- P309 + P311 Bei Exposition oder Unwohlsein: Giftinformationszentrum oder Arzt anrufen.
- P332 + P313 Bei Hautreizung: Ärztlichen Rat einholen/ärztliche Hilfe hinzuziehen.
- P333 + P313 Bei Hautreizung oder -ausschlag: Ärztlichen Rat einholen/ärztliche Hilfe hinzuziehen.
- P335 + P334 Lose Partikel von der Haut abbürsten. In kaltes Wasser tauchen/nassen Verband anlegen.
- P337 + P313 Bei anhaltender Augenreizung: Ärztlichen Rat einholen/ärztliche Hilfe hinzuziehen.
- P342 + P311 Bei Symptomen der Atemwege: Giftinformationszentrum oder Arzt anrufen.
- P370 + P376 Bei Brand: Undichtigkeit beseitigen, wenn gefahrlos möglich.
- P370 + P378 Bei Brand: … zum Löschen verwenden.
- P370 + P380 Bei Brand: Umgebung räumen.
- P370 + P380 + P375 Bei Brand: Umgebung räumen. Wegen Explosionsgefahr Brand aus der Entfernung bekämpfen.
- P371 + P380 + P375 Bei Großbrand und großen Mengen: Umgebung räumen. Wegen Explosionsgefahr Brand aus der Entfernung bekämpfen.

P 400-Reihe: Aufbewahrung

- P401 … aufbewahren.
- P402 An einem trockenen Ort aufbewahren.
- P403 An einem gut belüfteten Ort aufbewahren.
- P404 In einem geschlossenen Behälter aufbewahren.
- P405 Unter Verschluss aufbewahren.
- P406 In korrosionsbeständigem/… Behälter mit korrosionsbeständiger Auskleidung aufbewahren.
- P407 Luftspalt zwischen Stapeln/Paletten lassen.
- P410 Vor Sonnenbestrahlung schützen.
- P411 Bei Temperaturen von nicht mehr als … °C/… aufbewahren.
- P412 Nicht Temperaturen von mehr als 50 °C aussetzen.
- P413 Schüttgut in Mengen von mehr als … kg bei Temperaturen von nicht mehr als … °C aufbewahren
- P420 Von anderen Materialien entfernt aufbewahren.
- P422 Inhalt in/unter … aufbewahren
- P402 + P404 In einem geschlossenen Behälter an einem trockenen Ort aufbewahren.
- P403 + P233 Behälter dicht verschlossen an einem gut belüfteten Ort aufbewahren.
- P403 + P235 Kühl an einem gut belüfteten Ort aufbewahren.
- P410 + P403 Vor Sonnenbestrahlung geschützt an einem gut belüfteten Ort aufbewahren.
- P410 + P412 Vor Sonnenbestrahlung schützen und nicht Temperaturen von mehr als 50 °C aussetzen.
- P411 + P235 Kühl und bei Temperaturen von nicht mehr als … °C aufbewahren.

P 500-Reihe: Entsorgung

- P501 Inhalt/Behälter … zuführen.

10.2.2.4 Pflichten zum Schutz vor Gefahrstoffen am Arbeitsplatz

Ermittlungspflicht (§ 16 GefStoffV)	• Der Arbeitgeber muss vor dem Einsatz eines Stoffes, einer Zubereitung oder eines Erzeugnisses in seinem Betrieb ermitteln, ob es sich um einen Gefahrenstoff handelt. • Der Arbeitgeber muss prüfen, ob Stoffe mit einem geringeren gesundheitlichen Risiko als die von ihm in Aussicht genommenen erhältlich sind. Ist dem Arbeitgeber die Verwendung dieser Ersatzstoffe zumutbar und zum Schutz der Arbeitnehmer erforderlich, so darf er nur diese verwenden.
Kennzeichnungspflicht (§ 23 GefStoffV)	• Gefährliche Stoffe, Zubereitungen und Erzeugnisse sind verpackungs- und kennzeichnungspflichtig auch bei ihrer Verwendung. • Die Kennzeichnung muss jederzeit gut lesbar sein; bei Bedarf muss sie überprüft, gereinigt oder erneuert werden. • Da bei der Kennzeichnungspflicht nicht sämtliche Inhaltsstoffe erfasst werden, gilt folgende Aussage: *Eine vorhandene Kennzeichnung weist immer* auf *eine bestehende Gefahr hin, keine Kennzeichnung schließt aber eine Gefahr nicht in jedem Fall aus!*
Überwachungspflicht (§ 17 GefStoffV)	• Ist das Auftreten eines Gefahrstoffes nicht sicher auszuschließen, so ist durch Messungen zu ermitteln, ob die maximale Arbeitsplatzkonzentration (MAK). die Technische Richtkonzentration (TRK) oder der Biologische Arbeitsplatztoleranzwert (BAT) unterschritten oder die Auslöseschwelle überschritten sind. • Die Ergebnisse der Ermittlungen und Messungen sind aufzuzeichnen und mindestens 30 Jahre aufzubewahren
Betriebsanweisung (§ 20 GefStoffV)	• Es muss für den betreffenden Arbeitsplatz eine schriftliche Betriebsanweisung erstellt werden, in der die beim Umgang mit dem Gefahrstoff auftretenden Gefahren für Mensch und Umwelt sowie die erforderlichen Schutzmaßnahmen und Verhaltensregeln festgelegt werden. • Auch auf die sachgerechte Entsorgung entstehender gefährlicher Abfälle ist hinzuweisen. • Vor Beschäftigungsbeginn und dann mindestens einmal jährlich muss hier über eine mündliche und arbeitsplatzbezogene Unterweisung stattfinden. Inhalt und Zeitpunkt der Unterweisung sind schriftlich festzuhalten und zwei Jahre aufzubewahren
Rangfolge der Schutzmaßnahmen (§ 19 GefStoffV)	Arbeitsverfahren und Arbeitsplatz sind grundsätzlich so zu gestalten, dass 1. Gefahrstoffe nicht frei werden bzw. Arbeitnehmer mit Gefahrstoffen nicht in Berührung kommen, 2. Gefahrstoffe an der Entstehungsstelle abgesaugt werden können, 3. geeignete Lüftungsmaßnahmen getroffen werden können, 4. persönliche Schutzausrüstung zur Verfügung steht.

► siehe Kap_10.pdf

11.4.5 Kunststoffarmaturen aus PVC/PP nach Herstellerangaben *plastic fittings made of PVC/PP*

Teil 2 ▶ siehe Kap_11.pdf Auswahlkriterien für Handarmaturen

Armaturenabmessungen nach DIN 3441 aus PVC-U, PVC-C oder PP-H, Baulängen nach EN 558-1
Anschluss mit Klebemuffen oder Klebestutzen aus PVC, mit Gewindemuffe aus PVC/PP, mit Schweißmuffe aus PP/PE, mit Schweißstutzen aus PP/PE oder mit Stumpfschweißstutzen aus PP/PE

PVC-U Kugelhahn mit Klebemuffen[1] *ball valve with adhesive sleeves*

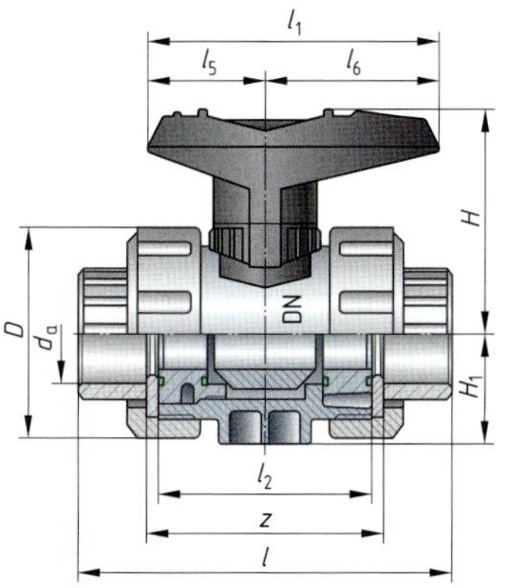

DN	d_a mm	D mm	H mm	H_1 mm	l mm	l_1 mm	l_2 mm	l_4 mm	l_5 mm	l_6 mm	z mm
10	16	50	57	27	92	77	56	25	32	45	64
15	20	50	57	27	95	77	56	25	32	45	64
20	25	58	67	30	110	97	65	25	39	58	72
25	32	68	73	36	123	97	71	25	39	58	79
32	40	84	90	44	146	128	85	45	54	74	94
40	50	97	97	51	157	128	89	45	54	74	95
50	63	124	116	64	183	152	101	45	66	87	107
65	75	166	149	85	233	270	136	70	64	206	144
80	90	200	161	105	254	270	141	70	64	206	151
100	110	238	178	123	301	320	164	120	64	256	174

PVC-U Kugelhahn mit Klebestutzen[1]

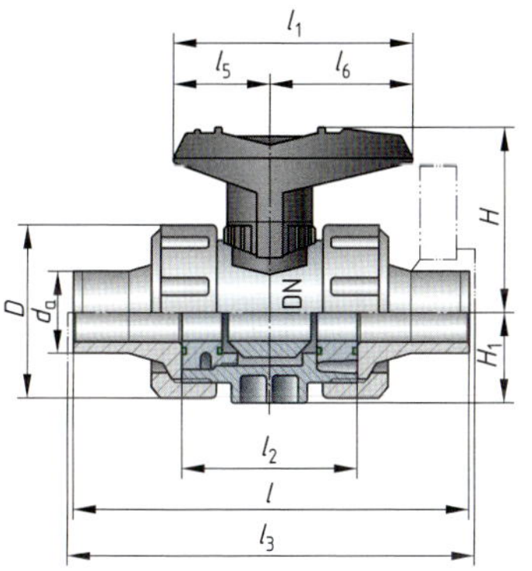

DN	d_a mm	D mm	H mm	H_1 mm	l mm	l_1 mm	l_2 mm	l_3 mm	l_5 mm	l_6 mm
10	16	50	57	27	114	77	56	130	32	45
15	20	50	57	27	124	77	56	130	32	45
20	25	58	67	30	144	97	65	150	39	58
25	32	68	73	36	154	97	71	160	39	58
32	40	84	90	44	174	128	85	180	54	74
40	50	97	97	51	194	128	89	200	54	74
50	63	124	116	64	224	152	101	230	66	87
65	75	166	149	85	284	270	136	290	64	206
80	90	200	161	105	300	270	141	310	64	206
100	110	238	178	123	340	320	164	350	64	256

PVC-U Kugelhahn mit Gewindemuffen[1] *ball valve with female thread*

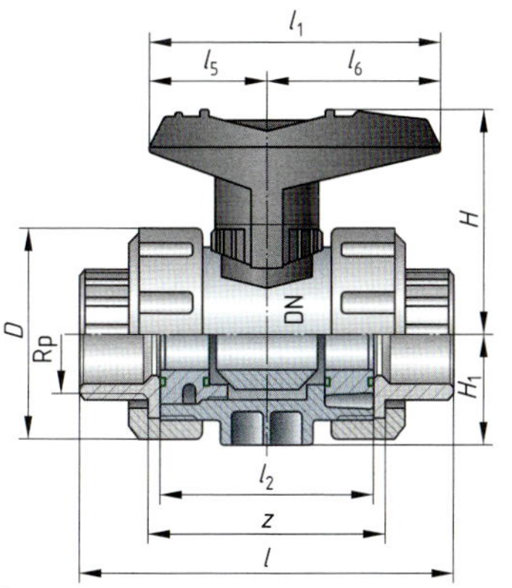

DN	Rp inch	D mm	H mm	H_1 mm	l mm	l_1 mm	l_2 mm	l_5 mm	l_6 mm	z mm
10	3/8	50	57	27	95	77	56	32	45	69
15	1/2	50	57	27	100	77	56	32	45	67
20	3/4	58	67	30	114	97	65	39	58	78
25	1	68	73	36	127	97	71	39	58	85
32	1 1/4	84	90	44	146	128	85	54	74	100
40	1 1/2	97	97	51	152	128	89	54	74	106
50	2	124	116	64	177	152	101	66	87	121
65	2 1/2	166	149	85	233	270	136	64	206	144
80	3	200	161	105	254	270	141	64	206	151
100	4	238	178	123	301	320	164	64	256	174

[1] Kugeldichtung aus PTFE

11

PCV-U Schrägsitzventil mit Klebestutzen[2)] *angle seat valve with solvent socket*

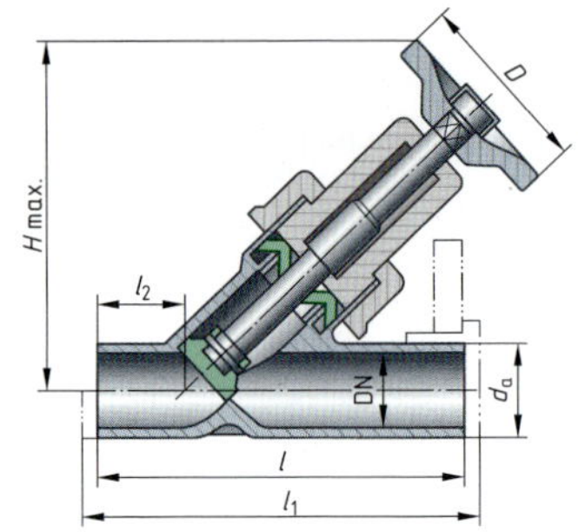

DN	d_a mm	D mm	l mm	l_1 mm	l_2 mm	$H_{max.}$ mm
10	16	50	114	120	24	105
15	20	63	124	130	28	126
20	25	63	144	150	37	140
25	32	80	154	160	37	166
32	40	80	174	180	44	191
40	50	100	194	200	48	233
50	63	100	224	230	60	264
65	75	160	284	290	74	335
80	90	200	300	310	85	390

2) Ventilkegel aus PE oder PTFE

PVC-U Schrägsitz-Rücksschlagventil mit Klebestutzen[3)] *angle seat check valve with solvent socket*

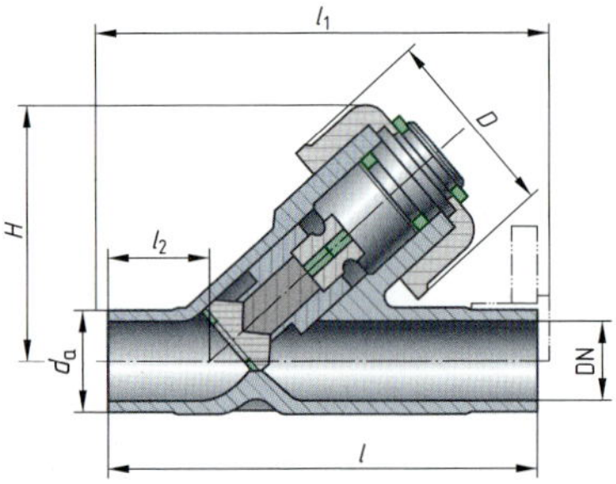

DN	d_a mm	D mm	l mm	l_1 mm	l_2 mm	H mm
10	16	39	114	120	24	58
15	20	43	124	130	28	65
20	25	47	144	150	37	75
25	32	56	154	160	37	90
32	40	64	174	180	44	102
40	50	82	194	200	48	123
50	63	95	224	230	60	144
65	75	92	284	290	74	186
80	90	104	300	310	85	204

3) Ventilkegel aus EPDM oder FPM, für vertikalen und horizontalen Einbau geeignet, Dichtheit ab 2mWS

PVC-U Kugelrückschlagventil mit Klebemuffen[4)] *ball check valve with adhesive sleeves*

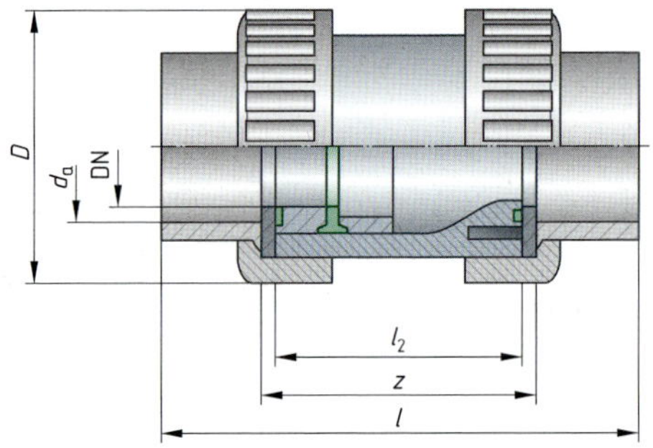

DN	d_a mm	z mm	D mm	l mm	l_2 mm
10	16	71	45	99	63
15	20	71	45	102	63
20	25	82	53	120	75
25	32	87	64	131	79
32	40	98	78	150	89
40	50	101	92	163	95
50	63	121	116	197	115

4) Abdichtkugel aus EPMD oder FPM, Dichtheit ab 2 mWS

PVC-U Schmutzfänger mit Klebestutzen[5)] *strainer with solvent socket*

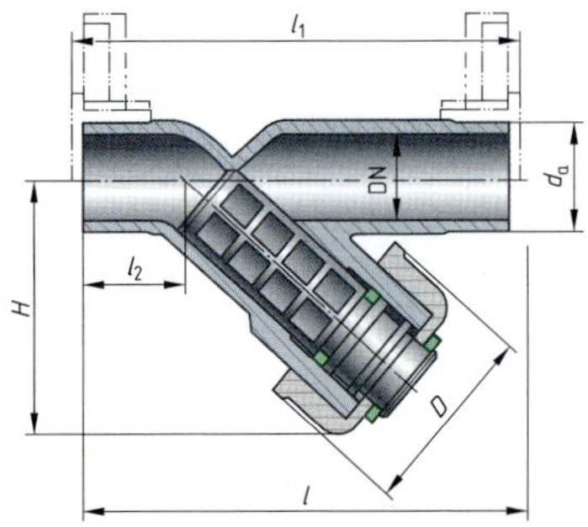

DN	d_a mm	D mm	l mm	l_1 mm	l_2 mm	H mm
15	20	43	124	130	28	65
20	25	47	144	150	37	76
25	32	56	154	160	37	90
32	40	64	174	180	44	104
40	50	82	194	200	48	124
50	63	95	224	230	60	148
65	75	106	284	290	74	188
80	90	120	300	310	85	205

5) Bohrungen im Siebrohr mit $d = 0{,}5$; 0,8; 1; 1,4 und 2,2 mm lieferbar

Anschluss mit Klebemuffe aus PVC, mit Stumpfschweißstutzen aus PP/PE, mit Gewindemuffe aus PP oder PVC, mit Schweißstutzen aus PP/PE oder mit Schweißmuffe aus PP/PE

PP-H 3-Wege Kugelhahn mit Schweißmuffe[6)] *3-way ball valve with socket weld*

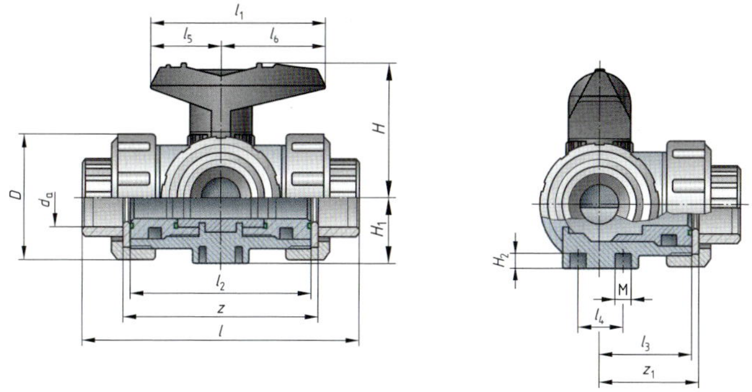

Schaltsymbole

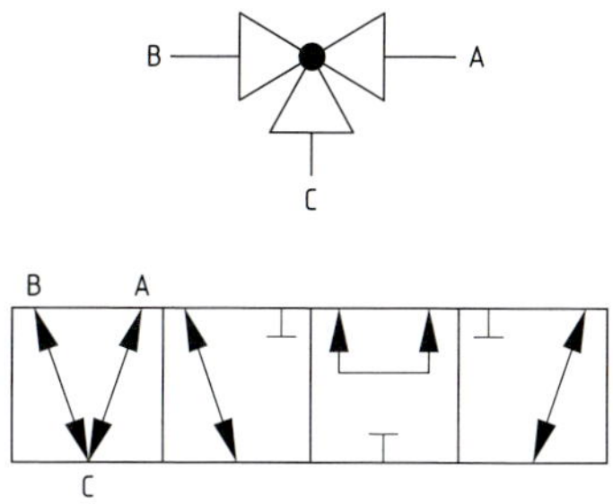

6) Kugeldichtung aus PTFE, auch in PVC-C oder PP-H lieferbar, radialer Ein- und Ausbau

H: Oberkante Betätigungshebel bis Armaturenmitte
$H + H_1$: Armaturengesamthöhe
Hinweis: *M* für M6 bis DN 25, M8 bis DN 50

DN	d_a mm	*D* mm	*l* mm	l_1 mm	l_2 mm	l_3 mm	l_4 mm	l_5 mm	l_6 mm	*H* mm	H_1 mm	H_2 mm	*z* mm	z_1 mm
10	16	50	110	77	72	36	25	32	45	57	28	8	82	41
15	20	50	112	77	72	36	25	32	45	57	28	8	82	41
20	25	58	129	97	85	43	25	39	58	67	32	8	97	49
25	32	68	146	97	98	49	25	39	58	73	36	8	110	55
32	40	84	170	128	118	59	45	54	74	90	45	9	132	66
40	50	97	193	128	135	68	45	54	74	97	51	9	151	76
50	63	124	244	152	176	88	45	66	87	116	65	9	188	94

Anschluss mit Klebemuffe aus PVC, mit Stumpfschweißstutzen aus PP/PE, mit Gewindemuffe aus PP oder PVC, mit Schweißstutzen aus PP/PE oder mit Schweißmuffe aus PP/PE

PP-H Membranventil mit Schweißmuffen[7)] *diaphragm valve with weld ends*

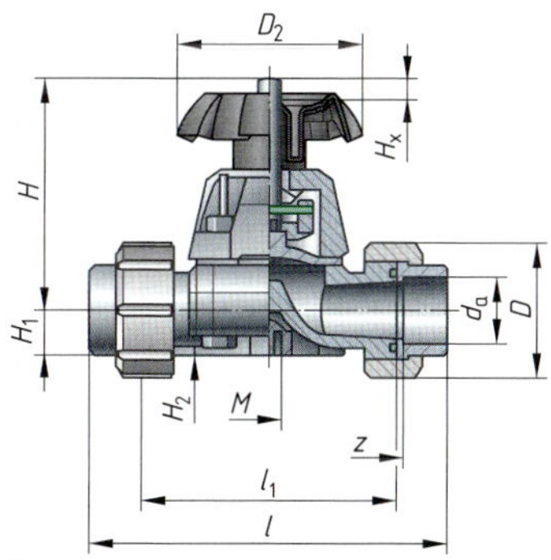

DN	d_a mm	*D* mm	D_2 mm	*l* mm	l_1 mm	l_2 mm	*H* mm	H_1 mm	H_2 mm	*z* mm	Hub = Hx mm
15	20	47	80	128	90	25	90	14	12	100	8
20	25	57	80	150	108	25	101	18	12	118	11
25	32	64	94	162	116	25	117	21	12	126	13
32	40	78	117	184	134	45	127	26	15	144	16
40	50	89	117	210	154	45	139	33	15	164	21
50	63	109	152	248	184	45	172	39	15	194	28

7) Dichtmembran aus EPMD, NBR oder FPM, auch lieferbar in PVC-C und PP-H, radialer Ein- und Ausbau

Hinweis: *M* steht für M6 bis DN 25 und M8 bis DN 50 mit Lochabstand l_2.

12 Anlagentechnik

12.1 Technische Kommunikation der Verfahrenstechnik

12.1.1 Fließschemata für verfahrenstechnische Anlagen nach DIN EN ISO 10628 : 2001-03

Fließschemata für verfahrenstechnische Anlagen werden im Wesentlichen in den Bereichen Chemie, pharmazeutische Industrie, Nahrungsmittel- und Getränkeindustrie sowie im Umweltbereich angewendet.
Je nach Umfang der benötigten Angaben wird zwischen Grund-, Verfahrens- und RI-Fließschema unterschieden.

12.1.1.1 Grundfließschemata *basic flowcharts*

Das Grundfließschema ist die Darstellung eines Verfahrens oder einer verfahrenstechnischen Anlage in einfacher Form. Die Darstellung erfolgt mit Hilfe von Rechtecken, die durch Linien verbunden werden.

Grundfließschema mit Grundinformationen und Zusatzinformationen

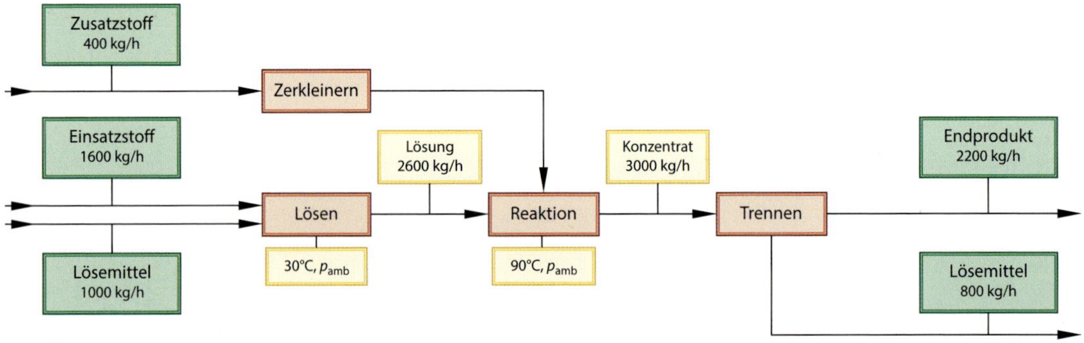

Grundinformationen

- Benennung der Rechtecke und der Ein- und Ausgangsstoffe
- Fließweg und Fließrichtung der Hauptstoffe

Zusatzinformationen

- Benennung der Hauptstoffe zwischen den Rechtecken
- Durchflüsse bzw. Mengen der Stoffe
- Benennung, Fließrichtungen und Mengen bzw. Durchflüsse der Energien bzw. Energieträger und charakteristische Betriebsbedingungen

12.1.1.2 Verfahrensfließschemata *process flowcharts*

Das Verfahrensfließschema ist die Darstellung eines Verfahrens oder einer verfahrenstechnischen Anlage mit Hilfe von grafischen Symbolen, die durch Linien verbunden sind.
Die Symbole bedeuten Anlagenteile, die Linien Fließlinien für Stoffe und Energien bzw. Energieträger.

Verfahrensfließschema mit Grund- und Zusatzinformationen

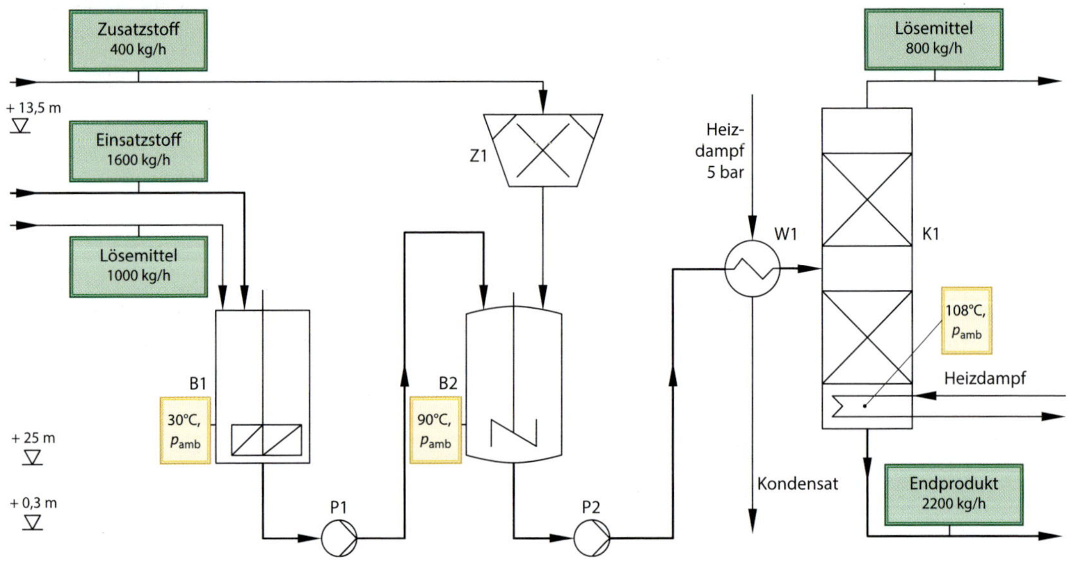

Grundinformationen
Art der Apparate und Maschinen (keine Antriebsmaschinen).
Fließweg und Fließrichtung der Stoffe und Energien bzw. Energieträger.
Benennung und Volumen bzw. Masseströme der Ein- und Ausgangsstoffe.
Benennung der Energien bzw. Energieträger und charakteristische Betriebsbedingungen.

Zusatzinformationen
Benennung der Stoffe und Stoffmengen innerhalb des Verfahrens.
Durchflüsse bzw. Mengen der Energien bzw. Energieträger.
Anordnung wesentlicher Armaturen.
Aufgabenstellungen für Messen, Steuern und Regeln an wichtigen Stellen.
Ergänzende Betriebsbedingungen.
Kennzeichnende Größen von Apparaten und Maschinen (nicht Antriebsmaschinen).
Plattformhöhe und ungefähre relative vertikale Position der Anlagenteile.

12.1.1.3 RI-Fließschemata (Rohrleitungs- und Instrumentenfließschemata) *ri-flowcharts*

Das RI-Fließschema basiert auf Verfahrensfließschemata und wird durch Symbole für die Mess-, Steuer- und Regelfunktionen ergänzt.

RI-Fließschema mit Grund- und Zusatzinformationen

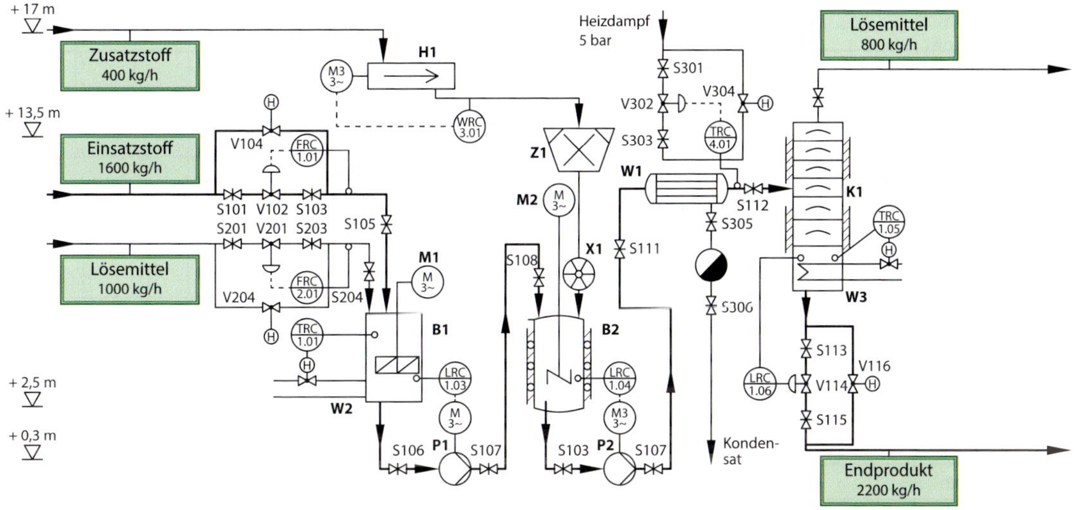

Kurzzeichen	B1	B2	W1	W2	W3	K1	H1	Z1	X1	P1,2
Benennung	Lösebehälter	Reaktionsbehälter	Wärmeübertrager			Rektifikationskolonne	Förderband	Mühle	Portionierer	Kreiselpumpe
Technische Daten	1000 l ∅ 900	1000 l ∅ 900	16 m^2	4 m^2	4 m^2	Glockenbodenkolonne	8 m^3/h	8 m^3/h	–	5 m^3/h
Temperatur	30 °C	90 °C	55 °C	50 °C	108 °C	108 °C	–	–	–	–

Grundinformationen
Art der Apparate und Maschinen, einschließlich Antriebsmaschinen.
Rohrleitungen bzw. Transportwege und Armaturen (mit installierter Reserve).
Identifikationsnummer von Apparaten und Maschinen (einschließlich Antriebsmaschinen).
Kennzeichnende Größen von Apparaten und Maschinen.
Bezeichnung von Nennweite, Druckstufe, Werkstoff und Ausführung der Rohrleitungen (evtl. durch Rohrleitungsnummer und -klasse oder Identifikationsnummer).
Angaben zur Dämmung der Anlagenteile.
Mess-, Regel- und Steuerfunktionen mit Identifikationsnummer und kennzeichnende Daten von Antriebsmaschinen.

Zusatzinformationen
Benennung, Durchflüsse bzw. Mengen.
Fließweg und Fließrichtung von Energien bzw. Energieträgern.
Art wichtiger Geräte für Messen, Steuern und Regeln.
Wesentliche Werkstoffe von Apparaten und Maschinen.
Plattformhöhe und ungefähre relative vertikale Position der Anlagenteile und Kennzeichnung von Armaturen, Benennung von Anlagenteilen.

12.2.3 Grafische Symbole (Fortsetzung)

1)	Bildzeichen	Bedeutung	1)	Bildzeichen	Bedeutung	1)	Bildzeichen	Bedeutung
5	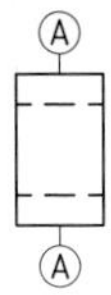	Flüssigkeitsfilter allgemein	5	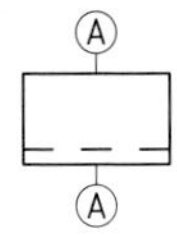	Nutschenfilter	5	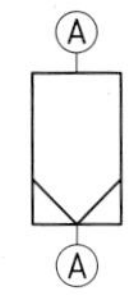	Gasfilter allgemein, Luftfilter allgemein
5		Schlauchfilter, Kerzenfilter, Taschenfilter für Gase	6	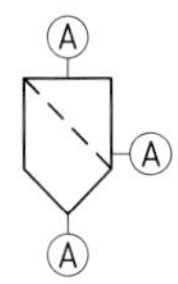	Sichtapparat allgemein, Rechen allgemein	6	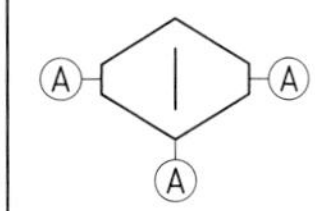	Sichter allgemein
7	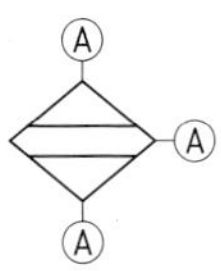	Sortierapparat allgemein	7	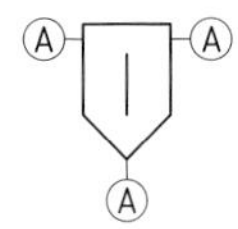	Abscheider allgemein	7	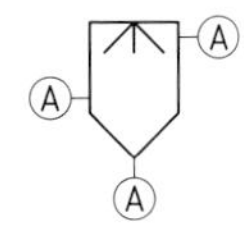	Nassabscheider allgemein
7	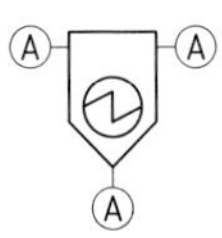	Elektrostatischer Abscheider	7	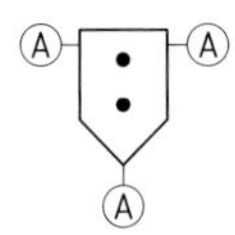	Abscheider, trocken arbeitend, allgemein	7	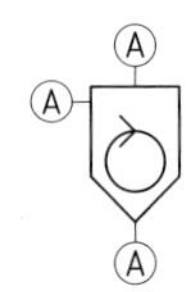	Fliehkraft-, Rotationsabscheider, Zyklon
8	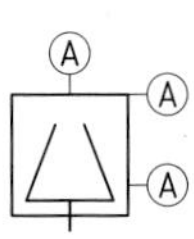	Zentrifuge allgemein	8	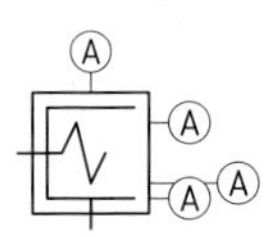	Vollmantelschneckenzentrifuge, Dekanter	9	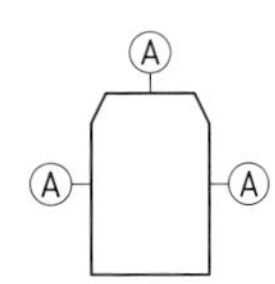	Trockner allgemein
9	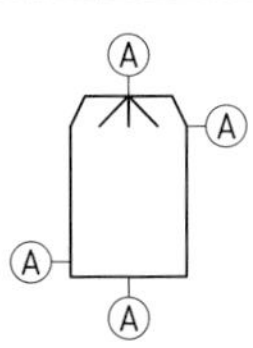	Zerstäubertrockner	10	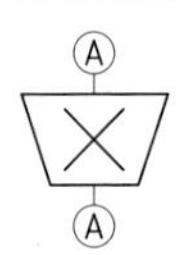	Zerkleinerungsmaschine allgemein	10	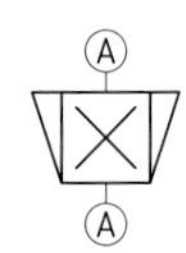	Brecher allgemein
10	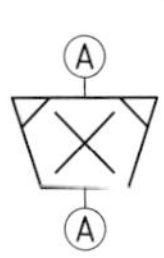	Mühle allgemein	11		Rührer allgemein	11	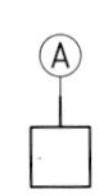	Blattrührer
11		Gitterrührer	11		Kreuzbalkenrührer	11	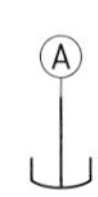	Ankerrührer
11		Wendelrührer	11	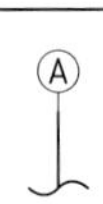	Impellerrührer	11	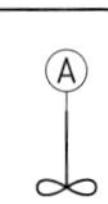	Propellerrührer

[1] Sachgruppe nach Tab. in Kap. 12.2.1

12.2.3 Grafische Symbole (Fortsetzung)

1)	Bildzeichen	Bedeutung
11		Scheibenrührer
13	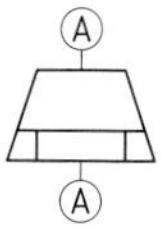	Formgebungsmaschine
14	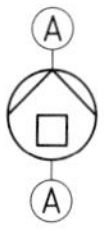	Verdrängerpumpe allgemein
14		Exenterschneckenpumpe
14		Strahlflüssigkeitspumpe
15	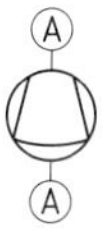	Hubkolben-Membranverdichter, Membranvakuumpumpe
15		Schraubenverdichter
15		Radialventilator
16	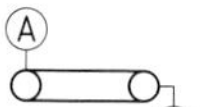	Bandförderer allgemein

1)	Bildzeichen	Bedeutung
12	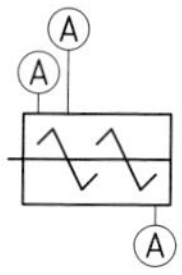	Mischer allgemein
14		Pumpe allgemein
14	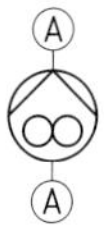	Zahnradpumpe
14	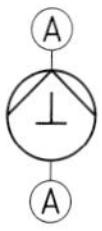	Hubkolbenpumpe
15	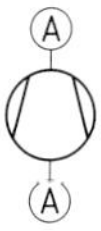	Verdichter, Kompressor, Vakuumpumpe allgemein
15	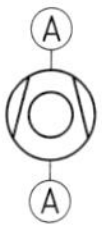	Turboverdichter, Turbovakuumpumpe
15		Strahlverdichter, Treibmittelvakuumpumpe
15		Axialventilator
16	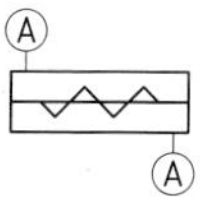	Schneckenförderer allgemein

1)	Bildzeichen	Bedeutung
12	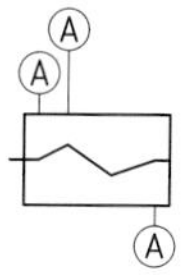	Kneter allgemein
14		Kreiselpumpe
14		Schraubenspindelpumpe
14		Membranpumpe
15	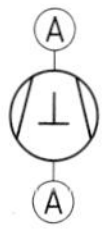	Hubkolbenverdichter, Hubkolbenvakuumpumpe
15		Rotationsverdichter, Wälzkolbenvakuumpumpe
15		Ventilator allgemein
16	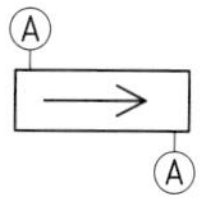	Stetigförderer allgemein
16	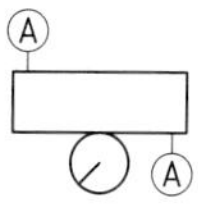	Schwingförderer, Schwingrohr, Schwingrinne

[1] Sachgruppe nach Tab. in Kap. 12.2.1

12.2.3 Grafische Symbole (Fortsetzung)

1)	Bildzeichen	Bedeutung	1)	Bildzeichen	Bedeutung	1)	Bildzeichen	Bedeutung
19		Antrieb allgemein	19		Getriebe	19		Elektromotor allgemein
19		Verbren-nungsmotor	26	→	Bewegung in Pfeilrichtung	26	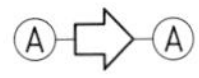	Pfeil für Ein- und Ausgang wichtiger Stoffe
26		Gefälle	26	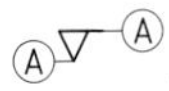	Bezugszei-chen für Niveauanga-ben, Phasen-grenzflächen	26	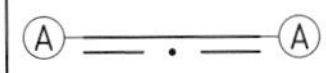	Rohr beheizt oder gekühlt
26	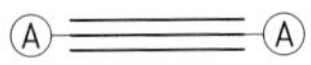	Rohr mit Mantelrohr oder mit Schutzrohr	26	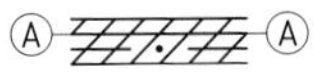	Rohr beheizt oder gekühlt und ge-dämmt	26	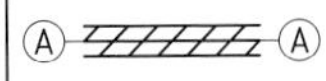	Rohr ge-dämmt

[1] Sachgruppe nach Tab. in Kap. 12.2.1

12.2.4 Grafische Symbole der Prozessleittechnik *graphic symbols of process control systems*

12.2.4.1 Darstellungsarten der Prozessleittechnik

Aufgabenbezogene Darstellung (DIN EN 62424 : 2010-01)

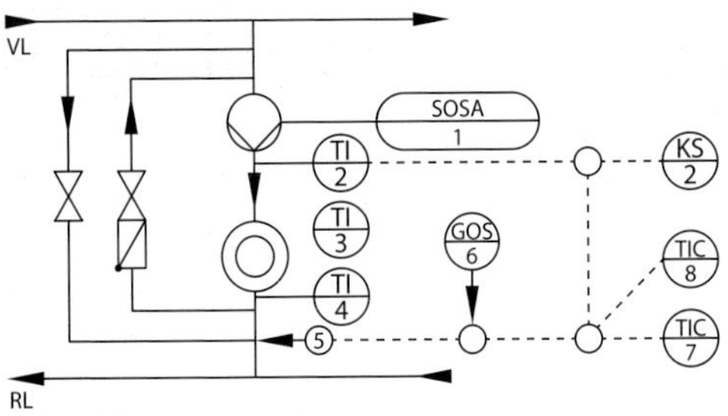

Lösungsbezogene Darstellung (DIN 1922-2 : 1991-02)

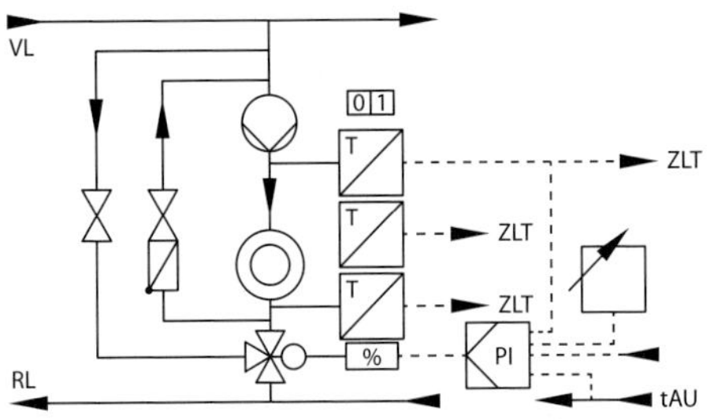

12.2.4.2 Begriffe und Abkürzungen der Prozessleittechnik DIN EN 62424 : 2010-01

Begriff	Deutsche Benennung	Englische Benennung
CCR	Zentraler Leitstand	*central control room*
Leiteinrichtung	Einrichtungen der Prozessleittechnik; Gesamtheit aller für die Aufgabe des Leitens notwendigen Geräte	*process control equipment*
Leitfunktion	Verarbeitungsfunktion für Prozessgrößen, die aus leittechnischen Grundfunktionen zusammengesetzt ist.	*process control function*
Verarbeitungs-funktion	Funktion in einem Prozess (Steuer- und Regelfunktionen)	*processing function*
PCE	Ingenieurtechnische Auslegung der Prozessleittechnik.	*process control engineering*
PCE-Kategorie	Kennbuchstabe, der die Art der Aufgabe an die Prozess-leittechnik kennzeichnet.	*PCE category*
PCE-Aufgabe	Aufgabe an die Prozessleittechnik	*PCE request*
PCS	Prozessleitsystem	*process control system*
R&I/P&ID	Rohrleitungs- und Instrumentenfließbild	*piping and instrumentation diagram*

12.2.4.3 Aufgabenbezogene Darstellung der Prozessleittechnik (PCE)

Darstellung von PCE-Aufgaben in einem RI-Fließbild

Das Rohrleitungs- und Instrumenten (RI)-Fließbild bildet die strukturellen Zusammenhänge der Anlage und deren Energie- und Materieflüsse ab. Die zur Funktionsfähigkeit der Anlage notwendigen Mess-, Regel- und Steuerungsvorgänge stellen in ihrer Gesamtheit die Aufgaben der Prozessleittechnik (PCE-Aufgaben) dar.
Die PCE-Aufgaben werden im Rohrleitungs- und Instrumenten (RI)-Fließbild mit grafischen Symbolen dargestellt.

Graphische Darstellung einer PCE-Aufgabe in einem RI-Fließbild

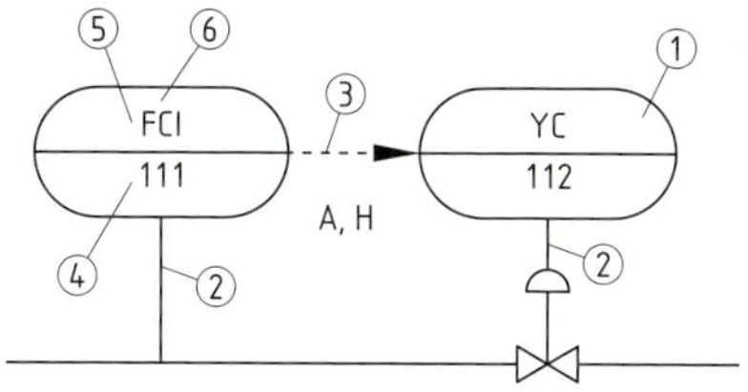

* Die Folgebuchstaben A, H und L werden außerhalb der Umrandung angegeben.

① 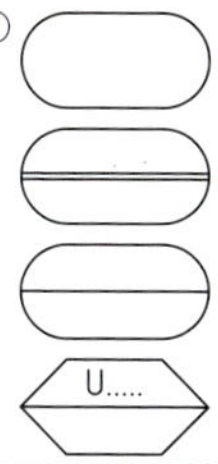	Bedienung über eine lokale Bedienoberfläche
	Bedienung über ein lokales Schaltpult
	Bedienung über einen zentralen Leitstand
	Prozessrechner für PCE-Leitfunktionen
② ————	Prozessverbindungslinie
③ - - - - - - - - -	Signalverbindung
④ XXXX	Nummerierung
⑤ Erstbuchstabe	PCE-Kategorie (Art der Aufgabe)
⑥ Folgebuchstaben	Prozessverarbeitungsfunktion (Inhalt der Aufgabe)

Erstbuchstabe	PCE-Kategorie	Folgebuchstaben	PCE-Verarbeitungsfunktion
A	Analyse	A*	Alarm, Meldung
B	Flammenüberwachung	B	Beschränkung, Begrenzung
C	Kann vom Anwender definiert werden	C	Regelung
D	Dichte	D	Differenz
E	Elektrische Spannung	E	–
F	Durchfluss	F	Verhältnis
G	Abstand, Länge, Stellung	G	–
H	Handeingabe, Handeingriff (hiermit sind alle Eingriffe und Eingaben durch den Menschen zu kennzeichnen)	H*	oberer Grenzwert, an, offen
I	Elektrischer Strom	I	Analoganzeige
J	Elektrische Leistung	J	–
K	Zeitbasierte Funktionen	K	–
L	Füllstand	L*	unterer Grenzwert, aus, geschlossen
M	Feuchte	M	–
N	Motor / Stellmotor	N	–
O	Kann vom Anwender definiert werden	O	Lokale oder PCS-Statusanzeige von Binärsignalen
P	Druck	P	–
Q	Menge oder Anzahl	Q	Integral oder Summe
R	Strahlungsgrößen	R	Aufgezeichneter Wert / Registrierung

Reihenfolge bei mehreren Buchstaben (PCE-Verarbeitungsfunktion):

	1.	2.	3.	4.
1.	F	D	Y	C
2.	B	Q	X	

Graphische Darstellung einer PCE-Aufgabe in einem RI-Fließbild (Fortsetzung)

Erstbuchstabe	PCE-Kategorie	Folgebuchstaben	PCE-Verarbeitungsfunktion
			Reihenfolge bei mehreren Buchstaben: 1./1. F, 1./2. D, 1./3. Y, 1./4. C; 2./1. B, 2./2. Q, 2./3. X
S	Geschwindigkeit, Drehzahl, Frequenz	S	Binäre Steuerungsfunktion oder Schaltfunktion (nicht sicherheitsrelevant)
T	Temperatur	T	–
U	Leitfunktion (Signalverarbeitungseinheit)	U	–
V	Schwingung	V	–
W	Gewicht, Masse, Kraft	W	–
X	Nicht klassifiziert	X	Nicht klassifiziert
Y	Stellventil	Y	Rechenfunktion
Z	Kann vom Anwender definiert werden	Z	Binäre Steuerungsfunktion oder Schaltfunktion (sicherheitsrelevant)

Kennzeichnung von PCE-Aufgaben

PCE-Kennzeichnungen für Mess-, Regel- und Alarmeinrichtungen

Messgröße (PCE-Kategorie)	Messeinrichtung (PCE-Verarbeitungsfunktion)				Regeleinrichtung (PCE-Verarbeitungsfunktion)			Alarmeinrichtung (PCE-Verarbeitungsfunktion)	
	blind	anzeigend I	schreibend R	zählend Q	blind C	anzeigend IC	schreibend RC	oberer Grenzwert H	unterer Grenzwert L
Durchfluss	F	FI	FR	FQ	FC	FIC	FRC	AH (wird außerhalb des Symboles angegeben)	AL (wird außerhalb des Symboles angegeben)
Füllstand	L	LI	LR	LQ	LC	LIC	LRC		
Feuchte	M	MI	MR	MQ	MC	MIC	MRC		
Druck	P	PI	PR	PQ	PC	PIC	PRC		
Temperatur	T	TI	TR	TQ	TC	TIC	TRC		

PCE-Kennzeichnungen für Stelleinrichtungen

Stellglied	Stelleinrichtung		mit Alarmfunktion	
	schaltend S	kontinuierlich C	oberer Grenzwert H	unterer Grenzwert L
Handeingabe	HS	HC	AH	AL
Stellventil	YS	YC		
Stellmotor	NS	NC		

Die PCE-Verarbeitungsfunktionen müssen für Aktoren und Sensoren in gleicher Weise verwendet werden. Einige Beispiele werden auf der Folgeseite gezeigt.

PCE-Bezeichnungen für gebräuchliche Aktoren (Stellglieder) und Sensoren (Signalglieder)

Aktoren		Sensoren	
Bezeichnung	Bedeutung	Bezeichnung	Bedeutung
YS	Auf/Zu-Ventil	TI	Thermometer
YC	Stellarmatur, gesteuert	PI	Manometer
YCS	Stellarmatur, gesteuert mit Auf/Zu-Funktion	FI	Durchflussanzeige
YZ	Auf/Zu-Ventil (sicherheitsrelevant)	LI	Füllstandsanzeige
YIC	Stellarmatur mit kontinuierlicher Stellungsanzeige		
NS	An/Aus-Motor		
NC	Motorsteuerung		

Der Antrieb des Stellventils, z. B. elektrisch, pneumatisch oder hydraulisch, wird im Oval des RI-Fließbildes **nicht** dargestellt.

Beispiele für PCE-Aufgaben

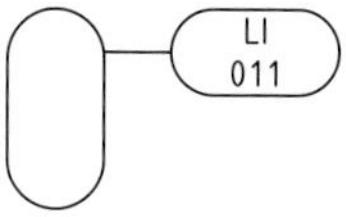

Lokale Füllstandsanzeige, ein Prozessanschluss

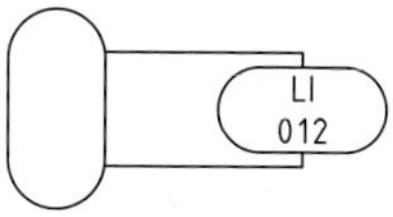

Lokale Füllstandsanzeige, zwei Prozessanschlüsse

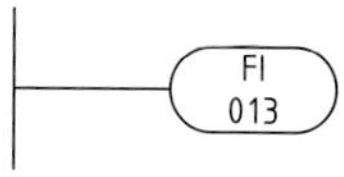

Lokale Durchflussanzeige

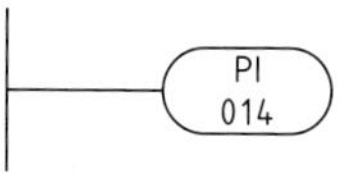

Lokale Druckanzeige

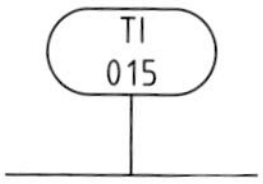

Lokale Temperaturanzeige

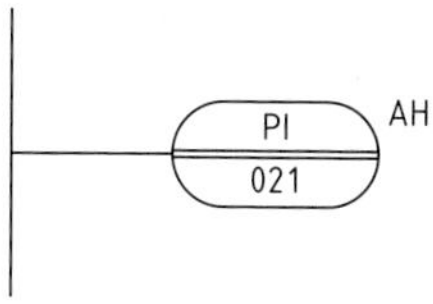

Lokales Schaltpult mit Druckanzeige und Hoch-Alarm

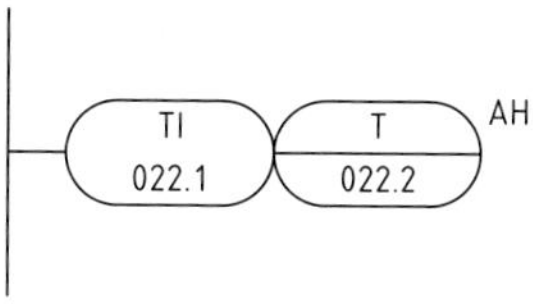

Lokale Temperaturanzeige und Hoch-Alarm mit Schaltung und Anzeige in einem zentralen Leitstand

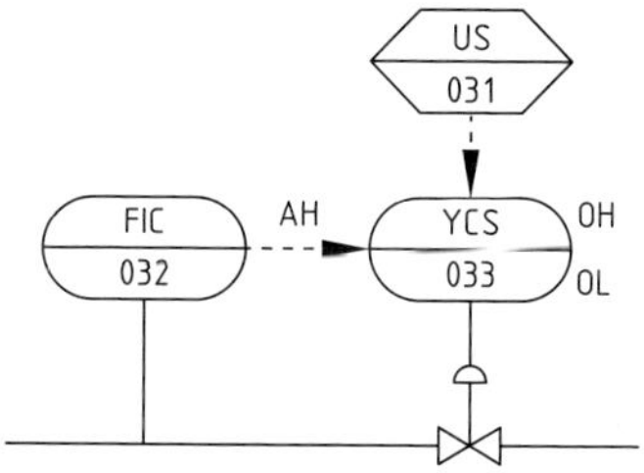

Durchflussanzeige mit Hoch-Alarm, Durchflussregelung, Stellarmatur mit Auf/Zu-Funktion und Auf/Zu-Anzeige in einem zentralen Leitstand, verknüpft mit einer PCE-Leitfunktion (z. B. Verriegelung)

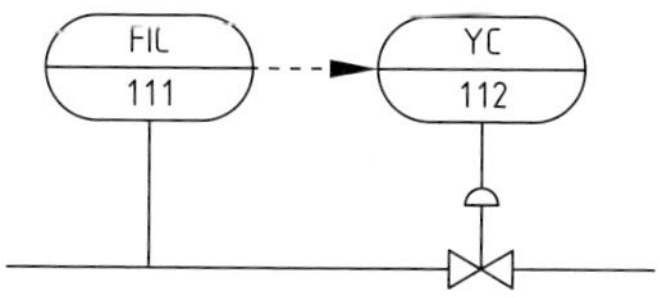

Durchfluss-Regler (einfacher PID-Algorithmus) und Stellarmatur in einem zentralen Leitstand

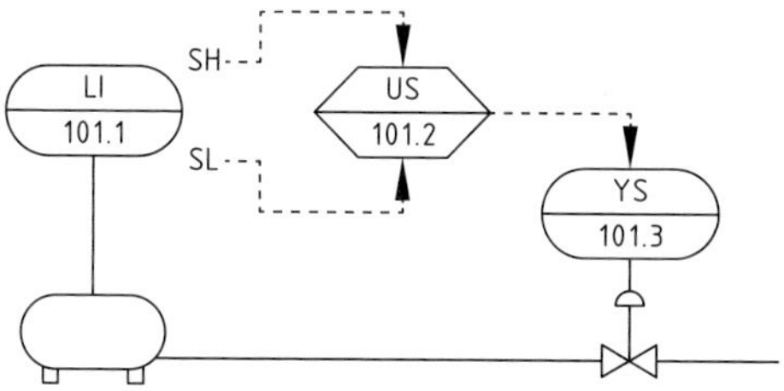

Zweipunkt-Füllstandsregler mit einer Auf/Zu-Armatur

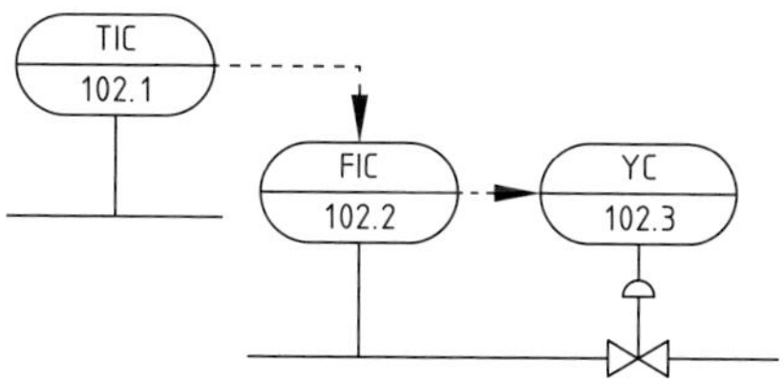

Kaskadenregelung mit einem Temperaturregler als Führungsregler einer unterlagerten Durchfluss-Regelung und Stellarmatur

12.2.4.4 Lösungsbezogene Darstellung der Prozessleittechnik

DIN 19227-2 : 1991-02

Grafische Symbole zur Darstellung von Einzelheiten

Die Symbole dienen der detaillierten Darstellung der PCE-Aufgaben nach DIN EN 62424 : 2010-01 für die Herstellung und Montage sowie den Betrieb von Einrichtungen der Prozessleittechnik.

Symbol	Bedeutung
Durchfluss	
F	Aufnehmer für Durchfluss, allgemein
F	Venturirohr
F	Venturidüse
F	Blende, Normblende
F	Schwebekörper-Durchflussaufnehmer
F	Turbinen-Durchflussaufnehmer
F	Induktiver Durchflussaufnehmer
FQ	Aufnehmer für Volumen, Masse, allgemein
FQ	Ovalradzähler Verdrängerprinzip
Temperatur	
T	Aufnehmer für Temperatur, allgemein
T	Thermoelement
T	Widerstandsthermometer
Druck	
P	Aufnehmer für Druck, allgemein
P	Widerstandsaufnehmer für Druck
P	Membranaufnehmer für Druck
Niveau	
L	Aufnehmer für Stand, allgemein
L	Kapazitiver Aufnehmer für Stand
L	Aufnehmer für Stand mit Verdrängerkörper

Symbol	Bedeutung
L	Aufnehmer für Stand mit Schwimmer
L	Aufnehmer für Stand, Sender mit radioaktivem Strahler
L	Aufnehmer für Stand, Empfänger für radioaktive Strahlung
L	Aufnehmer für Stand, Sender mit Lichtquelle
L	Aufnehmer für Stand, Empfänger für Licht
L	Aufnehmer für Stand, akustisch
L	Membranaufnehmer für Stand
L	Widerstandsaufnehmer für Stand
Qualitätsgröße (Stoffeigenschaft, Analyse)	
Q	Aufnehmer für Qualitätsgröße (Analyse, Stoffeigenschaft), allgemein
CO_2 Q	Aufnehmer für CO_2-Gehalt
Q	Aufnehmer für pH-Wert
Q	Aufnehmer für Leitfähigkeit
R	Aufnehmer für Strahlung, allgemein
W	Aufnehmer für Gewichtskraft, Masse, allgemein
S	Aufnehmer für Geschwindigkeit, Drehzahl, Frequenz, allgemein
G	Aufnehmer für Abstand, Länge, Stellung, allgemein
X	Aufnehmer für Variable zur freien Verfügung durch den Anwender
Signalumformer	
* *	Signal- oder Messumformer, allgemein

Symbol	Bedeutung
* *	Signal- oder Messumformer mit galvanischer Trennung
* *	Signal- oder Messumformer mit galvanischer Trennung, in Zündschutzart „Eigensicherheit" EExi auf der Seite mit eingeschriebenem Winkel.
* *	wie vorher, jedoch Eingang **und** Ausgang in Zündschutzart „Eigensicherheit" und galvanischer Trennung
∩ #	Analog-Digital-Umsetzer
E A	Umsetzer für elektrisches Einheitssignal in pneumatisches Einheitssignal
Signalverstärker	
▷	Verstärker
	Basissymbol Anzeiger, allgemein
∩	Anzeiger, analog
#	Anzeiger, digital
▽ ▽	Grenzsignalgeber für unteren und oberen Grenzwert ▽ links: unterer ▽ rechts: oberer ▽ oben: oberer ▽ unten: unterer
▽ ▽	
Ausgabeeinheit	
	Zähler
	Registriergerät, allgemein
6 ∩	Schreiber, analog Anzahl der Kanäle als Ziffer, z. B. 6
#	Schreiber, digital

Grafische Symbole zur Darstellung von Einzelheiten (Fortsetzung)

Symbol	Bedeutung
	Drucker
	Bildschirm
Regler	
	Regler, allgemein
PID	PID-Regler mit steigendem Ausgangssignal bei steigendem Eingangssignal
PI	PI-Regler mit fallendem Ausgangssignal bei steigendem Eingangssignal
PD	Zweipunktregler mit schaltendem Ausgang
	Dreipunktregler mit schaltendem Ausgang
Stellgeräte	
	Steuergerät
	Stellantrieb, allgemein
	Membran-Stellantrieb
	Kolben-Stellantrieb
M	Motor-Stellantrieb

Symbol	Bedeutung
	Magnet-Stellantrieb
M	Feder-Stellantrieb
	Ventilstellglied
	Klappenstellglied
	Stellgerät, allgemein
Bediengeräte	
	Einsteller, allgemein
E	Signaleinsteller für elektrisches Einheitssignal mit Anzeiger
	Schaltgerät allgemein
	Automatischer Messstellenabfrageschalter
	Zur Einstellung der Führungsgröße
	Für Umschalter „Hand-Autom."
H	Für Stellgeräteinsteller
	Öffner
	Schließer

Symbol	Bedeutung
12	Wahlschalter für 12 Stellen, z. B. 12 Messstellen
Leitungen/Signale	
	Rohrleitung, Linienbreite ≥ 1 mm
	EMSR-Leitung, allgemein, Linienbreite vorzugsweise 0,25 mm
E	Einheitssignalleitung, elektrisch
A	Einheitssignalleitung, pneumatisch
	hydraulische Leitung
	Kapillarleitung
	Lichtwellenleiter
	Geschirmte Leitung
	Koaxialleitung
- - - - - - - - -	Wirkungslinie
E	Einheitssignal, elektrisch
A	Einheitssignal, pneumatisch
∩	Analogsignal
#	Digitalsignal
	Binärsignal
	Impulsgeber
	Kreuzung ohne Verbindung
	Leitungsverbindung, allgemein Verbindungsstelle

12.3 Fördern von Stoffen *conveyor technology*

12.3.1 Übersicht Förderpumpen (Auswahl, Herstellerangaben)

Pumpenart	Sinnbild	Normblatt	$\dot{V}_{max}$ in m^3/h	H_{max} in m	Wirkungsgrad η	Fördermedien	Medientemperatur in °C
Kreiselpumpe		DIN 24250 DIN EN 22858	$> 200\,000$	> 6500	0,45…0,9	Lösungen, Säuren, Laugen	−120…450
Zahnradpumpe		DIN EN ISO 15136-1	> 350	> 1000	$\approx 0{,}93$	Flüssigkeiten, Kunststoffschmelze, Lösungen	> 500

12.3.1 Übersicht Förderpumpen (Fortsetzung)

Pumpenart	Sinnbild	Normblatt	$\dot{V}_{max}$ in m³/h	H_{max} in m	Wirkungsgrad η	Fördermedien	Medientemperatur in °C
Kolbenpumpe		DIN 24374-1	> 1000	> 50 000	0,8…0,95	Lösungen, Öle, Säuren, Laugen	–200…500
Schlauchpumpe		VDMA 24286-2	> 70	> 1500	0,15…0,4	empfindliche, hochviskose, aggressive Medien	> 100

12.3.2 Kreiselpumpen DIN EN ISO 2858 : 2011-12 (Chemienormpumpe) – Übersicht

centrifugal pumps

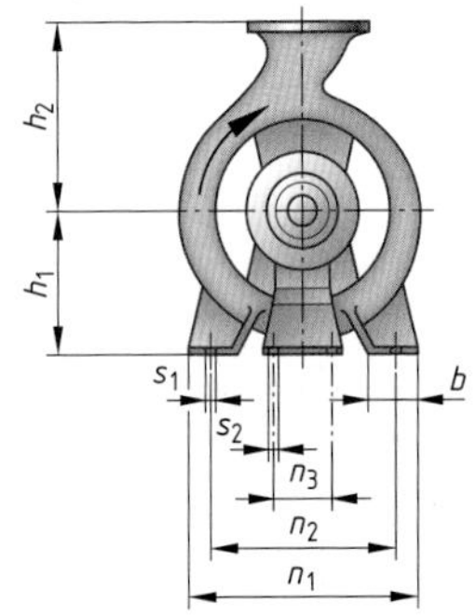

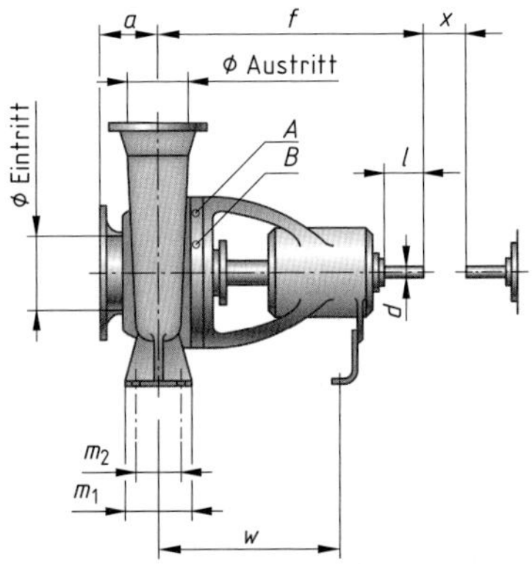

<table>
<tr><th colspan="3">Größenbezeichnung 2)</th><th colspan="4">Nennleistung</th><th colspan="16">Maße in mm</th></tr>
<tr><th rowspan="3">Eintritt Ø mm</th><th rowspan="3">Austritt Ø mm</th><th rowspan="3">Laufrad (Nenn-Ø) mm</th><th colspan="2">n 1450 min⁻¹</th><th colspan="2">n 2900 min⁻¹</th><th colspan="4" rowspan="2">Pumpenmaße</th><th colspan="6" rowspan="2">Fußmaße</th><th rowspan="2"></th><th colspan="2" rowspan="2">Durchgangslöcher für Schrauben</th><th colspan="2" rowspan="2">Wellenende</th><th rowspan="2"></th></tr>
<tr><th rowspan="2">$\dot{V}$ m³/h</th><th rowspan="2">H m</th><th rowspan="2">$\dot{V}$ m³/h</th><th rowspan="2">H m</th></tr>
<tr><th>a</th><th>f</th><th>h_1</th><th>h_2</th><th>b</th><th>m_1</th><th>m_2</th><th>n_1</th><th>n_2</th><th>n_3</th><th>w</th><th>S_1</th><th>S_2</th><th>d</th><th>l</th><th>x 1)</th></tr>
<tr><td>50</td><td>32</td><td>125</td><td rowspan="4">6,3</td><td>5</td><td rowspan="4">12,5</td><td>20</td><td rowspan="3">80</td><td rowspan="3">385</td><td>112</td><td>140</td><td rowspan="3">50</td><td rowspan="3">100</td><td rowspan="3">70</td><td>190</td><td>140</td><td rowspan="4">110</td><td rowspan="3">285</td><td rowspan="4">M 12</td><td rowspan="4">M 12</td><td rowspan="3">24</td><td rowspan="3">50</td><td rowspan="4">100</td></tr>
<tr><td>50</td><td>32</td><td>160</td><td>8</td><td>32</td><td>132</td><td>160</td><td rowspan="2">240</td><td rowspan="2">190</td></tr>
<tr><td>50</td><td>32</td><td>200</td><td>12,5</td><td>50</td><td>160</td><td>180</td></tr>
<tr><td>50</td><td>32</td><td>250</td><td>20</td><td>80</td><td>100</td><td>500</td><td>180</td><td>225</td><td>65</td><td>125</td><td>95</td><td>320</td><td>250</td><td>370</td><td>32</td><td>80</td></tr>
<tr><td>65</td><td>50</td><td>125</td><td rowspan="5">12,5</td><td>5</td><td rowspan="5">25</td><td>20</td><td rowspan="2">80</td><td rowspan="3">385</td><td>112</td><td>140</td><td rowspan="3">50</td><td rowspan="3">100</td><td rowspan="3">70</td><td>210</td><td>160</td><td rowspan="5">110</td><td rowspan="3">285</td><td rowspan="5">M 12</td><td rowspan="5">M 12</td><td rowspan="3">24</td><td rowspan="3">50</td><td rowspan="5">100</td></tr>
<tr><td>65</td><td>50</td><td>160</td><td>8</td><td>32</td><td>132</td><td>160</td><td>240</td><td>190</td></tr>
<tr><td>65</td><td>40</td><td>200</td><td>12,5</td><td>50</td><td rowspan="2">100</td><td>160</td><td>180</td><td>265</td><td>212</td></tr>
<tr><td>65</td><td>40</td><td>250</td><td>20</td><td>80</td><td>500</td><td>180</td><td>225</td><td rowspan="2">65</td><td rowspan="2">125</td><td rowspan="2">95</td><td>320</td><td>250</td><td rowspan="2">370</td><td rowspan="2">32</td><td rowspan="2">80</td></tr>
<tr><td>65</td><td>40</td><td>315</td><td>32</td><td>125</td><td>125</td><td></td><td>200</td><td>250</td><td>345</td><td>280</td></tr>
<tr><td>80</td><td>65</td><td>125</td><td rowspan="5">25</td><td>5</td><td rowspan="5">50</td><td>20</td><td rowspan="3">100</td><td rowspan="3">385</td><td>132</td><td>160</td><td rowspan="3">50</td><td rowspan="3">100</td><td rowspan="3">70</td><td>240</td><td>190</td><td rowspan="5">110</td><td rowspan="3">285</td><td rowspan="5">M 12</td><td rowspan="5">M 12</td><td rowspan="3">24</td><td rowspan="3">50</td><td rowspan="5">100</td></tr>
<tr><td>80</td><td>65</td><td>160</td><td>8</td><td>32</td><td rowspan="2">160</td><td>180</td><td rowspan="2">265</td><td rowspan="2">212</td></tr>
<tr><td>80</td><td>50</td><td>200</td><td>12,5</td><td>50</td><td>200</td></tr>
<tr><td>80</td><td>50</td><td>250</td><td>20</td><td>80</td><td rowspan="2">125</td><td rowspan="2">500</td><td>180</td><td>225</td><td rowspan="2">65</td><td rowspan="2">125</td><td rowspan="2">95</td><td>320</td><td>250</td><td rowspan="2">370</td><td rowspan="2">32</td><td rowspan="2">80</td></tr>
<tr><td>80</td><td>50</td><td>315</td><td>32</td><td>125</td><td>225</td><td>280</td><td>345</td><td>280</td></tr>
<tr><td>100</td><td>80</td><td>125</td><td rowspan="3">50</td><td>5</td><td rowspan="3">100</td><td>20</td><td rowspan="3">100</td><td>385</td><td rowspan="2">160</td><td>180</td><td rowspan="3">65</td><td rowspan="3">125</td><td rowspan="3">95</td><td rowspan="2">280</td><td rowspan="2">212</td><td rowspan="3">110</td><td>285</td><td rowspan="3">M 12</td><td rowspan="3">M 12</td><td>24</td><td>50</td><td rowspan="2">100</td></tr>
<tr><td>100</td><td>80</td><td>160</td><td>8</td><td>32</td><td rowspan="2">500</td><td>200</td><td rowspan="2">370</td><td rowspan="2">32</td><td rowspan="2">80</td></tr>
<tr><td>100</td><td>65</td><td>200</td><td>12,5</td><td>50</td><td>180</td><td>225</td><td>320</td><td>250</td><td>140</td></tr>
</table>

12.3.2 Kreiselpumpen (Fortsetzung)

Größenbezeichnung [2]			Nennleistung				Maße in mm															
Eintritt Ø mm	Austritt Ø mm	Laufrad (Nenn-Ø) mm	n 1450 min⁻¹		n 2900 min⁻¹		Pumpenmaße				Fußmaße							Durchgangslöcher für Schrauben		Wellenende		
			$\dot{V}$ m³/h	H m	$\dot{V}$ m³/h	H m	a	f	h_1	h_2	b	m_1	m_2	n_1	n_2	n_3	w	s_1	s_2	d	l	x[1]
125	80	160		8		32			180	225	65	125	95	320	250			M 12				
125	80	200		12,5		50		500		250				345	280					32	80	
125	80	250	80	20	160	80	125		225	280				400	315	110	370		M 12			140
125	80	315		32		125		530	250	315	80	160	120					M 16		42	110	
125	80	400		50					280	355				435	355							
125	100	200		12,5		50	125	500	200	280				360	280					32	80	
125	100	250	100[3] 125	20	200[3] 250	80			225		80	160	120	400	315	110	370	M 16	M 12			140
125	100	315		32		125	140	530	250	315										42	110	
125	100	400		50					280	355	100	200	150	500	400			M 20				
150	125	250		20					250	355	80	160	120	400	315			M 16				
150	125	315	200	32			140	530	280		100	200	150	500	400	110	370	M 20	M 12	42	110	140
150	125	400		50					315	400												
200	150	250		20				530	280	375				500	400	110	370		M 12	42		
200	150	315	315[3] 400	32			160	670	315	400	100	200	150	550	450	140	500	M 20	M 16	48	110	180
200	150	400		50						450												

[1] Notwendiger Abstand zum Ausbau des Laufzeugs in Richtung des Antriebs.
[2] Flanschbeanspruchung 16 bar.
[3] Diese beiden Werte sind Alternativen.

12.3.3 Verdichter (Auswahl) *compressors*

Einteilung

Bauart	**Beispiele**	**Druckbereich**
Kompressoren	Kolbenverdichter Turboverdichter Rotationszellenverdichter Schraubenverdichter	$p_e < 3$ bar
Gebläse	Drehkolbengebläse Flügelzellengebläse Turbogebläse	1,1 bar $< p_e <$ 3 bar
Ventilatoren	Radialventilatoren Axialventilatoren	1 bar $< p_e <$ 1,4 bar
Vakuumpumpen	Turbovakuumpumpe Schraubenvakuumpumpe Hubkolbenvakuumpumpe Rotationsvakuumpumpe Turbomolekularpumpen	**Absolutdruck p_{abs}:** Grobvakuum $10^3 \ldots 1$ mbar Feinvakuum $1 \ldots 10^{-3}$ mbar Hochvakuum $10^{-3} \ldots 10^{-7}$ mbar Ultrahochvakuum $< 10^{-7}$ mbar

Kritische Temperatur und kritischer Druck ausgewählter Gase

Medium	**Kritische Temperatur[1] ϑ_K (θ) in °C**	**Kritischer Druck[1] p_K (Π) in bar**
Argon	–122,4	48,6
Butan	152	38
Helium	–268	2,3
Kohlenstoffdioxid	31,1	73,9
Luft	140,7	37,7

[1] Wird die kritische Temperatur eines Gases unterschritten, muss der Druck über dem kritischen Druck bleiben, um Kondensatbildung zu vermeiden.

Kritische Temperatur und kritischer Druck ausgewählter Gase (Fortsetzung)

Medium	Kritische Temperatur[1)] ϑ_K (θ) in °C	Kritischer Druck[1)] p_K (Π) in bar
Methan	–82,5	46,4
Propan	96,8	40,6
Sauerstoff	–118,5	50,6
Stickstoff	–147,2	33,9
Wasserdampf	374,2	220,6
Wasserstoff	–240	13

[1)] Wird die kritische Temperatur eines Gases unterschritten, muss der Druck über dem kritischen Druck bleiben um Kondensatbildung zu vermeiden.

12.4 Wärmeübertragung *heat transfer*

12.4.1 Wärmübertrager *heat exchanger*

12.4.1.1 Übersicht Wärmeübertrager (Auswahl)

Bauform	Symbol[1)]	Vorteile	Einsatzgebiete
Platten-Wärme-übertrager	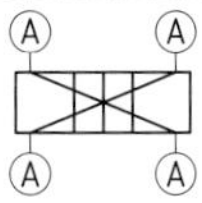	• flexible Plattenzahl • hohe Wärmeübertragung • kompakte Bauweise • einfache Demontage • hoher Wirkungsgrad • freie Werkstoffwahl	• Lebensmittelindustrie • chemische Industrie • Energietechnik
Spiralrohr-Wärme-übertrager	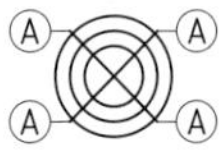	• einfache Demontage • geringe Druckverluste • hohe Temperaturen möglich • hohe Strömungsgeschwindigkeiten möglich	• Heiz- und Kühlaufgaben • Lebensmittelindustrie • Energietechnik
Doppelrohr-Wärme-übertrager	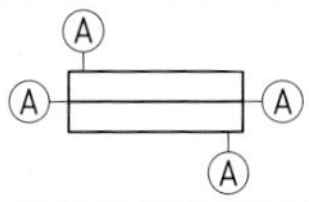	• hohe Drücke möglich • einfache Konstruktion • gute Reinigungsmöglichkeiten	• Kühler • für hochviskose Medien • chemische Industrie
Rohrbündel-Wärme-übertrager	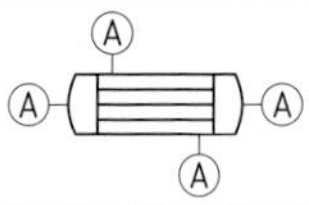	• hohe Drücke • hohe Temperaturen • große Apparate und Volumenströme möglich	• Universallösung für die chemische Industrie und in der Energietechnik

[1)] DIN EN ISO 10628

12.4.1.2 Rohrbündelwärmeübertrager nach DIN EN 13445-3 : 2011-12 *manifold heat exchangers*

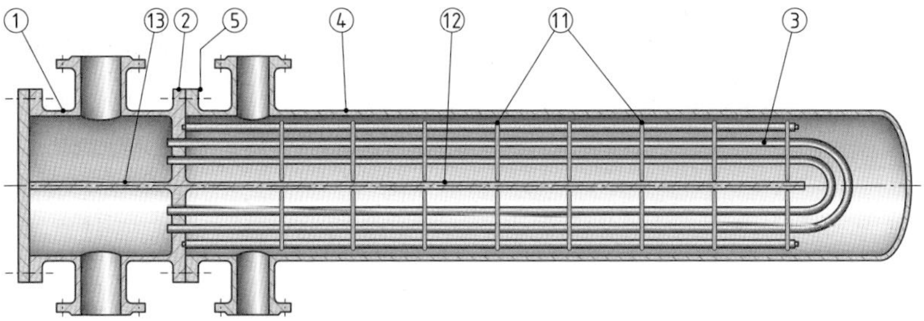

a) U-Rohr-Wärmeübertrager (Haarnadel-Wärmeübertrager)

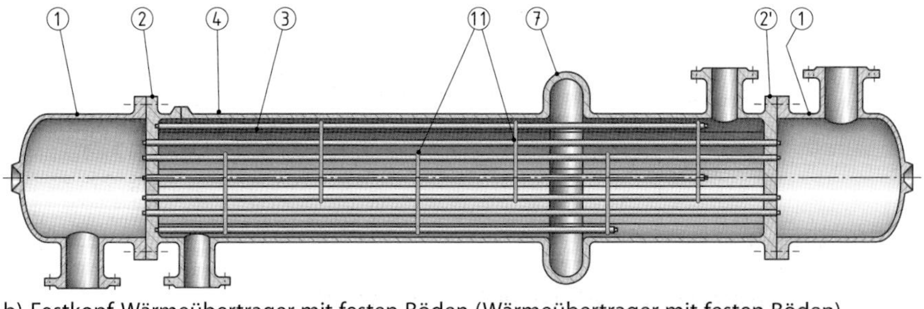

b) Festkopf-Wärmeübertrager mit festen Böden (Wärmeübertrager mit festen Böden)

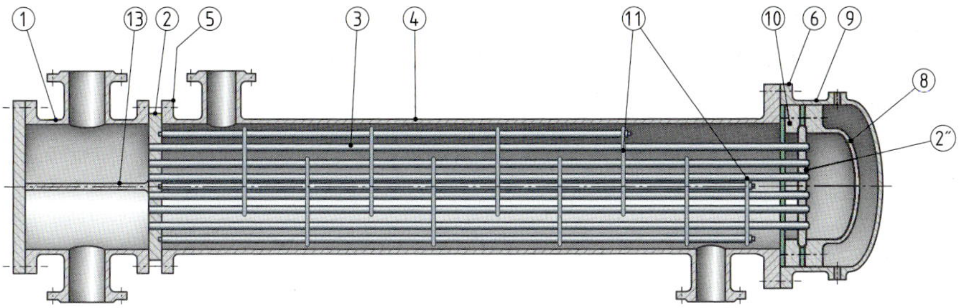

c) Schwimmkopf-Wärmeübertrager

1	Vorkammer mit festem Boden
2	Festkopf-Rohrboden
2′	Fester (stationärer) Rohrboden
2″	Beweglicher Rohrboden (Schwimmkopf)
3	Rohre
4	Schale
5	Schalenflansch
6	Deckelflansch
7	Kompensator
8	Schwimmkopf-Deckel
9	Schwimmkopf-Flansch
10	Schwimmkopf-Gegenhalter
11	Leitbleche oder Stützplatten
12	Längsleitblech
13	Durchgangstrennwand

Bauart	Vorteile	Nachteile
U-Rohr (Haarnadel)-WT	• hohe Drücke und Temperaturen möglich • große Temperaturdifferenzen zwischen den Medien möglich • keine Dehnungsausgleicher erforderlich	• großer Fertigungsaufwand • höhere Druckverluste im Innenraum • Reinigung in den Rohrbögen schwierig (chemisch)
Festkopf-WT	• einfache Fertigung • geringe Druckverluste im Innenraum • Innenrohre gut zu reinigen • große Werkstoffauswahl möglich	• Dehnungsausgleicher bei größeren Temperaturdifferenzen • Aufwendige Reinigung der Außenrohre
Schwimmkopf-WT	• hohe Drücke und Temperaturen möglich • keine Dehnungsausgleicher erforderlich • große Temperaturdifferenzen zwischen den Medien möglich	• großer Fertigungsaufwand • hohe Kosten

12.4.1.3 Plattenwärmeübertrager (Herstellerangaben)[1] *plate heat exchangers*

Gelötete Plattenwärmeübertrager (Auswahl)

Eckdaten (auslegungsabhängig):
- Betriebsüberdruck $p_{e\,max} = 30$ bar
- Betriebstemperatur $-160\,°C \leq T \leq +200\,°C$
- Wärmeleistung $Q = 2{,}0 \ldots 4000$ kW

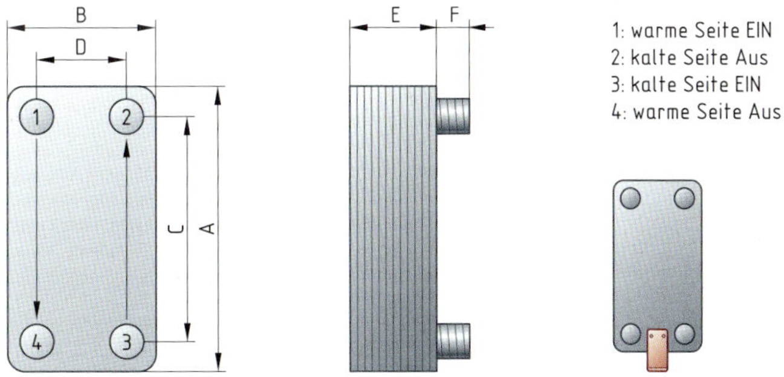

Optional: Winkelfüße (ab 10 kg Eigenmasse)

Werkstoffe

Platten: X5CrNiMo17-12-2, Prägemuster lang oder kurz (siehe geschraubte Plattenwärmeaustauscher)
Lot: Kupferlot (Standard)
Nickellot (Seewasser, Ammoniak, Silikonöle und stark chloridhaltige Medien)

Medien

- Wasser/Wasser
- Öl/Wasser
- Gas/Flüssigkeit
- … (entsprechend Materialbeständigkeit und Viskosität)

Gelötete Plattenwärmeübertrager (Auswahl) (Fortsetzung)

Anschlussvarianten

Standardausführung:
- Gewindestutzen (Außengewinde)
- Flansche

Optional:
- Lötanschlüsse
- Gewindestutzen (Innengewinde)

Einsatzgebiete

Systemtrennung, Wärmeauskopplung und Wärmerückgewinnung in Gebäudetechnik, Prozesstechnik sowie Kältetechnik und Maschinenbau u. a.
- Warmwasser/Brauchwasser
- Heizungstechnik (Solar-, Zentral-, Fußbodenheizung)
- Verdampfer/Kondensator in Kälteanlagen

Anschlüsse	**Abmessungen mm**						**Max. Plattenzahl**	**Max. Tauscherfläche m^2**	**Leermasse kg**
	A	**B**	**C**	**D**	**E**	**F**			
G 1/2″	203	73	170	40	$7 + 2{,}3 \cdot n$[2]	20	30	0,36	$0{,}75 + 0{,}05 \cdot n$[2]
G 3/4″	230	89	182	43	$12 + 2{,}3 \cdot n$	20	50	0,72	$1{,}10 + 0{,}06 \cdot n$
G 3/4″	325	89	279	43	$12 + 2{,}3 \cdot n$	20	30	0,58	$1{,}30 + 0{,}08 \cdot n$
G 1″	171	124	120	73	$12 + 2{,}3 \cdot n$	20	50	0,74	$1{,}20 + 0{,}06 \cdot n$
G 1″	332	124	281	73	$12 + 2{,}3 \cdot n$	20	100	3,28	$1{,}60 + 0{,}12 \cdot n$
G 1″	529	124	478	73	$12 + 2{,}3 \cdot n$	20	100	5,52	$2{,}00 + 0{,}24 \cdot n$
G 2″	529	269	460	200	$14 + 2{,}4 \cdot n$	65	150	18,91	$5{,}50 + 0{,}60 \cdot n$
G 2 1/2″	529	269	421	161	$14 + 2{,}4 \cdot n$	65	200	21,80	$10{,}0 + 0{,}54 \cdot n$
G 2 1/2″	798	269	690	161	$14 + 2{,}4 \cdot n$	65	200	39,60	$11{,}5 + 0{,}80 \cdot n$
DN 100	870	383	723	237	$23 + 2{,}4 \cdot n$	134	220	65,40	$39{,}5 + 1{,}25 \cdot n$

[1] Funke (Gronau)
[2] n: Anzahl der Platten

Geschraubte (Variable) Plattenwärmeübertrager (Auswahl) *screwed plate heat exchangers*

Eckdaten (auslegungsabhängig):
- Betriebsüberdruck $p_{e\,max} = 25$ bar
- Betriebstemperatur $-20\ °C \leq T \leq 180\ °C$
- Wärmeleistung 1 kW… 30 MW
- Anschlussnennweite DN 25… DN 500

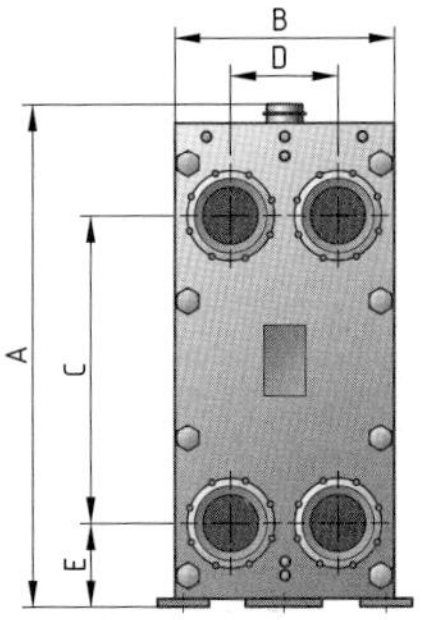

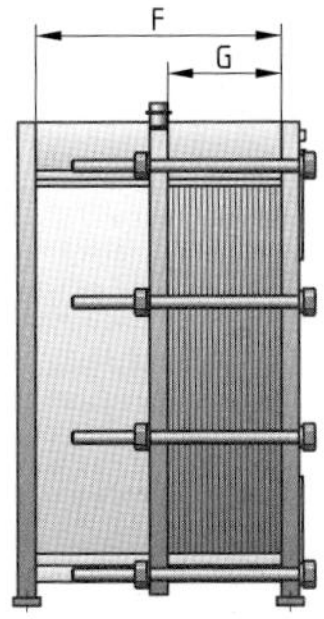

Werkstoffe

Platten:
- X5CrNiMo17-12-2 (Standard)
- X5CrNi18-10 (Kostenoptimierung bei unkritischen Medien)
- X1NiCrMoCu25-20-5 (mit hohem Nickelanteil gegen Spannungsrisskorrosion, gutes Preis-Leistungs-Verhältnis bei schwach säure- und chloridhaltigen Medien)
- X1NiCrMoCuN25-20-7 (chlorid- und säurebeständiger als Standard, z. B. für Brackwässer geeignet)
- Hastelloy[1] (NiMo28, hochbeständig gegen Säuren und Chloride, z. B. für konzentrierte Schwefelsäure)
- Titan ASTM B265
- Titan-Palladium (hochwertigster Werkstoff z. B. für Chloride bei höheren Temperaturen geeignet)

Dichtungen:
- NBR: Universell für wässrige und fettige Medien, z. B. Wasser/Öl-Anwendungen
- EPDM: Breites Einsatzspektrum bei vielen chemischen Verbindungen ohne Mineralöl- und Fettanteile
- FPM (Viton): Sehr hohe Beständigkeit gegenüber Chemikalien und organischen Lösungsmitteln sowie Schwefelsäure und Pflanzenölen bei hohen Temperaturen

[1] Firmenbezeichnung

Anschlussvarianten **Geschraubte (Variable) Plattenwärmeübertrager (Auswahl)** (Fortsetzung)

Standardausführung:
- Gewindestutzen (Außengewinde)
- Flansche

Optional:
- Lötanschlüsse
- Gewindestutzen (Innengewinde)

Einsatzgebiete
- industriellen Anwendungen: z. B. chemische Industrie, Energietechnik
- Heizung, Klima, Lüftung

Baugruppen Wärmeübertrager

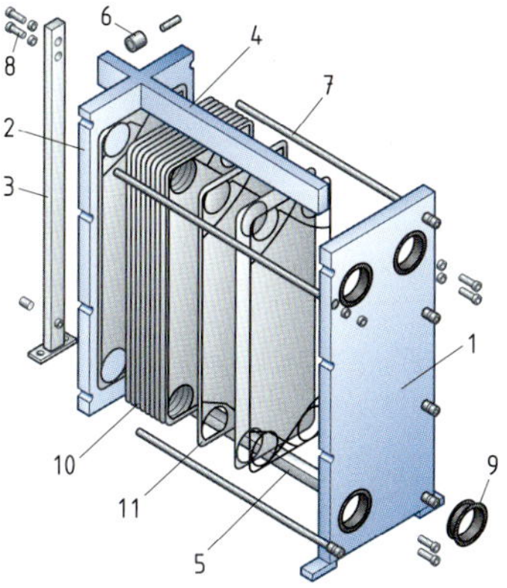

1. Festplatte
2. Losplatte
3. Stütze
4. Träger
5. Untere Plattenführung
6. Tragrolle
7. Gewindebolzen
8. Befestigungsschrauben
9. Gummiformteile
10. Dichtungen
11. Wärmeübertragungsplatten

Prägemuster der Wärmeübertragerplatten

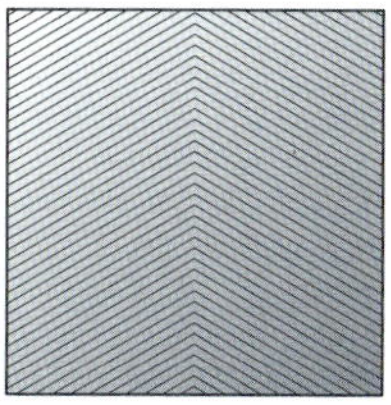

Thermisch lang

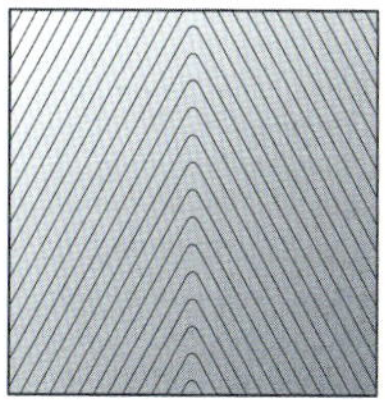

Thermisch kurz

Stumpfe Wellenwinkel bieten thermisch längere Wege und höhere Wärmeübertragungsleistungen bei entsprechend höheren Druckverlusten.
Spitze Wellenwinkel werden gewählt, wenn geringe Druckverlustvorgaben einzuhalten sind.

Anschlüsse/ max. PN	Abmessungen mm							Max. Plattenzahl	Fläche pro Platte m^2	Max. Tauscherfläche m^2
	A	B	C	D	E	F	G			
1″/16	799	160	675	65	85	150… 600	$n \cdot 2{,}4$	150	0,08	12
2″/16	1066	310	819	135	132	250…1000	$n \cdot 2{,}4$	200	0,20	40
DN50/16	735	310	494	126	131	250…1000	$n \cdot 2{,}9$	200	0,10	20
DN50/16	1135	440	894	126	131	250…1000	$n \cdot 2{,}9$	200	0,22	45
DN80/25	1080	480	650	202	200	500…3000	$n \cdot 3{,}1$	500	0,20	100
DN100/25	1160	480	719	225	204	500…2500	$n \cdot 3{,}1$	500	0,21	105
DN100/25	1579	480	1141	225	204	500…3000	$n \cdot 3{,}1$	500	0,40	200
DN100/25	2320	480	1882	225	204	500…3000	$n \cdot 3{,}1$	500	0,71	355
DN150/25	1470	620	941	290	225	500…4000	$n \cdot 3{,}1$	750	0,40	315
DN150/25	2200	620	1671	290	225	500…4000	$n \cdot 3{,}1$	750	0,80	600
DN150/25	2687	620	2157	290	225	500…4000	$n \cdot 3{,}1$	750	1,12	840
DN200/25	1380	760	770	395	285	500…4000	$n \cdot 3{,}1$	700	0,41	300
DN200/25	2100	760	1490	395	285	500…4000	$n \cdot 3{,}1$	700	1,00	700
DN200/25	2460	760	1850	395	285	500…4000	$n \cdot 3{,}1$	700	1,30	910
DN300/25	1930	980	1100	480	365	1280…3780	$n \cdot 3{,}8$	700	0,80	585
DN300/25	2710	980	1879	480	365	1280…3780	$n \cdot 3{,}8$	700	1,60	1120
DN300/25	3100	980	2267	480	365	1280…3780	$n \cdot 3{,}8$	700	1,90	1330
DN500/16	2855	1370	1822	672	480	1280…3780	$n \cdot 4{,}1$	700	2,00	1400
DN500/16	3211	1370	2178	672	480	1280…3780	$n \cdot 4{,}1$	700	2,50	1750
DN500/16	3567	1370	2534	672	480	1280…3780	$n \cdot 4{,}1$	700	3,00	2100

12.4.2 Rechengang Wärmeübertrager

1. Wahl eines U-Wertes nach Tabelle (in Abhängigkeit vom austauschenden Medien, den Strömungsverhältnissen und der Wärmeaustauscherbauart)
2. Ermittlung der erforderlichen Massenströme (Heiz- bzw. Kühlmittel) soweit nicht vorgegeben, Ermittlung der Austrittstemperatur (Heiz- bzw. Kühlmittel) soweit nicht vorgegeben
3. Ermittlung der mittleren Temperaturdifferenz
4. Ermittlung des erforderlichen Wärmestromes
5. Berechnung der erforderlichen Austauschfläche mit Hilfe der Größen aus 1…4

Formeln und Tabellen Wärmeübertrager

1. Wärmeleitung

a) Wärmeleitung durch eine ebene Wand

$$\dot{Q}_L = \frac{\lambda}{s} \cdot A \cdot (\vartheta_1 - \vartheta_2)$$

$\dot{Q}_L$:	Wärmestrom pro Zeit durch Wärmeleitung	
λ:	Wärmeleitfähigkeit nach Kap. 3.2.8	in W/(m · K)
s:	Wanddicke	in m
A:	Austauschfläche	in m²
$\vartheta_1 - \vartheta_2$:	Temperaturdifferenz zwischen den Wandoberflächen	in K

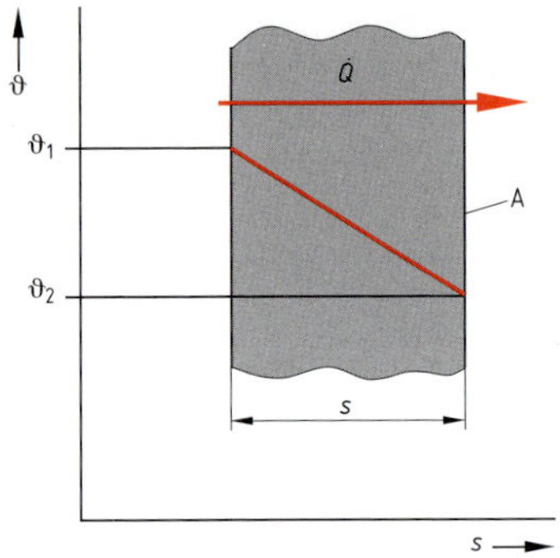

b) Wärmeleitung durch eine mehrschichtige Wärmeaustauscherwand

$$\dot{Q}_L = \frac{1}{\frac{s_1}{\lambda_1} + \frac{s_2}{\lambda_2} + \frac{s_3}{\lambda_3} \ldots} \cdot A \cdot (\vartheta_1 - \vartheta_2)$$

$\dot{Q}_L$:	Wärmestrom pro Zeit durch Wärmeleitung	
$\lambda_1, \lambda_2, \lambda_3$:	Wärmeleitfähigkeiten der einzelnen Schichten nach Kap. 3.2.8	in W/(m · K)
s_1, s_2, s_3:	Wanddicken	in m
A:	Austauschfläche	in m²
$\vartheta_1 - \vartheta_2$:	Temperaturdifferenz zwischen den Wandoberflächen	in K

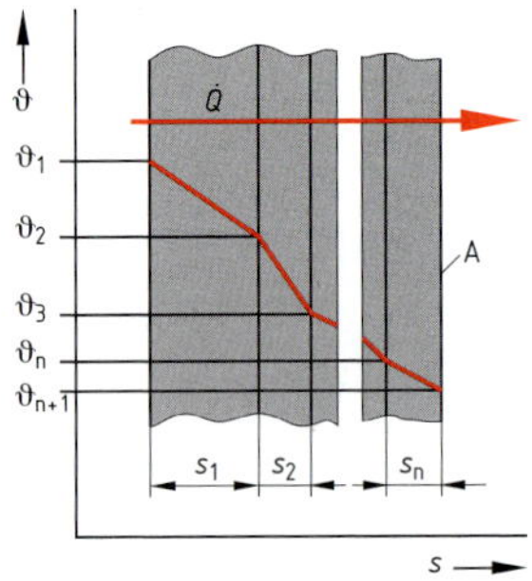

c) Wärmeleitung durch Rohrwände

$$\dot{Q}_L = \frac{\lambda}{s} \cdot d_m \cdot \pi \cdot l \cdot (\vartheta_1 - \vartheta_2)$$

$\dot{Q}_L$:	Wärmestrom pro Zeit durch Wärmeleitung	
λ:	Wärmeleitfähigkeit nach Kap. 3.2.8	in W/(m · K)
s:	Wanddicke	in m
d_m:	mittlerer Rohrdurchmesser $\left(\frac{d_a + d_i}{2} \text{ oder } d_i + s\right)$	in m
l:	Rohrlänge	in m
$\vartheta_1 - \vartheta_2$:	Temperaturdifferenz zwischen den Wandoberflächen	in K

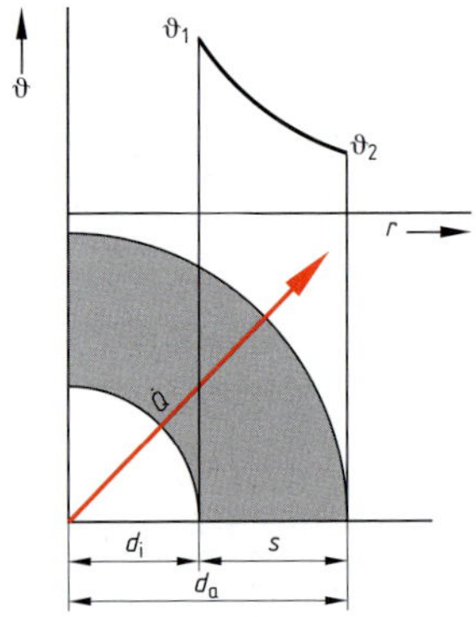

2. Wärmeübergang

$$\dot{Q}_Ü = h_1 \cdot A \cdot (\vartheta_1 - \vartheta_2)$$

$\dot{Q}_Ü$:	Wärmestrom pro Zeit durch Wärmeübergang	
h_1:	Wärmeübergangszahl (früher α) nach Kap. 3.2.8	in W/(m² · K)
A:	Austauschfläche	in m²
$\vartheta_1 - \vartheta_2$:	Temperaturdifferenz zwischen dem Medium und der Wandoberflächen	in K

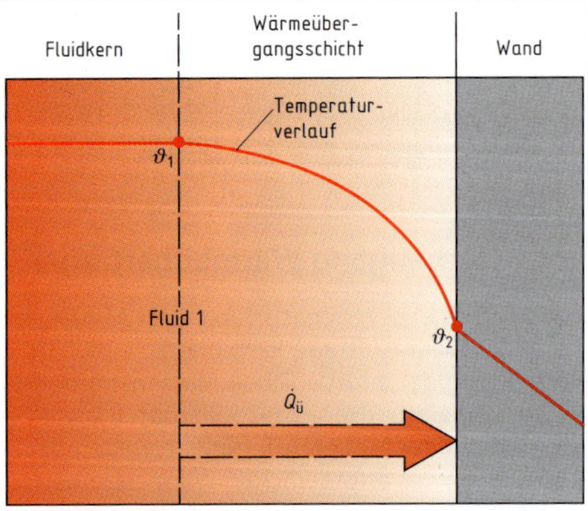

3. Wärmedurchgang

a) Grundformel

$$\dot{Q}_D = U \cdot A \cdot (\vartheta_1 - \vartheta_2)$$

$\dot{Q}_D$:	Wärmestrom pro Zeit bei Wärmedurchgang	
U:	Wärmedurchgangskoeffizient (früher k)	in $W/(m^2 \cdot K)$
A:	Austauschfläche	in m^2
$\vartheta_1 - \vartheta_2$:	Temperaturdifferenz zwischen den Tauschermedien	in K

b) Wärmedurchgangskoeffizient

$$U = \frac{1}{\frac{1}{h_1} + \sum \frac{s}{\lambda} + \frac{1}{h_2}}$$

U:	Wärmedurchgangskoeffizient (früher k)	in $W/(m^2 \cdot K)$
h_1, h_2:	Wärmeübergangszahlen (früher α) nach Kap. 3.2.8	in $W/(m^2 \cdot K)$
s:	Wanddicke	in m
λ:	Wärmeleitfähigkeit nach Kap. 3.2.8	in $W/(m \cdot K)$

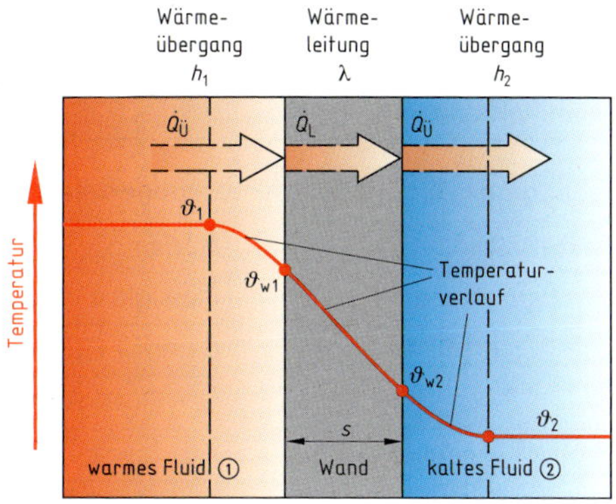

4. Wärmeübertragung in Wärmeübertragern

a) Grundformel

$$Q = U \cdot A \cdot \Delta\vartheta_m$$

Q:	Energiemenge pro Zeit	in W
U:	Wärmedurchgangskoeffizient	in $W/(m^2 \cdot K)$
$\Delta\vartheta_m$:	mittlere logarithmische Temperaturdifferenz	in K

b) Mittlere logarithmische Temperaturdifferenz

$$\Delta\vartheta_m = \frac{\Delta\vartheta_{gr} - \Delta\vartheta_{kl}}{\ln \frac{\Delta\vartheta_{gr}}{\Delta\vartheta_{kl}}}$$

$\Delta\vartheta_m$:	mittlere logarithmische Temperaturdifferenz	in K
$\Delta\vartheta_{gr}$:	größte Temperaturdifferenz der wärmeaustauschenden Medien	
$\Delta\vartheta_{kl}$:	kleinste Temperaturdifferenz der wärmeaustauschenden Medien	

c) Ermittlung der Temperaturdifferenz bei Wärmeaustausch im

Gleichstrom

$$\Delta\vartheta_{gr} = \vartheta_{wE} - \vartheta_{kE}$$

$$\Delta\vartheta_{kl} = \vartheta_{wA} - \vartheta_{kA}$$

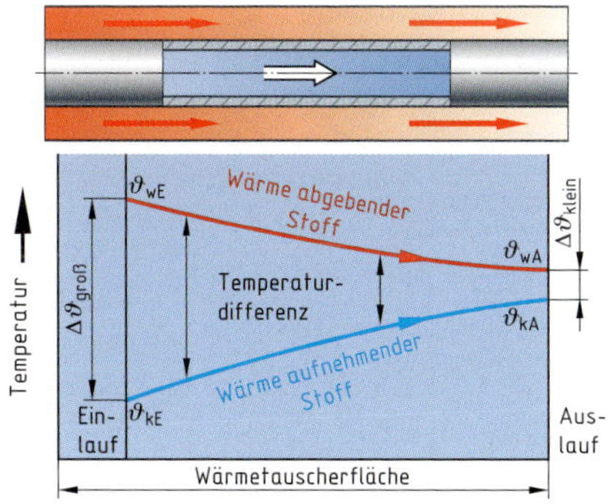

ϑ_{wE}:	Eintrittstemperatur des wärmeabgebenden Mediums	in °C
ϑ_{wA}:	Austrittstemperatur des wärmeabgebenden Mediums	in °C

Gegenstrom

$$\Delta\vartheta_{gr} = \vartheta_{wA} - \vartheta_{kE}$$

$$\Delta\vartheta_{kl} = \vartheta_{wE} - \vartheta_{kA}$$

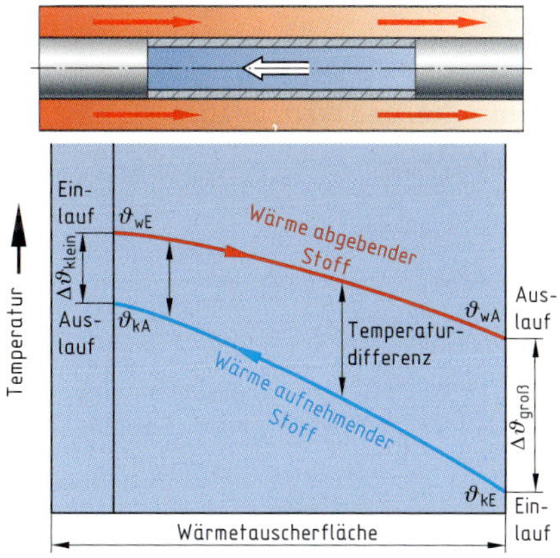

ϑ_{kE}:	Eintrittstemperatur des wärmeaufnehmenden Mediums	in °C
ϑ_{kA}:	Austrittstemperatur des wärmeaufnehmenden Mediums	in °C

5. Orientierungswerte für Wärmeübergangszahlen *h*

Übergangsbedingungen	*h* in W/(m² · K)
Strömendes (laminar) Wasser an ebener Wand oder in Rohren	100 … 350
Strömendes (turbulent) Wasser an ebener Wand oder in Rohren	1000 … 15000
Strömendes (turbulent) Wasser an einem Rohrbündel	1000 … 5000
Wasser in einem Behältermantel	3000 … 14000
Siedendes Wasser an ebener Wand	1000 … 40000
Kondensierender Wasserdampf an ebener Wand	5000 … 25000

6. Orientierungswerte für Wärmeübertragerzahlen *U* in Wärmeübertragern

Wärmeübertrager	Medien	*U*-Werte in W/(m² · K)
Platten-Wärmeübertrager	Flüssigkeit – Flüssigkeit	1200 … 7000
	Dampf – Flüssigkeit	≈ 6500
	Öl – Flüssigkeit	≈ 700
Spiralrohr-Wärmeübertrager	Flüssigkeit – Flüssigkeit	1000 … 2500
	Dampf – Flüssigkeit	900 … 3000
	Öl – Flüssigkeit	300 … 400
Doppelrohr-Wärmeübertrager	Flüssigkeit – Flüssigkeit	300 … 1400
	Flüssigkeit – Gas	200 … 900
	Gas – Gas	10 … 500
Rohrbündel-Wärmeübertrager	Flüssigkeit – Flüssigkeit	800 … 2000
	Dampf – Flüssigkeit	300 … 3000
	Öl – Flüssigkeit	200 … 500

12.4.3 Kälte- und Wärmeträger *cold and heat transfer*

12.4.3.1 Anforderungen

- Materialverträglichkeit mit üblichen Materialien
- keine korrosionsverursachende Wirkung
- geringe Empfindlichkeit gegenüber Fremdstoffen
- geringe Feuergefährlichkeit
- hohe Siedepunkte
- niedrige Dampfdrücke
- gute thermische Stabilität
- niedrige Viskosität
- hohe spezifische Wärmekapazitäten
- ökologische Unbedenklichkeit
- keine Geruchsbelästigung
- gute Entsorgungs- und Verwertungsmöglichkeiten usw.

12.4.3.2 Übersicht Kälte- und Wärmeträger

Kälte- und Wärmeträgerfluid	Beispiele	Temperaturbereiche in °C
Verflüssigte Gase	LHe (Helium) Luft	bis –269 bis –180 … –190
Wasser	flüssig als Sattdampf	0 … 200 °C 100 … 250 °C
Sole	Natriumchlorid Calciumchlorid Methanol	–5 … –21 °C –10 … –45 °C –4 … –57 °C
Wässrige Lösung organischer Stoffe	Mineralöle	0 … 200 °C
Hochtemperatursalze	HTS	150 … 400 °C
Metallschmelzen	Blei, Quecksilber	300 … 920 °C

12.4.4 Elektrische Begleitheizung *electrical trace-heating*

Elektrische Begleitheizungen werden in vielen Bereichen der verfahrenstechnischen Industrie eingesetzt, vorwiegend als Rohrbegleitheizung zum Warmhalten von Produkten auf Förderwegen oder als Frostschutzeinrichtung.

Einteilung der Begleitheizungssysteme

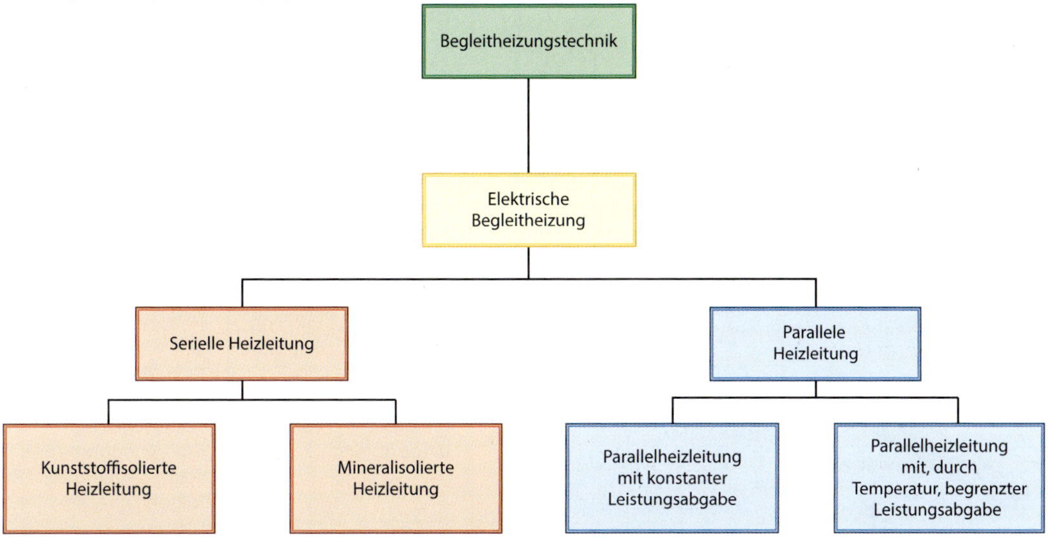

12.4.4.1 Bauarten von Heizleitungen

(NAMUR-Empfehlung NE86 Version: 23.11.2004, Hrg.: Interessengemeinschaft Automatisierungstechnik der Prozessindustrie)

<table>
<tr><th>Aufbau</th><th>Vorteile</th><th>Nachteile</th></tr>
<tr><td>Kunststoffisolierte Heizleitung
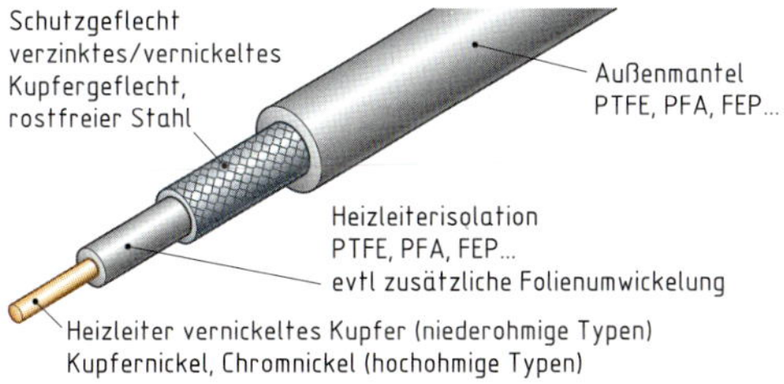

Der Heizleiter ist von der Heizleiterisolation umgeben. Darüber liegt das Schutzgeflecht und der Außenmantel</td><td>• Kostengünstig
• Einfache Montage</td><td>• Längenabhängige Leistungsabgabe</td></tr>
<tr><td>Mineralisolierte Heizleitung
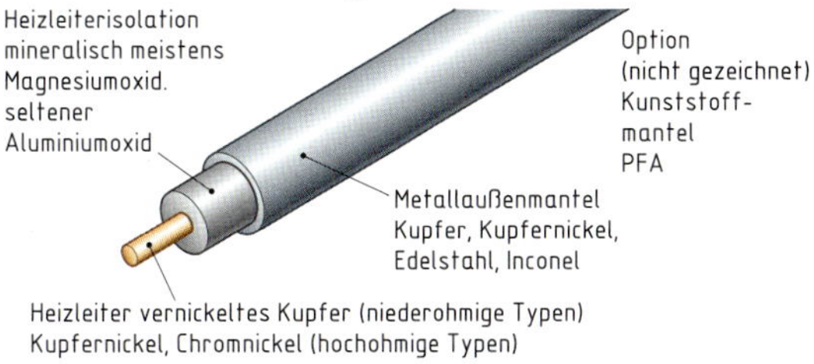

Der Heizleiter ist von der mineralischen Isolation umgeben. Darüber ein metallischer Außenmantel</td><td>• Hohe mechanische Festigkeit
• Hohe Temperaturbeständigkeit</td><td>• Längenabhängige Leistungsabgabe
• Bruchgefahr bei mehrfachem Biegen</td></tr>
</table>

12

12.4.4.1 Bauarten von Heizleitungen (Fortsetzung)

Aufbau	Vorteile	Nachteile
Selbstbegrenzendes Heizungsband (Parallelheizleitung) 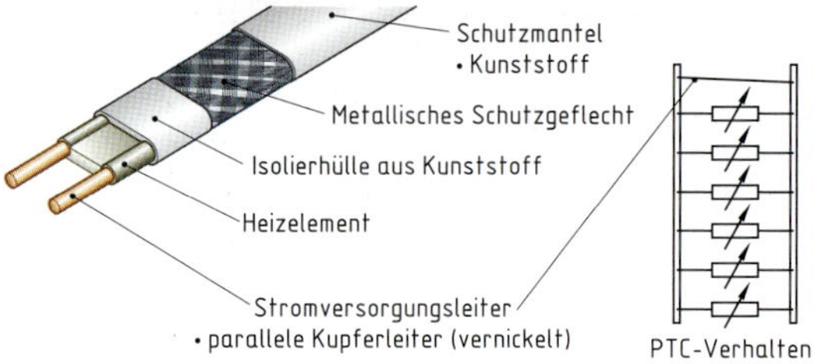 Zwischen zwei parallel liegenden, verzinnten Kupferleitern ist ein leitfähiger Kunststoff als Heizelement eingebettet. Darüber liegt eine Isolierhülle aus Kunststoff sowie ein Schutzgeflecht.	• Die spezifische Heizleistung (W/m) ist im Wesentlichen unabhängig von der Heizkreislänge. • Selbstbegrenzung bei einer vorbestimmten Temperatur.	• Nur eine begrenzte Heizkreislänge möglich. • Hoher Einschaltstrom.
Parallelheizleitung mit Heizzonen und konstanter Leistungsabgabe 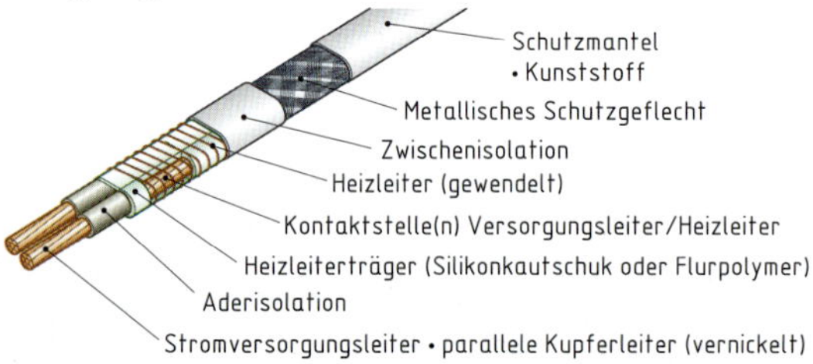 Zwei parallele Kupferleiter sind in isolierendem Kunststoff eingebettet. Der Heizdraht ist in regelmäßigen Abständen mit den Kupferleitern verlötet. Darüber liegen die Zwischenisolation und das Schutzgeflecht.	• Die Heizleistung ist nahezu unabhängig von der Rohrtemperatur. • Die spezifische Leistungsabgabe ist über die gesamte Heizkreislänge konstant.	• Nur eine begrenzte Heizkreislänge möglich. • Es sind spezielle Anschlusstechniken vorgeschrieben. • Die Verlegung muss sehr sorgfältig erfolgen.
Parallelheizleitung mit Heizzonen und temperaturabhängiger Leistungsabgabe 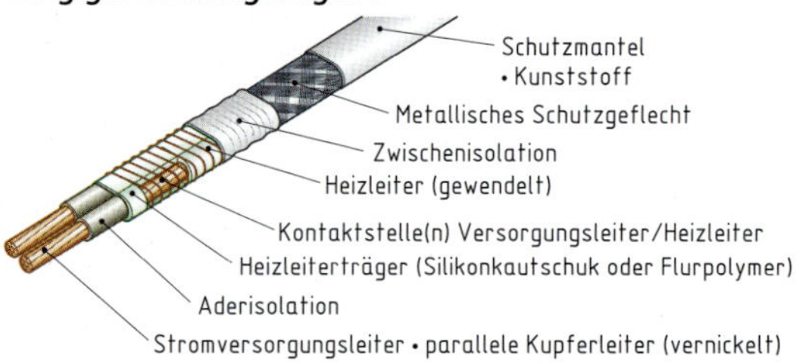 Zwei parallele Kupferleiter sind von einem transparenten Isoliermantel umschlossen. Der Heizdraht mit PTC-Charakteristik ist in regelmäßigen Abständen mit den Kupferleitern verlötet. Darüber liegen die Mantelisolation und das Schutzgeflecht.	• Die Heizleistung ist abhängig von der Rohrtemperatur. • Überlappende Verlegung möglich. • Hohe Leistung bei hohen Temperaturen möglich.	• Nur eine begrenzte Heizkreislänge möglich.
Skineffektsysteme 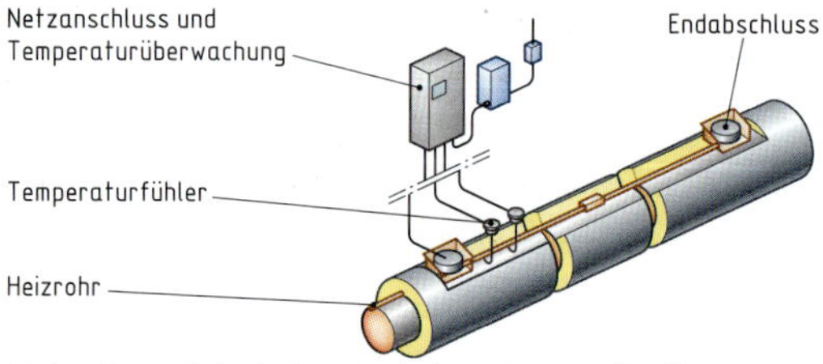 Das Heizrohr und der Leiter sind über eine Wechselspannungsquelle in Reihe verschaltet. Der Wechselstrom druchfließt den Leiter und wird über die Innenseite des Heizrohres zurückgeführt. Die Heizwärme wird durch den Skineffekt erzeugt, wobei sich ein Stromfluss nur an der Innenseite des Heizrohres ergibt.	• Für große Längen geeignet.	• Hohe Wechselspannungen (bis 5000 Volt) notwendig.

12.4.4.2 Einsatzbereiche verschiedener Heizleitungen

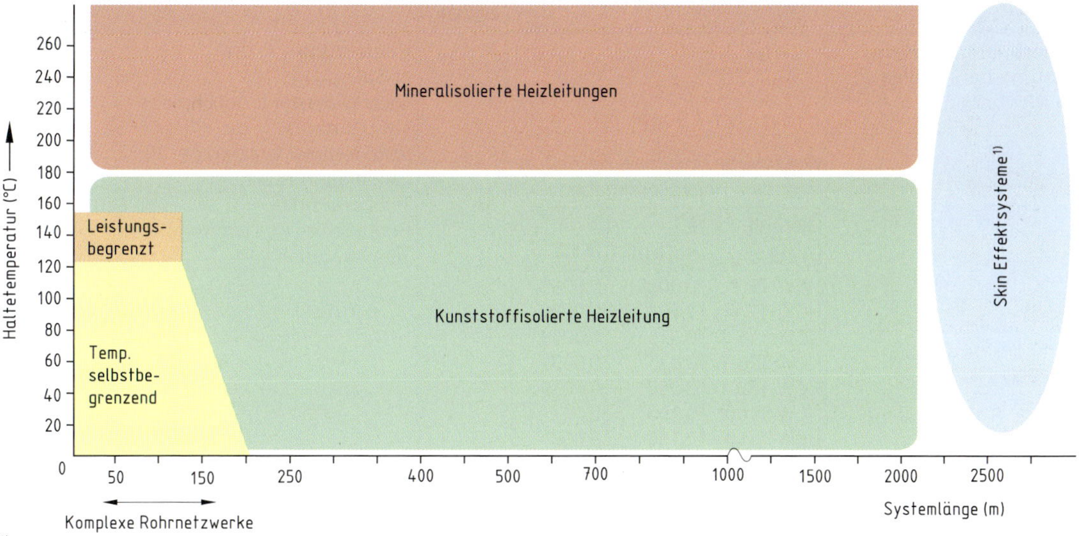

1) siehe Seite IHK 100 unten

12.4.4.3 Dämmdicke von Rohrleitungen in Abhängigkeit des Durchmessers und der Haltetemperatur

DN	Rohr-Außen-Ø	Haltetemperatur in °C														
		von 0 bis 20	21 40	41 60	61 80	81 100	101 120	121 140	141 160	161 160	181 200	201 220	221 240	241 260	261 260	281 300
20	26,9	50	50	50	50	50	50	50	50	50	50	50	50	50	50	60
25	33,7															
32	42,4		Dämmdicken in mm											60	60	
40	48,3									60	60	60	60			
50	60,3						60	60	60						70	70
65	76,1											70	70	70		80
80	88,9															
100	114,3												80	80	80	90
125	139,7													90	90	100
150	168,3				60	60	80	80	80	80	80	80			100	110
200	219,1											90	90	100	110	120
250	273,0	60	60		70	70				90	90	100	100	110	120	130
300	323,9									100	100				130	140
350	355,6															
400	406,4	70	70		80	80	90	90								
500	506,0											110	110	120	140	

	Formel	Formelzeichen	Erläuterung
Berechnung der Heizleistung bei seriellen Heizleitungen	$P = \frac{U^2}{R' \cdot l^2}$ $R' = R'_{20} \cdot (1 + \alpha \cdot \Delta\vartheta)$ Kennwerte für serielle Heizleitungen nach Herstellerangaben	P U R' R'_{20} L $\Delta\vartheta$ α	Heizleistung in W el. Spannung in V spez. Widerstand bei Betriebstemperatur in Ω/m spez. Nennwiderstand bei 20 °C in Ω/m Länge der Heizleitung in m Temperaturdifferenz zwischen Betriebstemperatur und Nenntemperatur in K Temperaturbeiwert in 1/K

Bezeichnung	R'_{20} in Ω/m	α in 1/K
ICW-T2.9	0,0029	0,0039
ICW-T7	0,007	0,0039
ICW-T15	0,015	0,0039
ICW-T25	0,025	0,0039
ICW-T50	0,050	0,0039
ICW-T100	0,100	0,007
ICW-T150	0,150	0,007
ICW-T200	0,200	0,007
ICW-T500	0,500	0,0002
ICW-T1000	1,000	±0,0002
ICW-T3000	3,000	0,0045

12.5 Aufbereiten und Trennen von Stoffen *preparation and separation of substances*

12.5.1 Mischen und Rühren *mix and stir*

12.5.1.1 Übersicht Mischverfahren (Ausgangsstoffe liegen getrennt vor und können unterschiedliche physikalische Eigenschaften aufweisen)

Mischverfahren	Aggregatzustände	Vorrichtung	Beispiele
Gasmischen	gasförmig/gasförmig	Gasmischdüse, Gasmischkammer	Schweißbrenner
Zerstäuben	gasförmig/flüssig	Vergaser, Versprüher	Vergasung von Benzin, Nassentstaubung
Feststoffeinblasung, Fluidisierung	gasförmig/fest	Fluidmischer, Fluidisierer, pneumatischer Mischer	Erzrösten, Kohlenstaubfeuerung, pneumatische Trocknung
Begasung, Blasenbildung	flüssig[1)]/gasförmig	Begaser, Gasdispergierer	Abwasserreinigung, Chlorieren, Fermentieren, Flotieren, Hydrieren, Oxidieren
Homogenisieren	flüssig[1)]/flüssig	Homogenisier – Flüssigkeitsmischer	Flüssig-Flüssig-Extrahieren, Herstellen von Kühl – Schmieröl, Neutralisieren, Verdünnen
Mischen hochviskoser Stoffe	flüssig/flüssig	Behälter	Asphalt, Sirup
Suspendieren	flüssig[1)]/fest	Flüssigkeitsmischer, Suspensionsmischer	Herstellen von Farbstoffen, Kristallisieren, Lösen, Polymerisieren
Mischen pastenähnlicher Stoffe	flüssig/fest	Statischer Mischer, Hochviskosemischer	Fette, Schmierstoffe
Mischen plastischer Stoffe	flüssig/fest	Taumelmischer, Trommelmischer	Kitt
Mischen teigartiger Stoffe	flüssig/fest	Mischer mit Einbauten, zylindrische Mischer	Teig
Mischen breiiger Stoffe	flüssig/fest	Kontinuierlich betriebene Mischer und Kneter	Rohbeton
Benetzen	fest/flüssig	–	Nasses Agglomerieren
Feststoffmischen	fest/fest	Feststoffmischer	Waschmittel- und Zementherstellung

1) Keine hochviskosen Flüssigkeiten

12.5.1.2 Rührerbauarten (Auswahl) *stirrer*

Rührer	Strömungsrichtung	Umfangsgeschwindigkeit in m/s	Dynamischer Viskositätsbereich in Pa · s	Verhältnis von Durchmesser: Behälter innen d_i/ Rührer d_a, Einsatzbereich
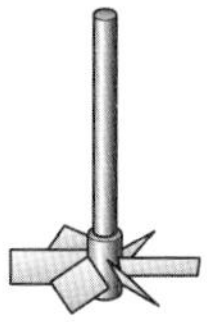 Schrägblattrührer	axial	3 … 10	bis 10	$\frac{d_i}{d_a} \approx 2 \dots 7$ Homogenisieren, Suspendieren und Umwälzen
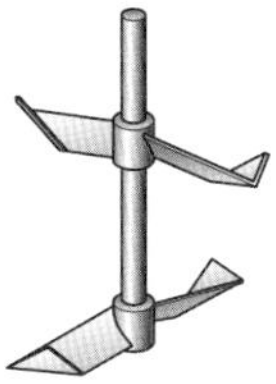 Sigmarührer®	axial	bis 8	bis > 50	$\frac{d_i}{d_a} \approx 1{,}1 \dots 2$ Suspendieren, Homogenisieren und Begasen
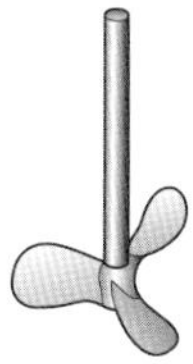 Propellerrührer	axial	2 –15	bis 10	$\frac{d_i}{d_a} \approx 2 \dots 20$ Homogenisieren, Dispergieren, Umwälzen und Fördern
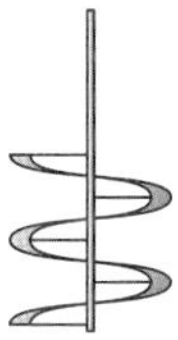 Wendelrührer	axial	bis 2	50 … 1000	$\frac{d_i}{d_a} \approx 1{,}02 \dots 1{,}1$ Homogenisieren, Intensivieren des Wärmeaustauschs
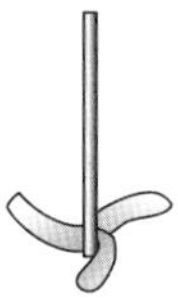 Impellerrührer	radial	2 … 15	bis 10	$\frac{d_i}{d_a} \approx 1{,}4 \dots 2{,}5$ Homogenisieren, Dispergieren, Begasen, Intensivieren des Wärmeaustauschs
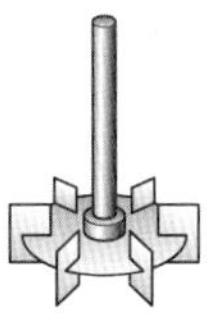 Scheibenrührer	radial	2 … 7	bis 10	$\frac{d_i}{d_a} \approx 2 \dots 5$ Dispergieren, Begasen
 Zahnscheibenrührer	radial	8 … 30	bis 10	$\frac{d_i}{d_a} \approx 2 \dots 5$ Dispergieren, Emulgieren, Feststoffzerkleinerung, Nassmahlen

12.5.1.2 Rührerbauarten (Fortsetzung)

Rührer	Strömungsrichtung	Umfangs-geschwindigkeit in m/s	Dynamischer Viskositätsbereich in Pa · s	Verhältnis von Durchmesser: Behälter innen d_i/ Rührer d_a, Einsatzbereich
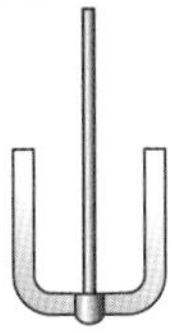 Ankerrührer	tangential	1...5	2...10	$\frac{d_i}{d_a} \approx 1{,}02 \ldots 1{,}1$ Intensivierung des Wärme-austauschs, Homogenisieren
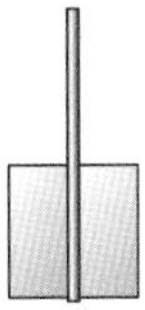 Blattrührer	tangential	0,5...10	bis 2	$\frac{d_i}{d_a} \approx 1{,}4 \ldots 2$ Intensivierung des Wärme-austauschs, Homogenisieren
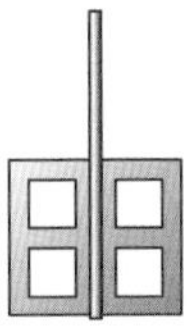 Gitterrührer	tangential	2...5	bis 20	$\frac{d_i}{d_a} \approx 1{,}4 \ldots 2$ Dispergieren

12.5.2 Trennen von Stoffen *separate from materials*

12.5.2.1 Mechanische Trennverfahren (Auswahl)

Verfahren	Bereich	Prinzip	Apparat	Anwendung
Sedimentation	Fest-Flüssig-Trennung	Schwerkraft	Absetzbecken, Lamellen-klärer	Kohleaufbereitung, Klärwerk
Filtration	Fest-Flüssig-Trennung	Druckunterschied	Filterzentrifuge, Saugfilter, Pressfilter, Entwässerungssieb	Feste Stoffe aus Flüssigkeiten
Auspressen	Fest-Flüssig-Trennung	Kompression	Pressen	Fruchtsaft
Entstaubung	Fest-Gasförmig-Trennung	Schwerkraft, Trägheitskraft, Zentrifugalkraft, elektrische Ladung	Filter, Zentrifuge	Abscheidung aus der Luft oder anderen Gasen, Entstaubung, Trennung nach pneumatischem Transport
Siebung	Sortieren, Klassieren	Siebung nach Größe und Sorten, falls diese sich nach Größe oder Form unterscheiden	Roste, Siebmaschinen	Entstaubung, Klassieren, Schutz-siebung, Sortieren
Sichten	Sortieren, Klassieren	Schwerkraft, Fliehkraft	Windsichter, Stromsichter	Recycling von Abfällen/Schrott, Einsatz in Getreidemühlen

12.5.2.2 Thermische Trennverfahren (Auswahl) (Fortsetzung)

Verfahren	Phasen	Anwendungen
Absorption	flüssig – fest	Gasreinigung, Rauchgasentschwefelung
Adsorption	fest – gasförmig, fest – flüssig	Abluftreinigung, Gastrocknung
Auslaugen, Feststoffextraktion	fest – flüssig – fest	Zuckerextraktion
Destillation/Rektifikation	flüssig – gasförmig – flüssig	Alkoholbrennerei, Raffinerie
Kristallisation	fest – flüssig – fest	Düngemittel
Verdampfung	flüssig – gasförmig	Gewinnung des Dampfes (Meerwasserentsalzung)

12.5.3 Zerkleinerungsverfahren (Auswahl) *shred of solid materials*

<table>
<tr><th>Zerkleinerungsart</th><th>Zerkleinerungsmaschine</th></tr>
<tr><td rowspan="6">Brechen
(mittlere Korngröße > 5 mm)</td><td>Backenbrecher</td></tr>
<tr><td>Prallbrecher</td></tr>
<tr><td>Rundbrecher</td></tr>
<tr><td>Walzenbrecher</td></tr>
<tr><td>Federkraftwälzmühle</td></tr>
<tr><td>Fliehkraftkugelmühle</td></tr>
<tr><td rowspan="10">Mahlen
(mittlere Korngröße < 5 mm)</td><td>Kollergang</td></tr>
<tr><td>Planetenmühle</td></tr>
<tr><td>Prallmühlen</td></tr>
<tr><td>Rohrmühle</td></tr>
<tr><td>Schneidmühlen</td></tr>
<tr><td>Schwingmühle</td></tr>
<tr><td>Siebtrommelmühle</td></tr>
<tr><td>Strahlmühlen</td></tr>
<tr><td>Sturzmühle</td></tr>
<tr><td>Walzenmühlen</td></tr>
</table>

12.5.4 Verfahren der Stoffbindung (Agglomerieren)

<table>
<tr><th>Verfahren</th><th>Wirkweise</th></tr>
<tr><td>Dragieren</td><td rowspan="3">Aufbauagglomeration
(aufbauendes Verfahren)</td></tr>
<tr><td>Granulieren</td></tr>
<tr><td>Pelletieren</td></tr>
<tr><td>Sintern von Pellets</td><td>Anschmelzagglomeration
(Wärmebehandlung und Pressdruck)</td></tr>
<tr><td>Brikettieren</td><td rowspan="3">Pressagglomeration
(Verfahren mit Pressdruck)</td></tr>
<tr><td>Kompaktieren</td></tr>
<tr><td>Tabelettieren</td></tr>
</table>

12.6 Industrielle Messtechnik

12.6.1 Durchflussmessung *flow measurement*

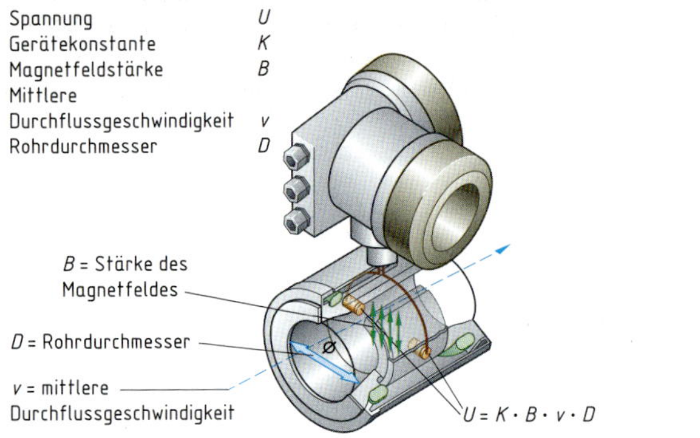

Magnetisch-induktives Verfahren (MID)

In einem Leiter bzw. einem leitfähigen Medium, das sich in einem Magnetfeld bewegt, wird eine bestimmte Spannung induziert. Diese Spannung ist proportional zur Bewegungsgeschwindigkeit des Mediums.

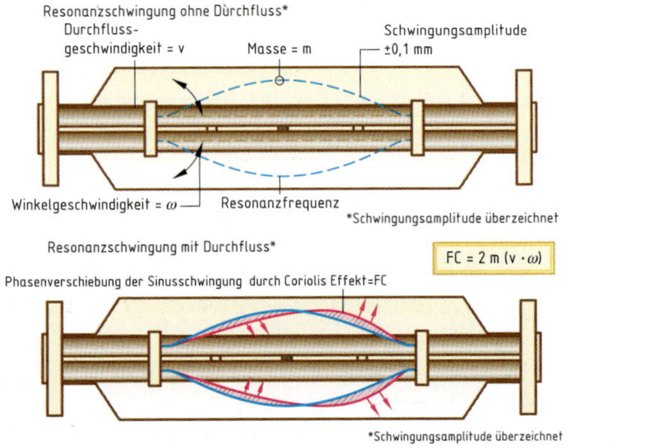

Corioliseffektverfahren

Zur Erfassung des Coriolis-Effektes dienen zwei Sensorspulen.

Ist kein Durchfluss vorhanden, zeichnen beide Sensoren das gleiche sinusförmige Signal auf.

Sobald es zu einem Durchfluss kommt, wirkt die Coriolis-Kraft auf die strömenden Massepartikel des Mediums ein und führt zu einer Verformung des Messrohres und damit zu einer Phasenverschiebung zwischen den Sensorsignalen.

Die Sensoren messen die Phasenverschiebung der sinusförmigen Schwingungen. Diese Phasenverschiebung ist direkt proportional zum Massedurchfluss.

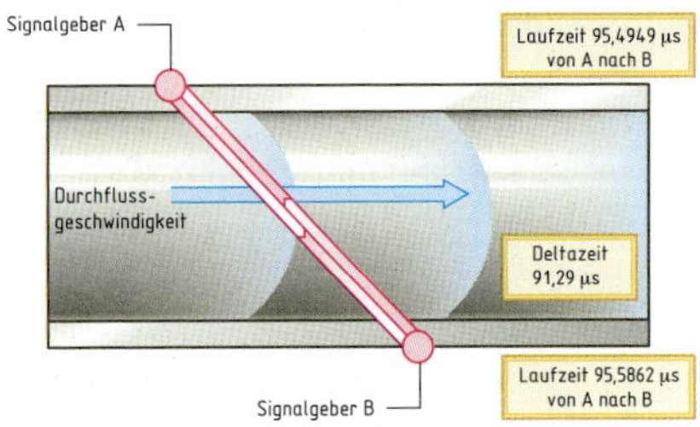

Ultraschallverfahren

Ultraschall-Durchflussmessgeräte arbeiten nach dem Laufzeitdifferenzverfahren.

Dabei fungieren zwei schräg gegenüberliegende Ultraschallsensoren abwechselnd als Sender und Empfänger. So wird das Schallsignal, das wechselweise von beiden ausgeht, einmal von der Strömung beschleunigt und einmal gegen die Strömung abgebremst.

Die Differenz der Zeiten, die das Signal für das Zurücklegen der Messstrecke benötigt, ist direkt proportional zur mittleren Strömungsgeschwindigkeit, aus der sich der Volumendurchfluss errechnen lässt.

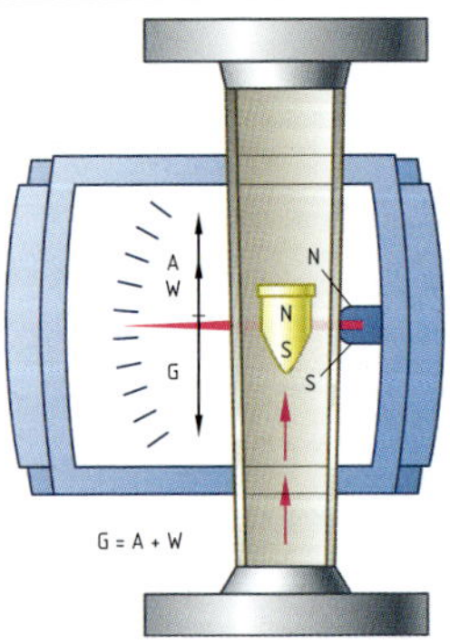

Schwebekörperverfahren

Messgeräte bestehen in der Regel aus einem senkrecht stehenden konischen, transparenten Messrohr. Darin bewegt sich der Schwebekörper frei auf und ab. Das zu messende Medium strömt von unten nach oben und hebt den Schwebekörper an.

Bei konstantem Durchfluss stabilisiert sich die Lage des Schwebekörpers, bis die an ihm angreifende Auftriebskraft (*A*), der Formwiderstand (*W*) und sein Gewicht (*G*) in der Balance sind.

12.6.2 Füllstandsmessung *level measurement*

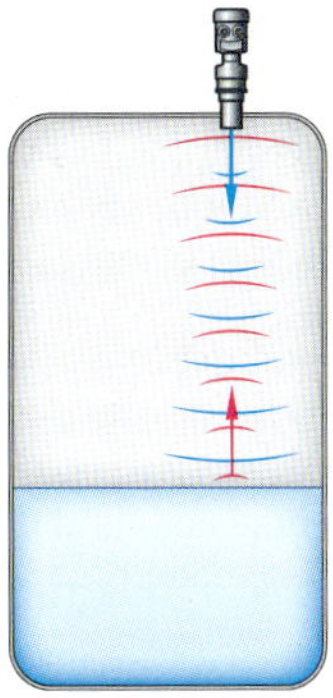

Ultraschallprinzip
Kurze Ultraschallimpulse im Bereich werden vom Schallwandler auf das zu messende Produkt abgestrahlt, von der Füllgutoberfläche reflektiert und vom Schallwandler wieder empfangen.
Die Impulse breiten sich mit Schallgeschwindigkeit aus, wobei die Zeit zwischen Senden und Empfangen der Signale vom Füllstand im Behälter abhängt.

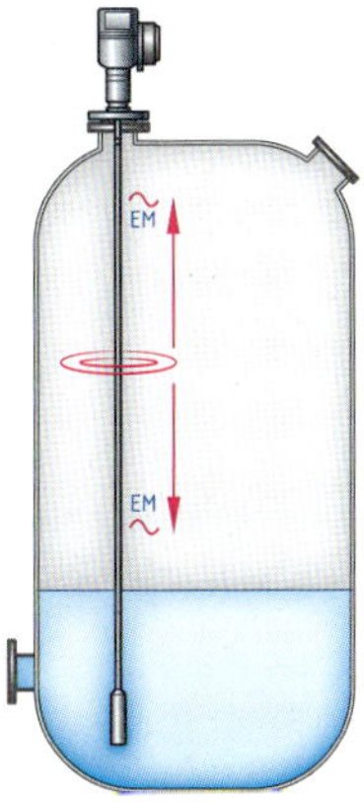

Radarprinzip
Elektromagnetische Pulse geringer Stärke werden an einem starren oder flexiblen Leiter entlang gesendet. Diese Pulse bewegen sich mit Lichtgeschwindigkeit. Wenn die Oberfläche des Produkts erreicht wird, werden die Pulse in einer Signalstärke reflektiert, die abhängig von der Dielektrizitätszahl des jeweiligen Produkts ist (so wird z. B. der Puls von der Oberfläche von Wasser mit 80 % seiner Stärke reflektiert).
Das Messgerät misst die Zeit zwischen Senden und Empfangen der Pulse. Die Laufzeit der Pulse ist direkt proportional zum Abstand zwischen Gerät und Medium. Der dieser Zeit entsprechende Wert wird in einen Ausgangsstrom von 4 … 20 mA und/oder ein digitales Signal umgewandelt.

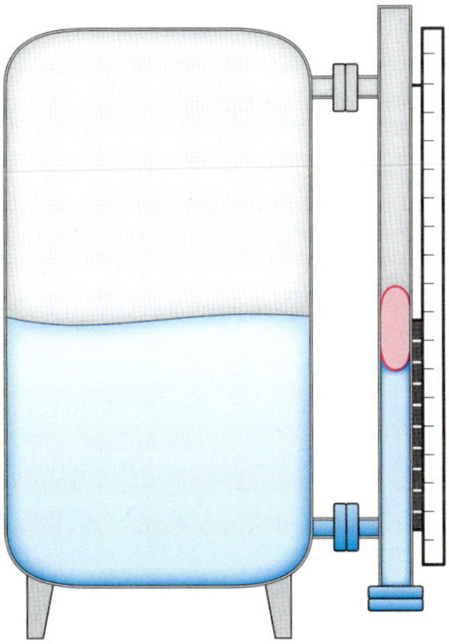

Schwimmerprinzip
Schwimmer-Messgeräte arbeiteten nach dem Prinzip der kommunizierenden Röhren.
Das Messrohr wird als Parallelgefäß so an den Tank angeschlossen, dass in ihm die gleichen Bedingungen herrschen wie im Tank. Änderungen des Behälterfüllstandes ergeben somit Änderungen in der kommunizierenden Röhre.
Für die Übertragung des Messwerts auf die örtliche Anzeige ist der Schwimmer mit einem Magnetsystem ausgestattet. Dieses ist mit den Magnetklappen bzw. einem Folgemagneten in der Anzeige gekoppelt. Die Anzahl der umgeschlagenen Magnetklappen bzw. die Höhe des Folgemagneten ist das Maß für den Füllstand. Zusätzlich kann auf einer Skala in verschiedenen Längeneinheiten, Prozent- oder Volumenteilungen die Füllhöhe abgelesen werden.

12.6.2 Füllstandsmessung (Fortsetzung)

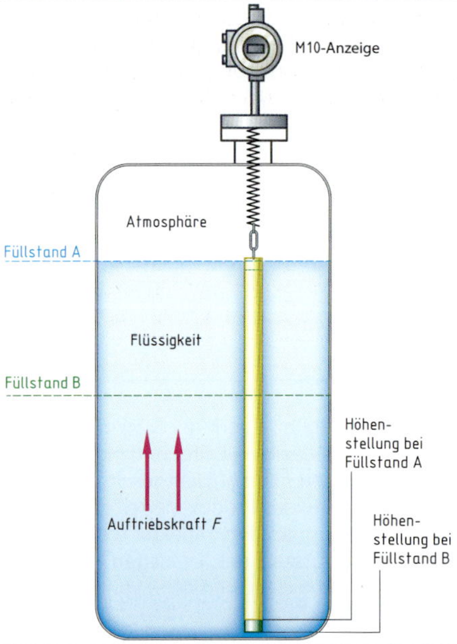

Verdrängerprinzip

Die die Länge des Verdrängerstabes entspricht dem Messbereich.

Der an einer Messfeder aufgehängte Körper taucht in die Flüssigkeit ein und erfährt eine Auftriebskraft, die proportional zur verdrängten Masse der Flüssigkeit ist (Archimedisches Prinzip).

Jede Änderung des Stabgewichtes entspricht einer Änderung der Federlänge und ist somit ein Maß für die Füllhöhe.

Die Längendehnung der Feder und damit der Messhub werden durch eine Magnetkupplung aus dem Messraum auf eine Anzeige übertragen.

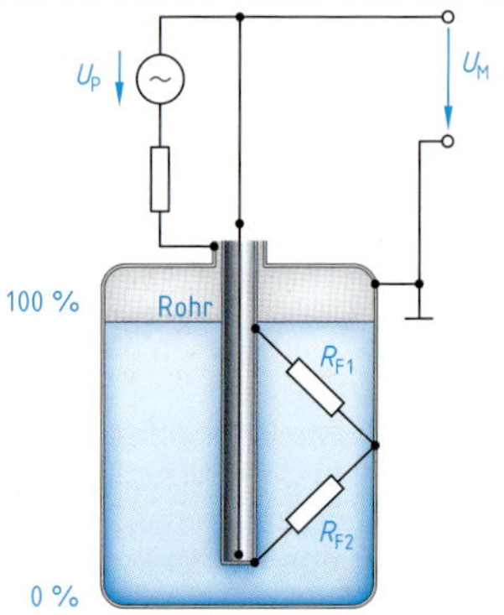

Prinzip des elektrischen Widerstandes

Die Füllstandsonde (Sensor) besteht aus einem niederohmigen Messrohr, das in eine leitfähige Flüssigkeit eintaucht.

Ein Wechselstromgenerator treibt einen höher-frequenten Strom durch das Messrohr.

Zwischen der Sonde und der Behälterwand wird eine Spannung abgenommen und einem Verstärker zugeführt.

Diese ist bei homogenen Verhältnissen im Medium proportional zur Füllhöhe. Die Auswertungselektronik ist im Anschlusskopf integriert und liefert ein füllstandproportionales Ausgangssignal von 4 … 20 mA.

12.6.3 Druckmessung *pressure measurement*

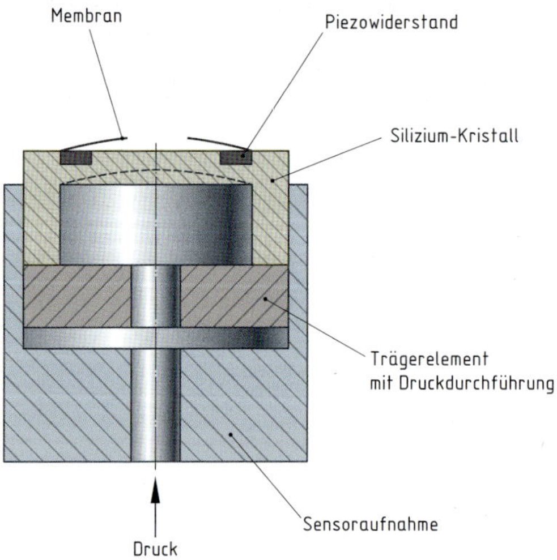

Piezoeffekt

Der wirkende Druck verformt eine in ein Silizium-Kristall eingebettete Membran, die bei Dehnung oder Stauchung ihren spezifischen Widerstand ändert (piezoresistiver Effekt).

12.6.4 Temperaturmessung *temperature measurement*

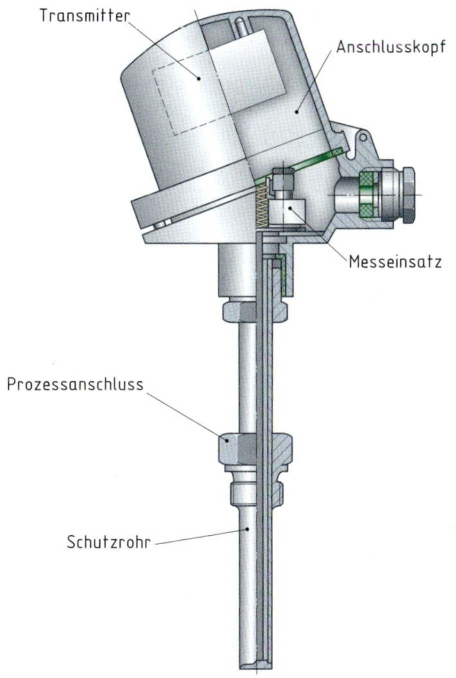

Prinzip des elektrischen Widerstandes
Das Messprinzip des Widerstandsthermometers beruht auf der Änderung des elektrischen Widerstands, z. B. eines Platin-Messwiderstands, in Abhängigkeit mit der Temperatur.
Der Messwiderstand ist in einen so genannten Messeinsatz eingebaut und damit gegen Umgebungseinflüsse geschützt.
Bei einem PTC-Fühler nimmt mit steigender Temperatur der Widerstandswert zu (PTC-Verhalten).
Bei einem NTC-Fühler nimmt mit steigender Temperatur der Widerstandswert ab (NTC-Verhalten).

Thermoelement
An den freien Enden der beiden miteinander verbundenen Leiter wird bei einer Temperaturdifferenz entlang der Leiter aufgrund des Seebeck-Effekts eine elektrische Spannung erzeugt. Die Verbindungsstelle und die freien Enden müssen somit dazu unterschiedliche Temperaturen aufweisen.
Werkstoffpaarung:
Nickel-Chrom/Nickel −270 … 1372 °C (häufigster Typ)

12.6.5 Mengenmessung *quantitative measurement*

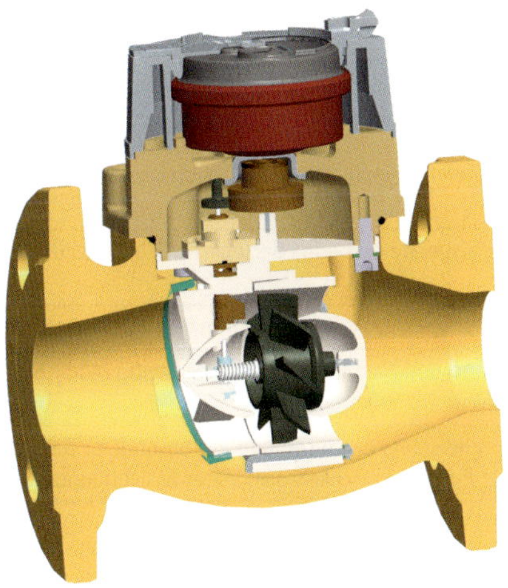

Woltmannzähler
Im Einlassbereich des Messeinsatzes wird die Strömung durch Leitflügel und den Nabenkonus gezielt auf das axial gelagerte Woltmannflügelrad geleitet und treibt dieses an. Die Flügelradumdrehung wird durch ein Getriebe und per direkter Magnetkupplung auf das Zählwerk übertragen.

12.7 Apparate- und Behälterbau *apparatus and tank*

12.7.1 Werkstoffauswahl

Leitfaden zur Vorauswahl von Werkstoffen (Orientierungshilfe). Für eine verbindliche Auswahl ist eine detaillierte Betrachtung der Angriffsmedien und der herrschenden Betriebsbedingungen erforderlich.

Werkstoff	Geforderte Eigenschaft																
		Chemische Beständigkeit gegen															
	keine	Trinkwasser	Witterung	Wasserdampf	Säuren[1]	Lösungsmittel	Salz	Laugen	Temperaturbeständigkeit[1]	Elektrische Leitfähigkeit	Wärmeleitfähigkeit[1]	Geringe Dichte	Schweißbarkeit	Zugfestigkeit[1]	Kaltumformbarkeit[1]	Niedrige Wärmedehnung	Schlagunempfindlichkeit[1]
Stahl (1.0345, 1.0425, 1.0473, 1.0481)[2]	+	•	•	•	–	–	–	–	+	+	•	–	+	+	+	+	+
Stahl (1.4006, 1.4122, 1.4301, 1.4541)[2]	+	+	+	+	•	+	•	•	+	+	•	–	+	+	+	+	+
Kupfer und Kupferlegierungen	+	+	+	+	•	•	•	•	+	+	+	–	•	+	+	+	+
Aluminium und Aluminiumlegierungen	+	+	+	+	•	+	•	–	•	+	+	+	+	•	+	+	+
Kunststoffe, allgemein	+	+	+	–	•	–	•	+	–	–	–	+	+	–	–	–	+
Nickellegierungen	+	+	+	+	+	+	+	+	+	+	+	–	+	+	+	+	+
Borosilicatglas	+	+	+	+	+	+	+	+	+	–	–	+	+	–	–	+	–
+ Geeignet						• Bedingt geeignet							– Nicht oder wenig geeignet				

[1] Einzelwerkstoffe innerhalb einer Werkstoffgruppe können evtl. ein anderes Verhalten zeigen.
[2] Vergleiche auch Kapitel Werkstoffe

12.7.2 Öffnungen für Behälter nach AD-A5, AD-A5.1 : 1983-12 (Auszug)
openings for containers

Übersicht über Anforderungen und Abmessungen von Öffnungen

Art der Öffnung	lichte Weite/Nennweite/ DN mindestens		Stutzen- oder Ringhöhe	Begriffsbestimmung und Anforderungen
	rund mm	oval mm	höchstens mm	
Einsteigöffnung normal	DN 600	–	–	Einstieg mit Hilfsgeräten und persönlicher Schutzausrüstung muss möglich sein.
Befahröffnung normal	420 420	320 × 420 320 × 420	150 gerade 175 konisch	Befahren ohne Hilfsgeräte und ohne persönliche Schutzausrüstung muss möglich sein.
Kopfloch	320	220 × 320	120	Einführen von Kopf und Arm mit einer Lichtquelle muss möglich sein.
Handloch	120 120	100 × 150 100 × 150	65 gerade 100 konisch	Einführen von Hand und Handlampe muss gleichzeitig möglich sein; Sichtfeld muss weiterhin erhalten bleiben.
Schauloch	50	–	50	Besichtigung des Behälters durch Öffnung mit besonderer Beleuchtungseinrichtung oder Einführmöglichkeit geeigneter Besichtigungsgeräte.

12.7.3 Formstücke und gewölbte Böden (Auszug) *fittings and dished*

12.7.3.1 Rohrbögen nach DIN EN 10253-2 : 2008-09

Rohrbogen 45°

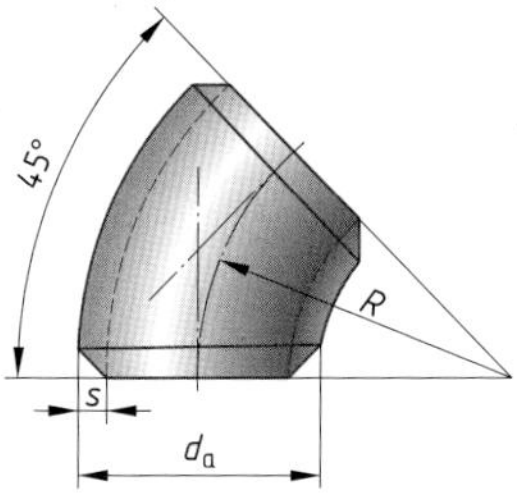

Rohrbogen 90°

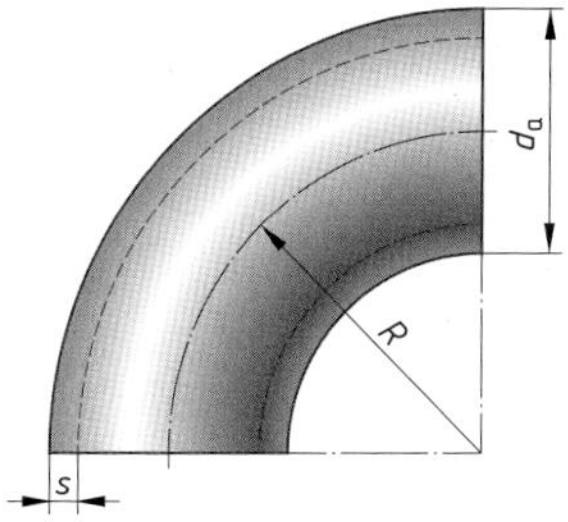

Rohrbogen 180°

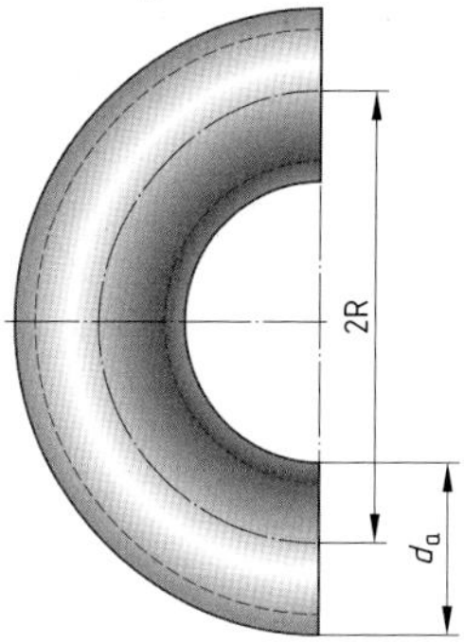

Rohrbogen Bauart 3D – Maße

DN	$d_a \times s$ mm	R mm
15	21,3 × 2	38
20	26,9 × 2,3	38
25	33,7 × 2,6	38
32	42,4 × 2,6	48
40	48,3 × 2,6	57
50	60,3 × 2,9	76
65	76,1 × 2,9	95
80	88,9 × 3,2	114
100	114,3 × 3,6	152
125	139,7 × 4	190
150	168,3 × 4,5	229
200	219,1 × 6,3	305
250	273 × 6,3	381
300	323,9 × 7,1	457
350	355,6 × 8	533
400	406,4 × 8,8	610
450	457 × 10	686
500	508 × 10	762
550	559 × 10	838
600	610 × 10	914
650	660 × 10	990
700	711 × 10	1 067
750	762 × 10	1 143
800	813 × 10	1 219
850	864 × 10	1 296
900	914 × 12,5	1 372
1 000	1 016 × 12,5	1 524
1 050	1 067 × 12,5	1 600
1 100	1 118 × 12,5	1 677
1 150	1 168 × 12,5	1 752
1 200	1 219 × 12,5	1 829

Rohrbogen Bauart 5D – Maße

DN	$d_a \times s$ mm	R mm
15	21,3 × 2	42,5
20	26,9 × 2,3	57,5
25	33,7 × 2,6	72,5
32	42,4 × 2,6	92,5
40	48,3 × 2,6	109,5
50	60,3 × 2,9	137,5
65	76,1 × 2,9	175
80	88,9 × 3,2	207,5
100	114,3 × 3,6	270
125	139,7 × 4	330
150	168,3 × 4,5	390
200	219,1 × 6,3	515
250	273 × 6,3	650
300	323,9 × 7,1	770
350	355,6 × 8	850
400	406,4 × 8,8	970
450	457 × 10	1 122
500	508 × 10	1 245
550	559 × 10	1 398
600	610 × 10	1 525
650	660 × 10	1 650
700	711 × 10	1 778
750	762 × 10	1 905
800	813 × 10	2 033
850	864 × 10	2 155
900	914 × 12,5	2 285
1 000	1 016 × 12,5	2 540
1 050	1 067 × 12,5	2 665
1 100	1 118 × 12,5	2 790
1 150	1 168 × 12,5	2 915
1 200	1 219 × 12,5	3 050

12.7.3.2 Reduzierstücke nach DIN EN 10253-2 : 2008-09 *reducers*

Konzentrisches Reduzierstück

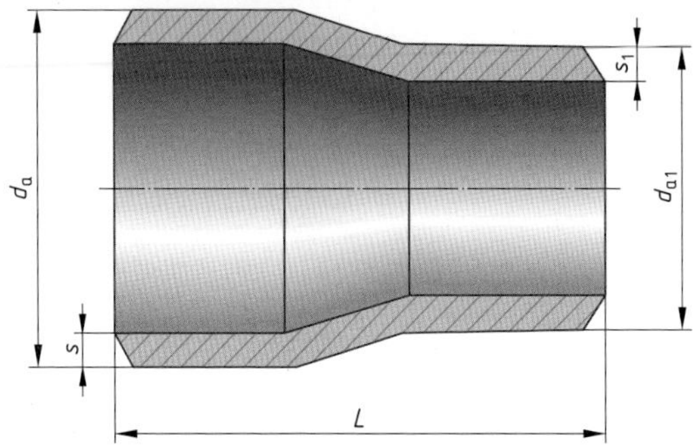

Exzentrisches Reduzierstück

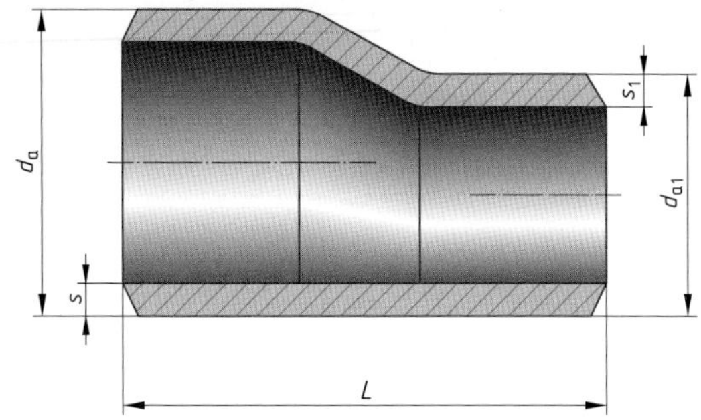

Reduzierstücke – Maße

Seite d_a		Seite d_{a1}		
DN	**$d_a \times s$ mm**	**DN_1**	**$d_a \times s_1$ mm**	**Länge L mm**
20	26,9 × 2,3	15	21,3 × 2	38
25	33,7 × 2,6	20	26,9 × 2,3	51
		15	21,3 × 2	51
32	42,4 × 2,6	25	33,7 × 2,6	51
		20	26,9 × 2,3	51
40	48,3 × 2,6	32	42,4 × 2,6	64
		25	33,7 × 2,6	64
50	60,3 × 2,9	40	48,3 × 2,6	76
		32	42,4 × 2,6	76
65	76,1 × 2,9	50	60,3 × 2,9	89
		40	48,3 × 2,6	89
80	88,9 × 3,2	65	76,1 × 2,9	89
		50	60,3 × 2,9	89
100	114,3 × 3,6	80	88,9 × 3,2	102
		65	76,1 × 2,9	102
125	139,7 × 4	100	114,3 × 3,6	127
		80	88,9 × 3,2	127
150	168,3 × 4,5	125	139,7 × 4	140
		100	114,3 × 3,6	140
200	219,1 × 6,3	150	168,3 × 4,5	152
		125	139,7 × 3,6	152
250	273 × 6,3	200	219,1 × 6,3	178
		150	168,3 × 4,5	178

Seite d_a		Seite d_{a1}		
DN	**$d_a \times s$ mm**	**DN_1**	**$d_a \times s_1$ mm**	**Länge L mm**
300	323,9 × 7,1	250	273 × 6,3	203
		200	219,1 × 6,3	203
350	355,6 × 8	300	323,9 × 7,1	330
		250	273 × 6,3	330
400	406,4 × 8,8	350	355,6 × 8	356
		300	323,9 × 7,1	356
450	457 × 10	400	406,4 × 8,8	381
		350	355,6 × 8	381
500	508 × 10	450	457 × 10	508
		400	406,4 × 8,8	508
550	559 × 10	500	508 × 10	508
		450	457 × 10	508
600	610 × 10	550	559 × 10	508
		500	508 × 10	508
700	711 × 10	600	610 × 10	610
		550	559 × 10	610
800	813 × 10	700	711 × 10	610
		600	610 × 10	610
900	914 × 12,5	800	813 × 10	610
		700	711 × 10	610
1000	1016 × 12,5	900	914 × 12,5	610
		800	813 × 10	610
1200	1219 × 12,5	1000	1016 × 12,5	711
		900	914 × 12,5	711

12.7.3.3 Kappen nach DIN EN 10253-2 : 2008-09 *hats*

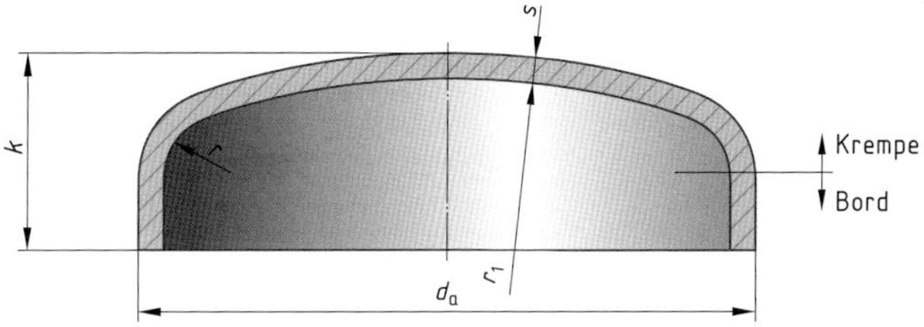

$r_1 \approx 0{,}8 \cdot d_a$; $r \approx 0{,}15 \cdot d_a$

Vorzugsmaße für Durchmesser und Wanddicke

DN	$d_a \times s$ mm	*k* mm
15	21,3 × 2	25
20	26,9 × 2,3	25
25	33,7 × 2,6	25
32	42,4 × 2,6	38
40	48,3 × 2,6	38
50	60,3 × 2,9	38
65	76,1 × 2,9	38
80	88,9 × 3,2	51
100	114,3 × 3,6	64
125	139,7 × 4	76
150	168,3 × 4,5	89
200	219,1 × 6,3	102
250	273 × 6,3	127
300	323,9 × 7,1	152
350	355,6 × 8	165
400	406,4 × 8,8	178
450	457 × 10	203
500	508 × 10	229
600	610 × 10	267
650	660 × 10	267
700	711 × 10	267
800	813 × 10	267
900	914 × 12,5	267
1 000	1 016 × 12,5	305
1 200	1 219 × 12,5	360

12.7.3.4 Klöpperböden nach DIN 28011 : 2011-07 *torispherical*

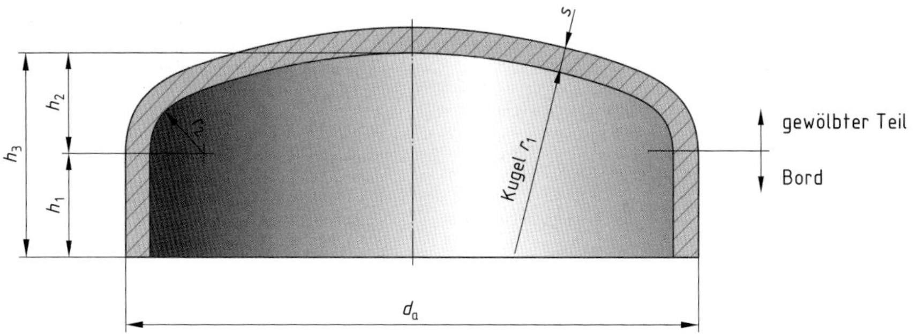

$r_1 = d_a$ $\quad r_2 = 0{,}1\, d_a$ $\quad h_1 \geq 3{,}5\, s$ $\quad h_2 = 0{,}1935\, d_a - 0{,}455\, s$

Wanddicke *s* mm			4	4	6	8	10	12	14	16	18	20	22	24
Bordhöhe h_1 mm			14	20	25	30	35	45	50	60	70		80	90
d_a mm	**r_1 mm**	**r_2 mm**	**Masse in kg**											
26,9	26,9	2,7	–	–	–	–	–	–	–	–	–	–	–	–
33,7	33,7	3,4	0,09	–	–	–	–	–	–	–	–	–	–	–
42,4	42,4	4,2	0,11	–	–	–	–	–	–	–	–	–	–	–
48,3	48,3	4,8	0,14	–	–	–	–	–	–	–	–	–	–	–
60,3	60,3	6	0,23	–	–	–	–	–	–	–	–	–	–	–
76,1	76,1	7,6	0,33	–	–	–	–	–	–	–	–	–	–	–
88,9	88,9	8,9	–	0,43	0,68	–	–	–	–	–	–	–	–	–
114,3	114,3	11	–	0,66	0,98	–	–	–	–	–	–	–	–	–
139,7	139,7	14	–	0,96	1,44	2,1	–	–	–	–	–	–	–	–
168,3	168,3	17	–	1,3	2,1	3,1	–	3,7	–	–	–	–	–	–
219,1	219,1	22	–	2,1	3,3	4,7	–	5,8	7,7	–	–	–	–	–
273	273	28	–	3,1	4,8	6,9	–	8,6	11,1	13,3	–	–	–	–
323,9	323,9	32	–	4,2	6,6	9,4	11,6	14,9	17,8	21,6	25,5	28,3	32,7	37,3
355,6	355,6	36	–	5,1	7,8	11	13,7	17,5	20,9	25,3	29,8	33	38,1	43,3
406,4	406,4	41	–	6,5	9,9	14,1	17,5	22,1	26,4	31,7	37,4	41,3	47,4	54
457	457	46	–	8	12,3	17,4	21,7	27,3	32,6	38,9	45,7	50	58	66
508	508	51	–	9,8	15,1	21,2	26,3	33	39,3	46,7	55	61	69	78
610	610	61	–	13,6	21,2	29,6	36,9	46	55	65	76	84	95	107
711	711	71	–	18,7	28,5	39,5	49,2	62	73	86	99	110	124	140
813	813	81	–	24,2	36,9	51	64	78	92	109	127	140	158	177
914	914	91	–	30,4	46,2	64	79	98	116	135	156	173	196	218
1 016	1 016	102	–	37,4	57	78	97	119	141	165	189	210	237	264
1 200	1 200	120	–	52	78	107	133	163	193	224	257	286	321	358
1 400	1 400	140	–	69	105	144	179	219	257	300	344	382	427	474
1 600	1 600	160	–	90	138	186	232	284	332	386	442	491	549	608
1 800	1 800	180	–	114	173	234	292	355	418	484	553	614	685	758
2 000	2 000	200	–	141	212	287	359	437	513	593	677	750	836	924
2 200	2 200	220	–	169	256	347	432	525	615	713	812	901	1 002	1 107
2 400	2 400	240	–	201	304	410	513	622	729	854	959	1 065	1 184	1 306
2 600	2 600	260	–	237	356	480	600	727	853	985	1 119	1 262	1 381	1 521
2 800	2 800	280	–	274	413	556	693	840	985	1 136	1 291	1 433	1 592	1 753
3 000	3 000	300	–	312	472	636	794	963	1 128	1 300	1 476	1 638	1 817	2 000
3 200	3 200	320	–	355	535	718	902	1 090	1 275	1 473	1 669	1 856	2 060	2 264
3 400	3 400	340	–	403	606	814	1 015	1 233	1 442	1 661	1 882	2 093	2 319	2 548
3 600	3 600	360	–	448	673	910	1 135	1 371	1 609	1 850	2 101	2 330	2 585	2 845
3 800	3 800	380	–	501	754	1 011	1 262	1 532	1 791	2 060	2 332	2 595	2 872	3 160
4 000	4 000	400	–	554	831	1 120	1 395	1 690	1 981	2 274	2 575	2 866	3 176	3 490

12.7.3.5 Korbbogenböden nach DIN 28013 : 2011-07 *basket arch floors*

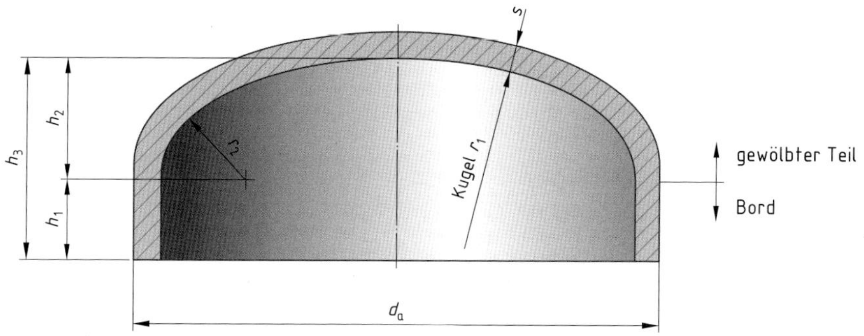

$r_1 = 0{,}8\,d_a$ $r_2 = 0{,}154\,d_a$ $h_1 \geq 3s$ $h_2 = 0{,}255\,d_a - 0{,}635\,s$

Wanddicke *s* mm			4	6	4	6	8	10	12	14	16	18	20	22	24
Bordhöhe h_1 mm			12	18	20	20	25	30	40	45	55	55	60	70	75
d_a mm	r_1 mm	r_2 mm	Masse in kg												
26,9	21,5	4	–	–	–	–	–	–	–	–	–	–	–	–	–
33,7	27	5	0,09	–	–	–	–	–	–	–	–	–	–	–	–
42,4	34	6,5	0,13	–	–	–	–	–	–	–	–	–	–	–	–
48,3	38,6	7,5	0,15	–	–	–	–	–	–	–	–	–	–	–	–
60,3	48	9,5	0,27	0,48	–	–	–	–	–	–	–	–	–	–	–
76,1	61	11,5	0,39	0,66	–	–	–	–	–	–	–	–	–	–	–
88,9	71	14	–	–	0,5	0,83	–	–	–	–	–	–	–	–	–
114,3	92	17,5	–	–	0,75	1,22	–	–	–	–	–	–	–	–	–
139,7	112	21,5	–	–	1,06	1,69	2,58	–	–	–	–	–	–	–	–
168,3	135	26	–	–	1,4	2,2	3,2	4	5,2	6,2	–	–	–	–	–
219,1	175	34	–	–	2,2	3,5	5	6,3	8,1	9,7	–	–	–	–	–
273	218	42	–	–	3,3	5,2	7,4	9,2	11,8	14,1	17,2	20,4	22,4	26	29,7
323,9	254	50	–	–	4,6	7	10	12,4	15,8	18,9	22,9	27,1	29,8	34,3	38,2
355,6	284	55	–	–	5,5	8,4	11,9	14,7	18,7	22,3	26,8	31,6	34,9	40,2	45,7
406,4	325	62	–	–	7	10,8	15,2	18,8	23,8	28,3	33,8	39,7	43,9	50	57
457	365	70	–	–	8,8	13,4	18,8	23,3	29,4	34,9	41,6	48,6	54	62	69
508	406	78	–	–	10,7	16,4	22,9	28,4	35,5	42,1	50	58	65	74	84
610	488	94	–	–	15,2	23,2	32,1	39,9	49,6	59	69	80	89	101	114
711	569	110	–	–	20,5	31,1	42,9	53	66	78	92	107	118	133	150
813	650	125	–	–	26,5	40,3	55	69	85	100	118	136	151	169	190
914	731	140	–	–	33,3	50	69	86	106	125	146	168	187	210	234
1 016	812	155	–	–	40,9	62	85	106	130	153	178	205	228	255	284
1 200	960	185	–	–	56	86	117	145	178	209	244	279	310	348	386
1 400	1 120	215	–	–	77	116	157	196	239	282	327	374	415	463	514
1 600	1 280	245	–	–	99	151	204	254	309	364	421	482	534	596	659
1 800	1 440	280	–	–	125	189	256	320	389	457	529	603	669	745	823
2 000	1 600	310	–	–	154	233	315	393	477	560	648	737	818	911	1 005
2 200	1 760	340	–	–	187	282	380	474	575	674	779	886	983	1 093	1 206
2 400	1 920	370	–	–	221	334	450	562	681	799	921	1 047	1 163	1 291	1 423
2 600	2 080	400	–	–	260	392	527	658	796	934	1 077	1 223	1 357	1 507	1 660
2 800	2 240	430	–	–	300	453	609	761	922	1 079	1 244	1 412	1 568	1 738	1 914
3 000	2 400	460	–	–	344	519	699	872	1 055	1 235	1 423	1 615	1 793	1 988	2 186
3 200	2 560	490	–	–	392	590	793	990	1 198	1 403	1 615	1 830	2 033	2 253	2 476
3 400	2 720	525	–	–	442	666	893	1 117	1 350	1 580	1 818	2 060	2 288	2 534	2 785
3 600	2 880	555	–	–	495	745	1 000	1 250	1 510	1 767	2 034	2 303	2 558	2 833	3 188
3 800	3 040	585	–	–	549	827	1 111	1 388	1 678	1 967	2 262	2 560	2 841	3 148	3 455
4 000	3 200	615	–	–	609	916	1 229	1 539	1 857	2 171	2 499	2 828	3 142	3 479	3 816

12.7.4 Dichtungen für Behälter nach AD-B7 : 1986-06 (Auszug) *seals for containers*

Dichtungskennwerte (Auszug, vergl. auch Kap. 11.1.4.4)

Dichtungsart	Dichtungsform	Benennung	Werkstoff	Dichtungskennwerte[1]					
				für Flüssigkeiten			für Gase und Dämpfe		
				Vorverformen[2]		Betriebszustand	Vorverformen[2]		Betriebszustand
				k_0 mm	$k_0 \cdot K_D$ N/mm	k_1 mm	k_0 mm	$k_0 \cdot K_D$ N/mm	k_1 mm
Weichstoffdichtungen	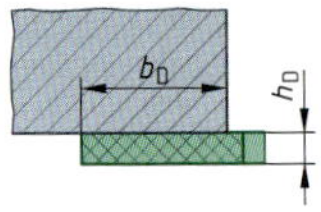	Flachdichtungen nach DIN 2690 bis DIN 2692	Dichtungspappe getränkt	–	$20\,b_D$	b_D	–	–	–
			Gummi	–	b_D	$0{,}5\,b_D$	–	$2\,b_D$	$0{,}5\,b_D$
			PTFE[3]	–	$20\,b_D$	$1{,}1\,b_D$	–	$25\,b_D$	$1{,}1\,b_D$
		Expandierter Graphit ohne Metalleinlage	Graphit	–	–[6]	–[6]	–	$25\,b_D$	$1{,}7\,b_D$
		Expandierter Graphit mit Metalleinlage	Graphit	–	–[6]	–[6]	–	$20\,b_D$	$1{,}3\,b_D$
		Faserstoff ohne Asbest mit Bindemittel ($h_D < 1$ mm)	Faserstoff	–	–[6]	–[6]	–	$40\,b_D$	$2\,b_D$
		Faserstoff ohne Asbest mit Bindemittel ($h_D \geq 1$ mm)	Faserstoff	–	–[6]	–[6]	–	$35\,b_D$	$2\,b_D$
Metall-Weichstoffdichtungen		Welldichtring	Al	–	$8\,b_D$	$0{,}6\,b_D$	–	$30\,b_D$	$0{,}6\,b_D$
			Cu, Mg	–	$9\,b_D$	$0{,}6\,b_D$	–	$35\,b_D$	$0{,}7\,b_D$
			weicher Stahl	–	$10\,b_D$	$0{,}6\,b_D$	–	$45\,b_D$	$1\,b_D$
		Blechummantelte Dichtung	Al	–	$10\,b_D$	b_D	–	$50\,b_D$	$1{,}4\,b_D$
			Cu, Mg	–	$20\,b_D$	b_D	–	$60\,b_D$	$1{,}6\,b_D$
			weicher Stahl	–	$40\,b_D$	b_D	–	$70\,b_D$	$1{,}8\,b_D$
Metalldichtungen	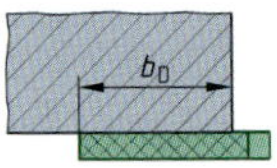	Metall-Flachdichtung	–	$0{,}8\,b_D$	–	$b_D + 5$	b_D	–	$b_D + 5$
		Metall-Spießkantdichtung	–	0,8	–	5	1	–	5
	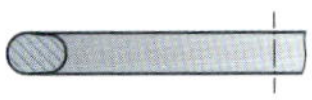	Metall-Ovalprofildichtung	–	1,6	–	6	2	–	6
		Metall-Runddichtung	–	1,2	–	6	1,5	–	6
	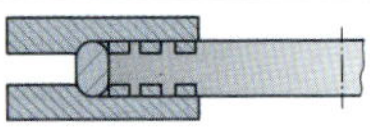	Ring-Joint-Dichtung	–	1,6	–	6	2	–	6
		Linsendichtung nach DIN 2696	–	1,6	–	6	2	–	6

Verweise siehe Folgeseite

Tafel 1. Dichtungskennwerte (Fortsetzung)

Dichtungsart	Dichtungsform	Benennung	Werkstoff	Dichtungskennwerte[1]					
				für Flüssigkeiten			für Gase und Dämpfe		
				Vorverformen[2]		Betriebszustand	Vorverformen[2]		Betriebszustand
				k_0 mm	$k_0 \cdot K_D$ N/mm	k_1 mm	k_0 mm	$k_0 \cdot K_D$ N/mm	k_1 mm
Metalldichtungen	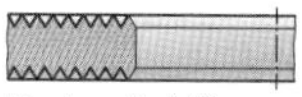 X = Anzahl d. Kämme	Kammprofildichtung nach DIN 2697[4]	–	$0{,}4\sqrt{x}$	–	$9 + 0{,}2x$	$0{,}5\sqrt{x}$	–	$9 + 0{,}2x$
	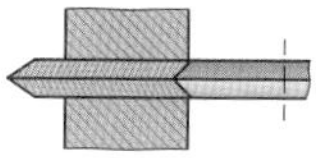	Membranschweißdichtung nach DIN 2695	–	0	–	0	0	–	0
	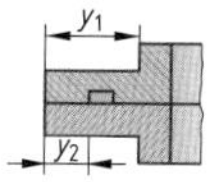	Rundschnur-Ring[5]	Gummi und gummiähnliche Kunststoffe	0	–	0	0	–	0
Kammprofilierte Stahldichtungen, beidseitig mit weichen Auflagen	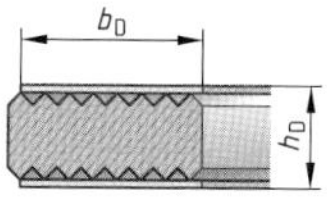	PTFE-Auflagen auf Weichstahl	PTFE	–	–[6]	–[6]	–	$15\,b_D$	$1{,}1\,b_D$
		PTFE-Auflagen auf nichtrostendem Stahl	PTFE	–	–[6]	–[6]	–	$15\,b_D$	$1{,}1\,b_D$
		Graphit-Auflagen auf Weichstahl	Graphit	–	–[6]	–[6]	–	$20\,b_D$	$1{,}1\,b_D$
		Graphit-Auflagen auf niedriglegiertem warmfesten Stahl	Graphit	–	–[6]	–[6]	–	$15\,b_D$	$1{,}1\,b_D$
		Graphit-Auflagen auf nichtrostendem Stahl	Graphit	–	–[6]	–[6]	–	$20\,b_D$	$1{,}1\,b_D$
		Silber-Auflagen auf warmfesten, nichtrostendem Stahl	Silber	–	–[6]	–[6]	–	$125\,b_D$	$1{,}5\,b_D$
Spiraldichtungen mit weichem Füllstoff	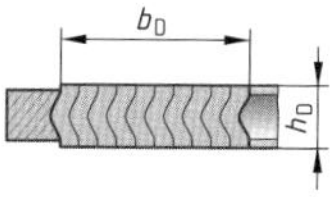	PTFE-Füllstoff, einseitig mit Ring-Verstärkung	PTFE	–	–[6]	–[6]	–	$50\,b_D$	$1{,}4\,b_D$
		PTFE-Füllstoff, beidseitig mit Ring-Verstärkung	PTFE	–	–[6]	–[6]	–	$50\,b_D$	$1{,}4\,b_D$
		Graphit-Füllstoff, einseitig mit Ring-Verstärkung	Graphit	–	–[6]	–[6]	–	$40\,b_D$	$1{,}4\,b_D$
		Graphit-Füllstoff, beidseitig mit Ring-Verstärkung	Graphit	–	–[6]	–[6]	–	$40\,b_D$	$1{,}4\,b_D$

[1] Die gelten für bearbeitete, ebene und unbeschädigte Dichtflächen. Abweichungen sind bei entsprechendem Nachweis möglich. Die Kennwerte sind als Mindestwerte anzusehen. Höhere Dichtungskennwerte nach Angaben des Dichtungsherstellers sind zu beachten.
[2] Sofern k_0 nicht angegeben werden kann, ist das Produkt $k_0 \cdot K_D$ aufgeführt.
[3] Polytetrafluoräthylen
[4] Die Werte gelten nicht für Kammprofildichtungen mit Auflage.
[5] Die Schraubenkräfte sind um das Verhältnis der Hebelarme y_1/y_2 zu erhöhen.
[6] Solange keine Dichtungskennwerte für Flüssigkeiten vorliegen, können die Dichtungskennwerte für Gase und Dämpfe verwendet werden.

12

12.7.5 Normen und Toleranzen (Auszug)

Normen für Rührbehälter

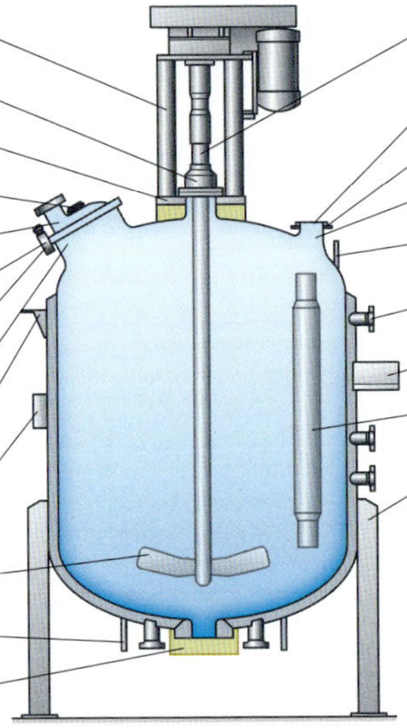

12.7.6 Stutzen nach DIN EN 13445-4 : 2011-12 *spigots*

Toleranzen für Stutzen

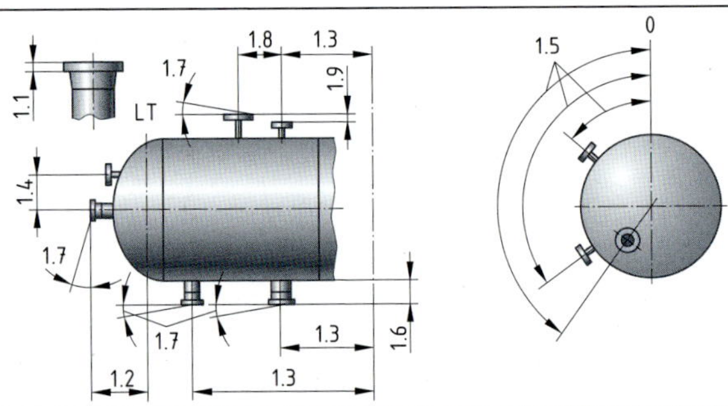

Lfd. Nr	Bezeichnung der Abweichungen bei den entsprechenden Teilen		Grenzabmaße
1.1	Unebenheiten der Abweichungen bei den entsprechenden Teilen		0,2 *e*
1.2	Abweichung der Flanschoberfläche von der Tangentenlinie (LT) eines Bodens oder Bezugslinie (LR)		± 5 mm
1.3	Abweichung einer Stutzenachse von der Bezugslinie (LR)	Anschlussstutzen ≤ 100 mm	± 5 mm
		Sonstiger Stutzen und Mannlöcher	± 10 mm
1.4	Abweichung zwischen Stutzenachse und Behälterlängsachse		± 5 mm
1.5	Abweichung von der theoretischen Richtung, gemessen als Winkelabweichung zwischen Stutzen und Behälterachse	Anschlussstutzen	± 5 mm
		Mannloch	± 10 mm
1.6	Abweichung zwischen Flanschdichtfläche und Behälterwand	Anschlussstutzen	± 5 mm
		Mannloch	± 10 mm
1.7	Neigung der Flanschdichtfläche gegen die theoretische Ebene	Anschlussstutzen	± 0,5°
		Mannloch	± 1°
		Für die Messeinrichtung	± 0,25°
1.8	Abweichung zwischen Stutzenachse für die Messeinrichtung		± 1,5 mm
1.9	Abstand zwischen zwei Flanschdichtflächen für die Messeinrichtung		± 1 mm

12.7.7 Sättel und Abstützungen nach DIN EN 13445-4 : 2011-12 *saddles and supports*

Toleranzen von Sätteln und Abstützungen

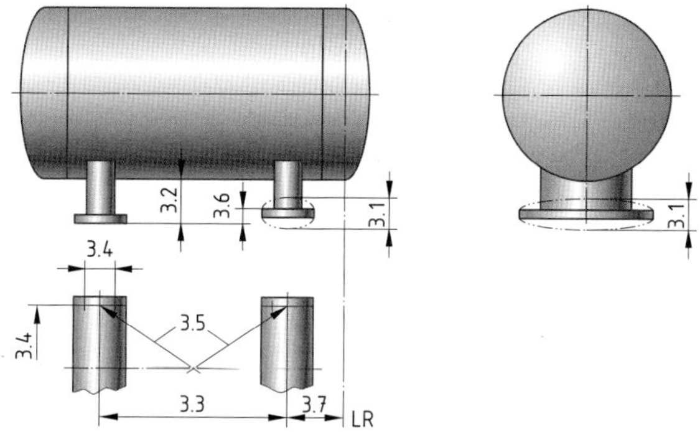

Lfd. Nr	Bezeichnung der Abweichungen bei den entsprechenden Teilen		Grenzabmaße
3.1	Unebenheit der tragenden Fläche einer Abstützung	Querrichtung	± 2 mm
		Längsrichtung	± 4 mm
3.2	Abstand zwischen tragender Bodenplatte und unterer Mantellinie des Behälters		± 3 mm
3.3	Abstand zwischen den Achsen der äußersten Abstützungen		± 5 mm
3.4	Abstand zwischen den Achsen der Schraubenlöcher		± 3 mm
3.5	Abstand zwischen den Diagonalen der Endsättel		± 6 mm
3.6	Abstand zwischen den Niveauebenen der tragenden Bodenplatten		0/+ 5mm
3.7	Abstand zwischen den Sattelachsen und der Tangent- oder Bezugslinie (LR) des Behälters		± 5 mm

Toleranzen von Sätteln und Abstützungen

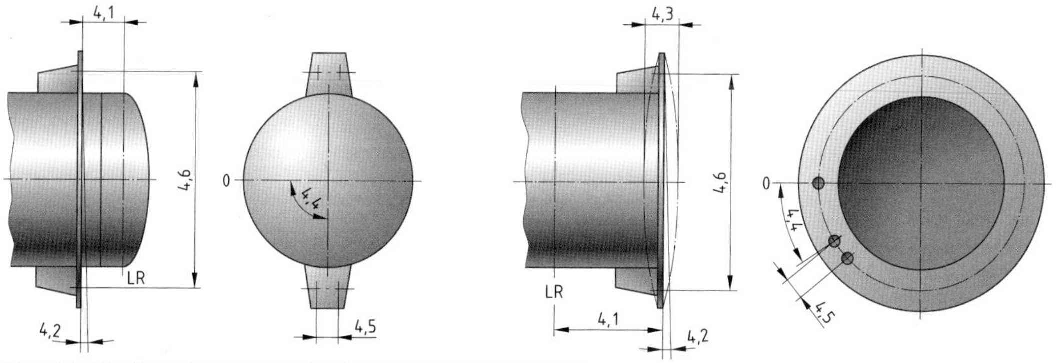

Lfd. Nr	Bezeichnung der Abweichungen bei den entsprechenden Teilen		Grenzabmaße
4.1	Unterschied im Abstand zwischen der unteren Fläche von Abstützungen oder vom Tragring und der Bezugslinie (LR)		± 6 mm
4.2	Abweichung in der Rechtwinkligkeit von Abstützungen oder Tragring in Bezug auf die Behälterachse oder Zarge		± 6 mm
4.3	Abweichung von der ebenen Fläche		± 4 mm
4.4	Richtungsabweichung zwischen der Achse von Abstützungen und der Mantelbezugsbohrung	$D \leq 3000$ mm	± 4 mm
		$3000 \text{ mm} < D \leq 6000$ mm	± 8 mm
		$D > 6000$ mm	± 12 mm
4.5	Abweichung zwischen zwei Schraubenlöchern		± 3 mm
4.6	Abweichung des Ankerschraubenkreises bezogen auf den theoretischen Durchmesser *D*		± min. (0,002 *D*, 10)

12.7.8 Stehende Behälter nach DIN EN 13445-4 : 2011-12 *vertical vessels*

Toleranzen nach dem Aufstellen eines stehenden Behälters

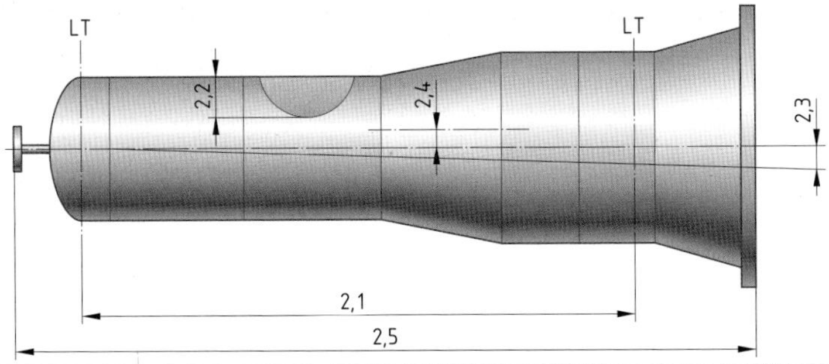

Lfd. Nr	Bezeichnung der Abweichungen bei den entsprechenden Teilen		Grenzabmaße
2.1	Längenunterschied über den größten Abstand *L*	$L \leq 30000$ mm	$\pm$ 15 mm
	Tangentenlinie (LT)	$L \geq 30000$ mm	$\pm$ 20 mm
2.2	Abweichung von der geraden Linie	Örtliche Fehlstelle auf der Mantellinie	$\pm$ 6 mm
2.3	Abweichung zwischen Behälterhauptachse und der vertikalen Länge *L* (2.1) des Behälters		$\pm$ min. (0,001 *L*; 30 mm)
2.4	Abweichung der Mittellinie von zwei Schüssen mit verschiedenen Durchmessern, bezogen auf den größeren Durchmesser *D*		$\pm$ min. (0,003 *D*; 20 mm)
2.5	Abweichung über die Gesamthöhe oder Gesamtlänge des Behälters		Summentoleranzen

12.7.9 Prüfung von Druckbehältern nach DruckbehV (TRB 500-04/2001 ff)

Gruppe	Medium	Zulässiger Betriebsdruck p in bar	Druckinhaltsprodukt $p \cdot V$ in bar · l	Prüfung vor Inbetriebnahme					
				Erstmalige Prüfung[1]	Druckprüfung	Abnahmeprüfung[2]		Wiederkehrende Prüfung[3]	
				durch Sachverständige	durch Hersteller	durch Sachverständige	durch Sachkundige	durch Sachverständige	durch Sachkundige
I	Dämpfe oder Gase	$0{,}01 < p \leq 0{,}1$			ja		ja		ja[4]
II	Flüssigkeiten oder Feststoffe mit Gas- oder Dampfpolster	≤ 25	≤ 200		ja		ja		ja
		> 25	≤ 200		ja				ja
		≤ 1	> 200		ja				ja
III	Flüssigkeiten, deren Temperatur die Siedetemperatur bei Atmosphärendruck überschreitet	> 1	$200 < p \cdot V \leq 1000$	ja		ja			ja
IV		> 1	> 1000	ja		ja		ja	
V	Flüssigkeiten, deren Temperatur die Siedetemperatur bei Atmosphärendruck nicht überschreitet	$0{,}1 \leq p \leq 500$			ja				
		> 500	≤ 1000		ja				
VI		> 500	$1000 < p \cdot V \leq 10000$	ja		ja			ja
VII		> 500	> 10000	ja		ja		ja	

[1] Vor-, Bau- und Druckprüfung
[2] Ordnungsprüfung, Prüfung der Ausrüstung und Prüfung der Aufstellung
[3] Innere Prüfung und Druckprüfung
[4] Gilt nur für ätzende, brennbare, giftige Dämpfe, Gase oder Flüssigkeiten

12.8 Armaturen und andere Ausrüstungsteile

12.8.1 Absperrarmaturen (Entscheidungshilfen) *shut-off valves*

Merkmal/ Armatur	Baulänge	Bauhöhe	Strömungs-Widerstand	Öffnungs- bzw. Schließzeit	Eignung für Stell-vorgänge	Molchung	Einsatzgrenzen
Ventil	groß	mittel	groß	mittel	sehr gut	nein	Mittlere DN, höchste PN
Schieber	klein	groß	klein	lang	schlecht	möglich	Größte DN, mittlere PN
Hahn	mittel	klein	klein	kurz	schlecht	möglich	Mittlere DN, mittlere PN
Klappe	klein	klein	mittel	kurz	mäßig	nein	Größte DN, kleine PN

12.8.1.1 Ventile (Herstellerangaben) nach DIN 3356-1 : 1982-05 (Auswahl)

Absperrventil in Durchgangsform mit Flanschen und Stopfbuchsabdichtung
shut-off valve in straight through with flanges and gland seal

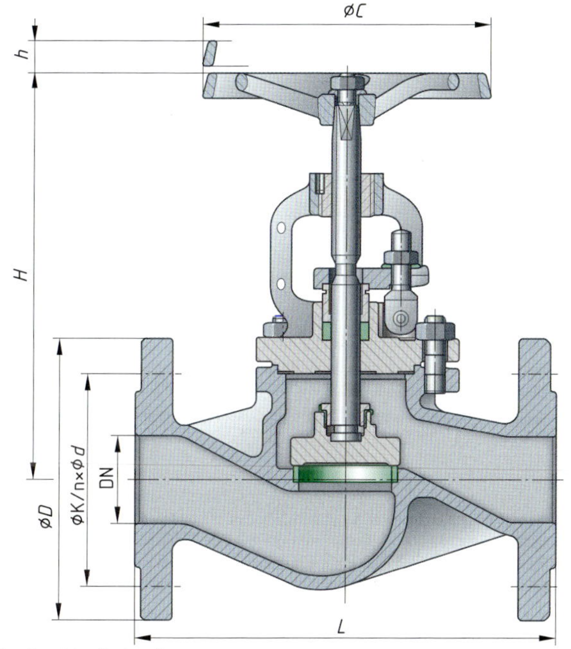

K: Lochkreisdurchmesser
n: Anzahl der Löcher
d: Durchmesser der Löcher

Druckbereiche	PN 16, PN 25, PN 40
Nennweiten	DN 15 … 500
Werkstoffe	EN-JL 1040 EN-JS 1049 **1.0619 + N** 1.0460 1.4408
Einsatzgebiete (Auszug)	Anlagenbau, Industrie, Kraftwerkstechnik, Schiffbau
Medien (Auszug)	Dämpfe, Gase, Flüssigkeiten

Abmessungen

		DN													
		15	20	25	32	40	50	65	80	100	125	150	200	250	300
L	mm	130	150	160	180	200	230	290	310	350	400	480	600	730	850
H	mm	185	185	205	205	230	230	270	305	355	395	450	570	685	770
∅*C*	mm	120	120	140	140	160	160	180	200	225	250	400	520	520	520
Hub *h*	mm	9	9	13	13	21	19	28	32	36	52	56	73	80	110
Masse PN 25	kg	4,4	5,4	6,3	7	10,5	13,8	21	27,5	40	61	84	160	265	377
Masse PN 40	kg	4,8	5,4	7,1	8	11,5	13,5	23,5	28	39,5	61	84	170	283	414

Absperrventile in Eckform mit Flanschen und Stopfbuchsabdichtung

shut-off valves angle pattern with flanges and gland seal

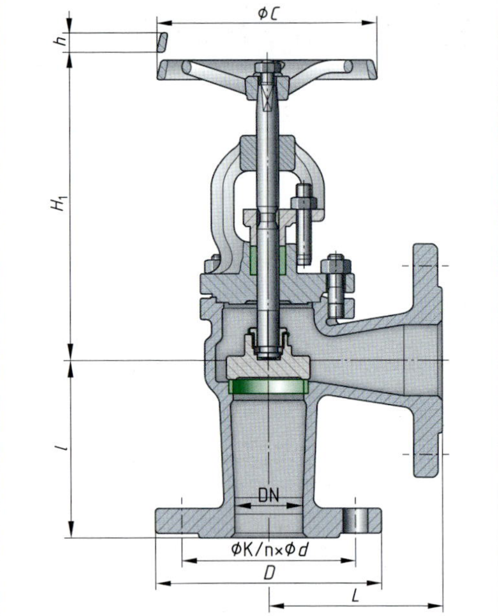

Druckbereiche	PN 16, PN 25, PN 40
Nennweiten	DN 15 … 500
Werkstoffe	EN-JL 1040 EN-JS 1049 **1.0619 + N** 1.0460 1.4408
Einsatzgebiete (Auszug)	Anlagenbau, Industrie, Kraftwerkstechnik, Schiffbau
Medien (Auszug)	Dämpfe, Gase, Flüssigkeiten

Abmessungen

DN		15	20	25	32	40	50	65	80	100	125	150	200	250	300
l	mm	90	95	100	105	115	125	145	155	175	200	225	275	325	375
H_1	mm	185	185	200	200	215	215	245	280	320	360	415	495	575	655
∅*C*	mm	120	120	140	140	160	160	180	200	225	250	400	520	520	520
Hub	mm	9	9	13	13	21	19	28	32	36	52	56	73	80	110
Masse PN 25	kg	5,2	7,2	7,4	8,4	12,4	13,6	20	25	34	53	70	138	170	290
Mass PN 40	kg	5,2	7,2	7,4	8,4	12,4	13,6	20	25	34	53	70	148	183	327

12.8.1.2 Schieber (Herstellerangaben) nach DIN 3352-5 : 1980-10 (Auswahl) *slide valve*

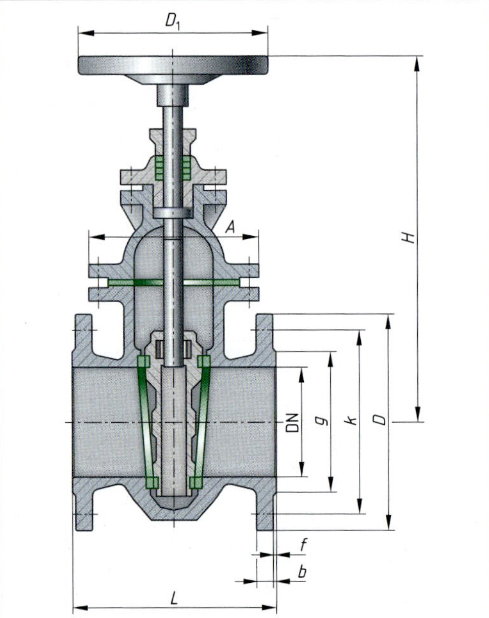

Druckbereiche	PN 10, PN 16
Nennweiten	DN 40 … 300 weitere Nennweiten auf Anfrage
Werkstoffe	EN-GJL-250 EN-JL 1040
Einsatzgebiete (Auszug)	Anlagenbau, Industrie, Kraftwerkstechnik, Schiffbau
Medien (Auszug)	Dämpfe, Gase, Flüssigkeiten

PN bar	DN	Baumaße in mm				Flanschanschlussmaße in mm						Masse kg
		L mm	*H* mm	*A* mm	D_1 mm	*D* mm	*k* mm	*b* mm	*g* mm	*f* mm	*nxd* mm	
10/16	40	240	290	180	200	150	110	18	88	3	4×18	18,0
	50	250	310	195	200	165	125	20	102	3	4×18	19,5
	65	270	365	225	250	185	145	20	122	3	4×18	30,0
	80	280	395	245	250	200	160	22	138	3	8×18	37,5
	100	300	425	280	315	220	180	24	158	3	8×18	52,0
	125	325	480	325	315	250	210	26	188	3	8×18	68,5
	150	350	520	350	315	285	240	26	212	3	8×22	84,5
16	200	400	620	405	400	340	295	30	268	3	12×22	141,5
	250	450	710	460	500	405	355	32	320	3	12×26	201,0
	300	500	760	520	500	460	410	32	378	4	12×26	280,5
10	200	400	625	410	400	340	295	26	268	3	8×22	142,5
	250	450	700	460	500	395	350	28	320	3	12×22	182,5
	300	500	790	535	500	445	400	28	370	4	12×22	273,0

12.8.1.3 Kugelhähne (Herstellerangaben) nach DIN EN 1983 : 2006-07 (Auswahl) *ball valves*

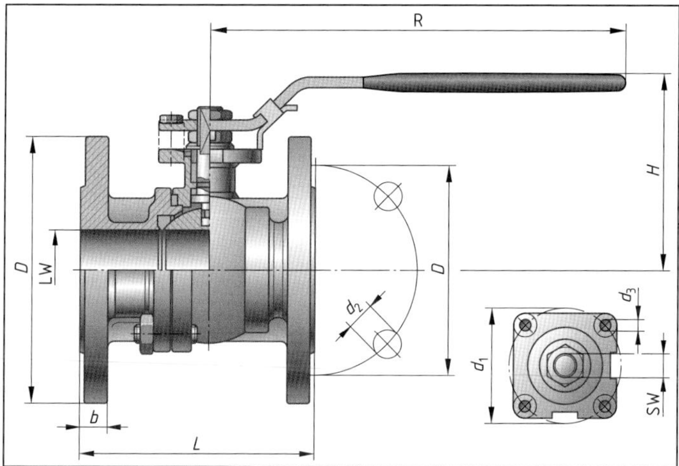

Druckbereiche	PN 16, PN 40
Nennweiten	DN 15 … DN 300
Werkstoffe	1.4408
Einsatzgebiete (Auszug)	Anlagenbau, Industrie, Kraftwerkstechnik, Schiffbau
Medien (Auszug)	Dämpfe, Gase, Flüssigkeiten

z = Anzahl der Flanschlöcher — Maße in mm

DN	LW mm	L mm	SW mm	H mm	R mm	d_1 mm	d_3 mm	PN 16					PN 40					Masse ≈ kg PN 16	Masse ≈ kg PN 40
								D mm	*z* mm	d_2 mm	*K* mm	*b* mm	*D* mm	*z* mm	d_2 mm	*K* mm	*b* mm		
15	15	115	6,5	66	165	42	M5	95	4	14	65	14	95	4	14	65	16	2,000	2,400
20	20	120	6,5	74	165	42	M5	105	4	14	75	16	105	4	14	85	18	3,700	3,100
25	25	125	8,0	87	200	50	M6	115	4	14	85	16	115	4	14	85	18	3,700	4,120
32	32	130	8,0	92	200	50	M6	140	4	18	100	16	140	4	18	100	18	5,020	5,600
40	38	140	9,5	105	250	70	M8	150	4	18	110	16	150	4	18	110	18	6,580	7,000
50	50	150	9,5	115	265	70	M8	165	4	18	125	18	165	4	18	125	20	8,800	9,680
65	64	170	17,0	152	390	102	M10	185	4	18	145	18	185	8	18	145	22	13,920	15,260
80	76	180	17,0	162	390	102	M10	200	8	18	160	20	200	8	18	160	24	17,580	19,260
100	100	190	17,0	179	390	102	M10	220	8	18	180	20	235	8	22	190	24	23,580	27,310
125	125	325	23,0	212	630	125	M12	250	8	18	210	22						61,700	
150	150	350	23,0	231	630	125	M12	285	8	22	240	22						72,500	
200	200	400	23,0	278	950	125	M12	340	12	22	295	24						100,500	
250	250	450	27,0	DN 250/300		140	M16	405	12	26	355	26						158,150	
300	300	500	30,0	Handgetriebe *gearoperation*		140	M16	460	12	26	410	28						213,150	

12.8.1.4 Absperrklappen (Herstellerangaben) nach DIN EN 593 : 2012-03 (Auswahl) *butterfly valves*

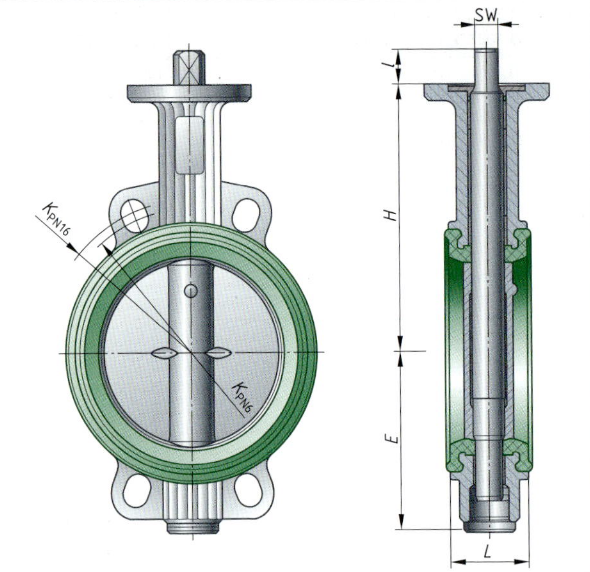

Druckbereiche	PN 6, PN 10, PN 16
Nennweiten	DN 25 … DN 600
Werkstoffe	EN-JS 1030
Einsatzgebiete (Auszug)	Anlagenbau, Industrie, Kraftwerkstechnik, Schiffbau
Medien (Auszug)	Kalt-, Warm- und Heißwasser, Trinkwasser, Brauchwasser

Abmessungen und Gewichte

DN	25	32	40	50	65	80	100	125	150	200	250	300	350	400	500	600
L in mm	33	33	33	43	46	46	52	56	56	60	68	78	78	102	127	154
H in mm	117	117	123	129	139	147	168	186	202	236	263	292	358	407	495	555
E in mm	58	58	66	69	81	100	109	124	140	167	203	232	257	298	356	418
l in mm	19	19	19	19	19	19	19	23	23	23	24	24	24	29	38	48
SW in mm	11	11	11	11	11	11	11	17	17	17	22	22	22	27	36	46
Masse in kg	1,3	1,3	1,6	2,2	2,7	3,4	4,4	6,4	7,9	11,8	21	30,4	46,8	72	132,8	217,3

12.8.2 Sicherheitsarmaturen *safety taps*

12.8.2.1 Rückschlagarmaturen (Herstellerangaben) *non-return valves*

Flanschen-Kugelrückflussverhinderer (Auswahl) *flanged ball check valve*

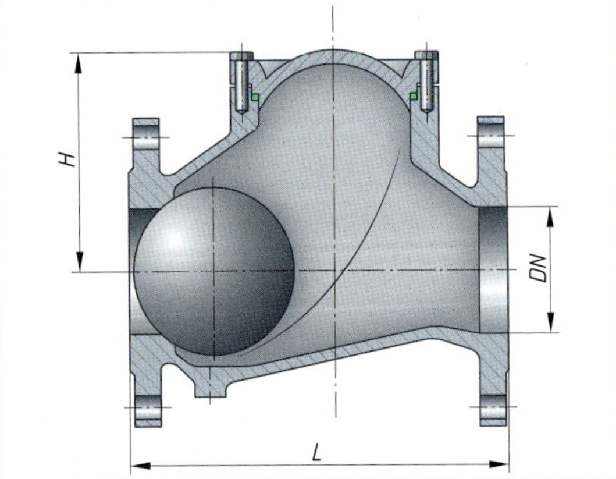

Betriebsdruck Betriebstemperatur	PN 10 max. + 110 °C
Nennweiten	DN 50 … DN 300
Werkstoffe (Gehäuse, Deckel, Kugel)	EN-GJL-250 EN-GJS-400-15 Aluminium – Nitrilgummi
Ausführung Einbau	mit/ohne Anlüftvorrichtung horizontal oder vertikal

DN	DN 50	DN 65	DN 80	DN 100	DN 125	DN 150	DN 200	DN 250	DN 300
***L* in mm**	200	240	260	300	350	400	500	600	700
***H* in mm**	106	129	146	194	207	240	322	388	458

Flanschen-Rückschlagklappen (Auswahl) *flanged check valves*

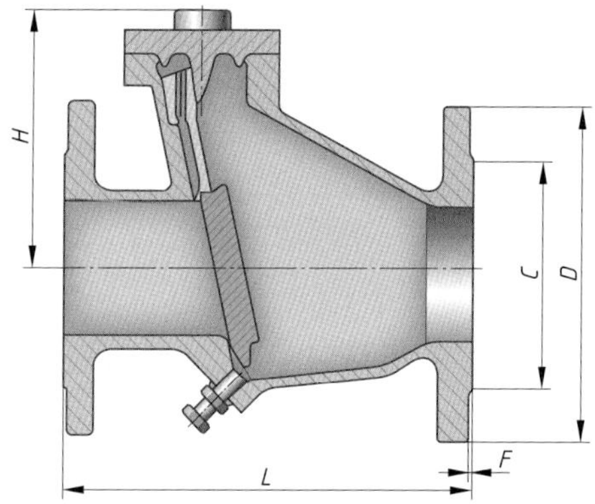

Betriebsdruck **Betriebstemperatur**	PN 16 max. + 80 °C
Nennweiten	DN 50 – DN 300
Werkstoffe **(Gehäuse, Deckel, Klappe)**	EN-GJL-250 EN-GJS-400-15 EN-GJS-400-15
Ausführung	mit Anlüft-vorrichtung

DN	*D* mm	*C* mm	*L* mm	*F* mm	*H* mm
50	165	102	200	3	118
65	185	122	240	3	135
80	200	138	260	3	160
100	220	158	300	3	182
125	250	188	350	3	205
150	285	212	400	3	235
200	340	268	500	3	275
250	405	320	600	3	320
300	460	378	700	3	365

Geradsitz-Rückschlagventil (Auswahl) *globe check valve*

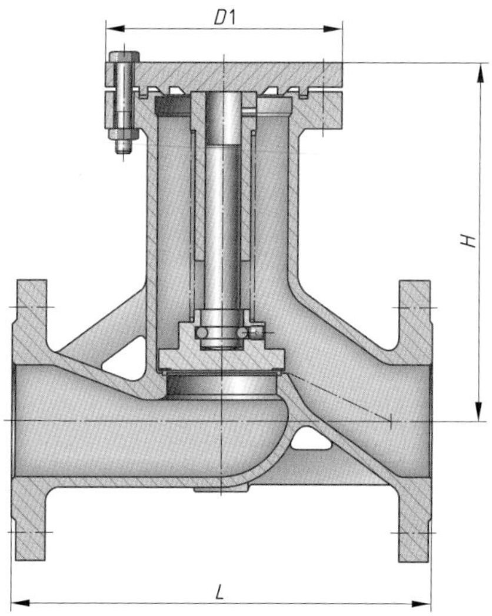

Druckbereich	PN 40
Nennweiten	DN 15 … 400
Temperaturbereiche (T_{min}, T_{max})	
Stahl	–10 °C, + 400 °C
Edelstahl	–200 °C, + 400 °C
Tieftemperatur	–50 °C, + 300 °C
Werkstoffe	
Gehäuse (Stahl, Edelstahl, Tieftemperatur)	1.0619 1.4408 1.1138
Deckelflansch (Stahl, Edelstahl, Tieftemperatur)	1.0425 1.4571 1.0566
Spindel (Stahl, Edelstahl, Tieftemperatur)	1.4571 1.4571 1.4571

DN	*L* mm	*H* mm	D_1 mm	*m* kg	DN	*L* mm	*H* mm	D_1 mm	*m* kg
15	130	110	98	4	65	290	190	143	22
20	150	110	98	6	80	310	255	176	35
25	160	120	98	6	100	350	260	210	52
32	180	140	113	10	125	400	270	250	64
40	200	145	113	12	150	480	415	308	113
50	230	165	128	15	200	600	380	365	160
					250	730	530	435	210
					300	850	530	515	320
					350	980	530	585	446
					400	1 100	545	648	614

Schrägsitz-Rückschlagventil (Auswahl*) *slanted seat check valve*

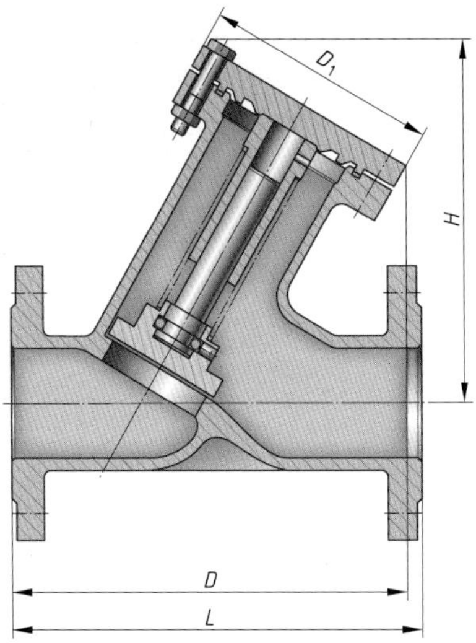

Druckbereich	PN 40
Nennweiten*	DN 15 … 400
Temperaturbereiche (T_{min}, T_{max})	
Stahl	–10 °C, + 400 °C
Edelstahl	–200 ° C, + 400 °C
Tieftemperatur	–50 °C, + 300 °C
Werkstoffe	
Gehäuse (Stahl, Edelstahl, Tieftemperatur)	1.0619 1.4408 1.1138
Deckelflansch (Stahl, Edelstahl, Tieftemperatur)	1.0460 1.4571 1.0566
Spindel (Stahl, Edelstahl, Tieftemperatur)	1.4571 1.4571 1.4571

DN	*L* mm	*D* mm	*H* mm	D_1 mm	*m* kg
15	130	145	130	98	4
20	150	140	130	98	6
25	160	150	135	98	6
32	180	170	155	113	10
40	200	180	155	113	12
50	230	215	180	128	15

DN	*L* mm	*D* mm	*H* mm	D_1 mm	*m* kg
65	290	260	195	143	22
80	310	300	265	176	35
100	350	340	285	210	52
125	400	375	320	250	64
150	480	525	440	308	113
200	600	595	475	365	160
250	730	805	665	435	210
300	850	870	700	515	320
350	980	945	750	584	446
400	1100	990	780	648	614

* Abbildung DN15…DN 50 ähnlich

12.8.2.2 Sicherheitsventile (Herstellerangaben/Auszug) *safety valves*

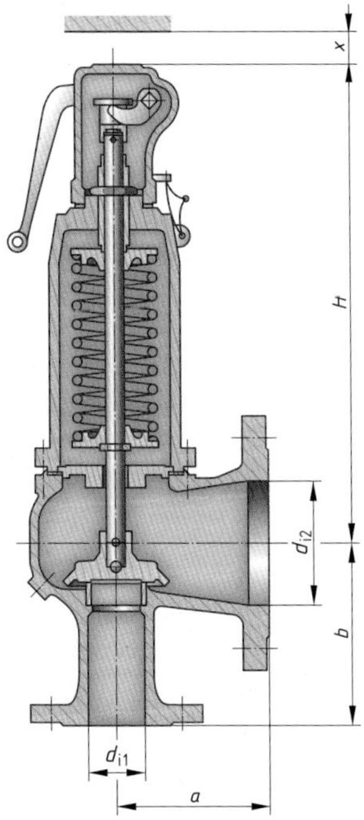

Druckbereich (Baureihe 1 + 2)	
Eintritt	PN 16/25 … PN 40/25
Austritt	PN16/10 … PN 16
max. Ansprechdruck	16 … 40 bar
Nennweiten	
Eintritt	DN 25 … 200
Austritt	DN 40 … 300
Betriebstemperatur (Baureihe 1 + 2)	1: max. 300 °C 2: max. 450 °C
Werkstoffe (Baureihe 1 + 2)	
Gehäuse	1: EN-JL 1040 EN-JS 1030 2: 1.4021 1.4027
Sitz	1: 1.0619 1.4404
Bauformen (Ausführungen)	mit gasdichter Kappe, mit offener Federhaube und Anlüfthebel **mit geschlossener, gasdichter Federhaube und Anlüfthebel**
Medien	Dämpfe, Gase, Flüssigkeiten

12.8.2.2 Sicherheitsventile (Fortsetzung)

Eintritt Inlet	**Nennweite**	**DN**		25	32	40	50	65	80	100	125	150	200
	Nenndruck in bar	**PN**	**Baureihe 1**	16									25
			Baureihe 2	40									25
Austritt Outlet	**Nennweite**	**DN**		40	50	65	80	100	125	150	200	250	300
	Nenndruck in bar	**PN**	**Baureihe 1**	16									10
			Baureihe 2	16									
max. Ansprechdruck bar			**Baureihe 1**	16									20
			Baureihe 2	40					32	40	28	17	20
kleinster Strömungsquerschnitt in mm²		A_0		416	661	1075	1662	2827	4301	6648	7543	12272	21382
kleinster Strömungsdurchmesser in mm		d_0		23	29	37	46	60	74	92	98	125	165
Schenkellänge in mm		a		100	110	150	120	140	160	180	200	225	300
Schenkellänge in mm		b		105	115	140	150	170	195	200	250	285	290
Bauhöhe in mm		H	**Baureihe 1**	234	331	372	419	529	606	663	663	735	1090
			Baureihe 2	234	322	363	410	529	606	663	663	735	–
empfohlene Deckenfreiheit in mm		X		150	200	250	300	350	400	450	450	450	700
Masse in kg (ca.)				9	12	16	22	32	56	75	85	131	290

12.8.3. Kondensatableiter (Herstellerangaben) *steam traps*

12.8.3.1 Schwimmerkondensatableiter (Auszug) *float steam*

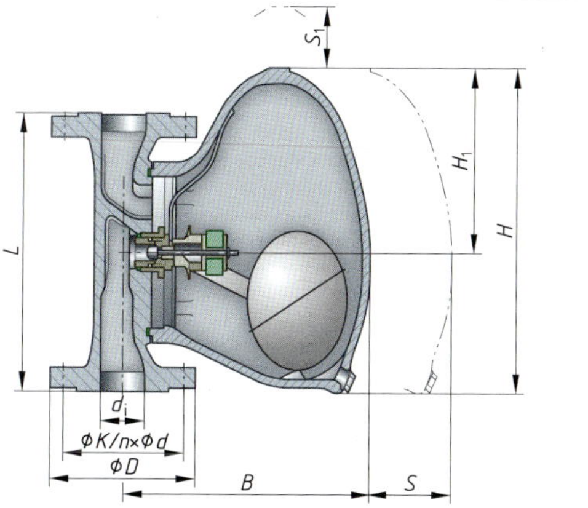

Druckbereich	PN 16, PN 40
Nennweiten	DN 15 … DN 100
Betriebstemperatur	200 °C … 400 °C
Werkstoffe	
Gehäuse: 1.0460 EN-JS 1049	EN-JL 1040, 1.4541
Haube: 1.0619+N EN-JS1049	EN-JL1040, 1.4308
Anschlussarten: Flansche, Gewindemuffen, Schweißmuffen, Schweißenden	

Nennweite	DN inch	15 ½	20 ¾	25 1	40 1 ½	50 2	65[1] 2 ½	80[1] 3	100[1] 4
L*	mm	150	150	160	230	230	290	310	350
H	mm	162	162	187	270	270	270	270	270
H_1	mm	85	85	102	151	151	151	151	151
B **(EN-JS1049)**	mm	214	214	255	280	280	–	–	–
B **(Stahl)**	mm	214	214	255	280	280	280	280	280
B_1	mm	95	95	118	157	157	157	157	157
S	mm	180	180	200	300	300	300	300	300
S_1	mm	150	150	180	200	200	200	200	200
Masse ca.	kg	7,9	8,1	10,9	24,7	25,3	27,2	29,2	32,7

[1] nicht in EN-JL/EN-JS

12.8.3.2 Bimetall-Kondensatableiter (Auszug) *bimetallic steam*

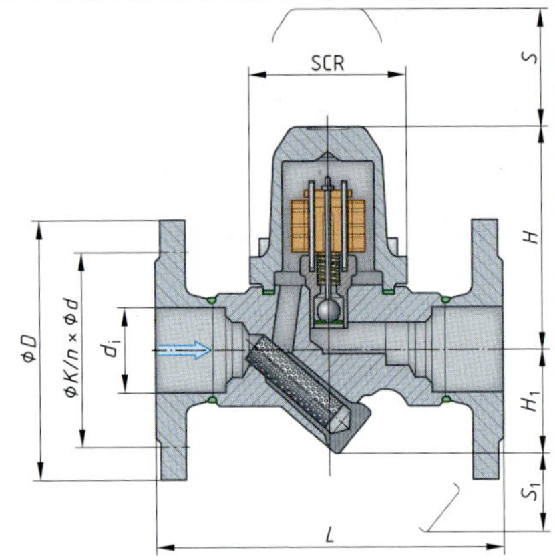

Druckbereich	PN 40
Nennweiten	DN 15 …50
Betriebstemperatur	250 °C … 450 °C
Werkstoffe	
Gehäuse	1.0460 1.5415 1.4541
Verschlusskappe	1.0460 1.5415 1.4515
Anschlussarten	Flansche, Gewindemuffen Schweißmuffen, Schweißenden

Nennweite	DN inch	15 ½	20 ¾	25 1	49 1 ½	50 2
L*	mm	150	150	160	230	230
H	mm	98	98	98	144	144
H_1	mm	62	62	62	68	68
S	mm	70	70	70	90	90
S_1	mm	30	30	30	50	50
SCR	mm	50	50	50	110	110
Masse ca.	kg	3,2	3,7	4,2	11,3	12,1

* Abbildung DN 15 …25 ähnlich

12.8.3.3 Thermischer Kondensatableiter (Auszug) *thermostatic steam*

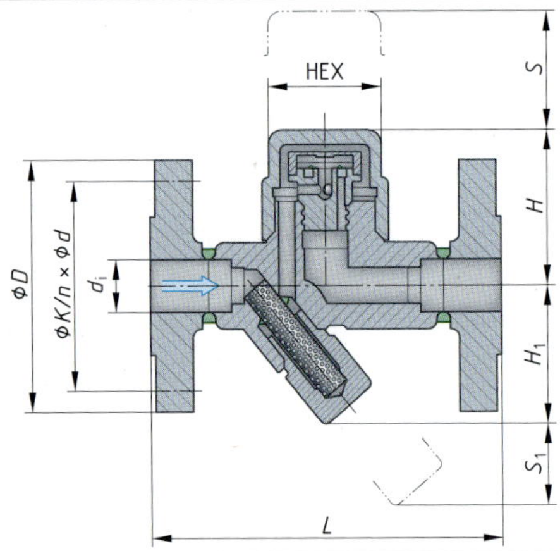

Druckbereich	PN 40
Nennweiten	DN 15 … 25
Betriebstemperatur	250 °C … 450 °C
Werkstoffe	
Gehäuse	1.0460 1.5415 1.4541
Verschlusskappe	1.0460 1.5415 1.4541
Anschlussarten	Flansche, Gewindemuffen, Schweißmuffen, Schweißenden

Nennweite	DN inch	15 ½	20 ¾	25 1
L*	mm	150	150	160
H	mm	65	65	65
H_1	mm	62	62	62
S	mm	40	40	40
S_1	mm	24	24	24
HEX	mm	50	50	50
Masse ca.	kg	2,7	3,3	3,7

12.8.4 Schmutzfänger mit Flanschen (Herstellerangaben) nach DIN EN 12266-1 : 2009-07 (Auszug) *mudflap with flanges*

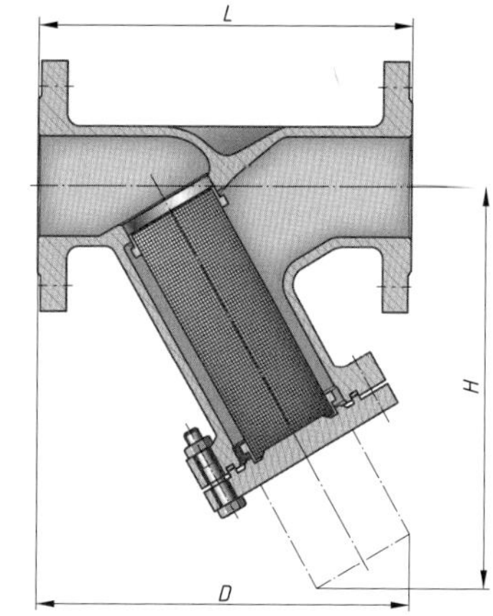

Druckbereich	PN 40
Nennweiten	DN 15 … 400
Temperaturbereiche (T_{min}, T_{max})	
Stahl	–10 °C , + 400 °C
Edelstahl	–200 °C, + 400 °C
Tieftemperatur	–50 °C, + 300 °C
Werkstoffe	
Gehäuse (Stahl, Edelstahl, Tieftemperatur)	1.0619, 1.0425, 1.4571
Deckelflansch (Stahl, Edelstahl, Tieftemperatur)	1.4408, 1.4571, 1.4571
Sieb (Stahl, Edelstahl, Tieftemperatur)	1.1138, 1.0566, 1.4571

DN	*L* mm	*D* mm	*H* mm	D_1 mm	*m* kg
15	130	145	180	98	4
20	150	140	180	98	6
25	160	150	185	98	6
32	180	180	205	113	10
40	200	190	205	113	12
50	230	240	250	128	15

DN	*L* mm	*D* mm	*H* mm	D_1 mm	*m* kg
65	290	290	280	143	22
80	310	355	405	176	35
100	350	390	415	210	52
125	400	415	445	250	64
150	480	640	640	308	113
200	600	705	670	365	160
250	730	1 065	910	435	210
300	850	1 115	940	494	320
350	980	1 175	965	550	446
400	1 100	1 220	1 000	595	614

12.8.5 Schaugläser (Herstellerangaben) nach DIN 28120 : 2004-06 *sight glasses*

12.8.5.1 Durchfluss-Schaugläser (Auszug) *flow-looking glasses*

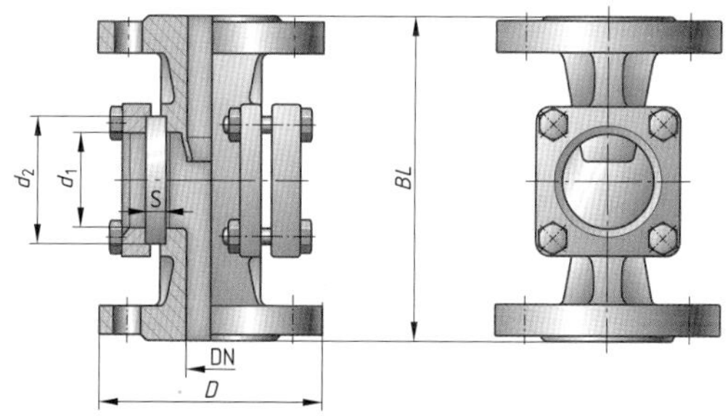

Druckbereiche	PN 16, PN 25, PN 40
Nennweiten	DN 15 … DN 250
Werkstoffe	EN-GJL-250 (max. 16 bar) GP240GH, 1.4408
Verwendung	Sichtkontrolle von Füllungen und Strömungen in Rohrleitungen
Einbaulage	beliebig, Durchflussrichtung beachten
Ausführung	DN 15 … 50 Deckel quadratisch DN 65 … 200 Deckel rund

Abmessungen:

DN	*D* mm	*BL* mm	d_1 mm	Glasplatte d_2 mm	Glasplatte S mm PN 15	S mm PN 25	S mm PN 40
15	95	130	32	45	10	10	10
20	105	150	32	45	10	10	10
25	115	160	48	63	10	12	15
32	140	180	48	63[3]	10	12	15
40	150	200	65	80	12	15	20
50	165	230	80	100	15	20	25
65	185	290	80	100	15	20	25

DN	*D* mm	*BL* mm	d_1 mm	Glasplatte d_2 mm	Glasplatte S mm PN 15	S mm PN 25	S mm PN 40
80	200	310	100	125	20	25	30
100	220 (235)[1]	350	125	150	25	30	35
125	250 (270)[1]	400	150	175	25	30	a. A.
150	285 (300)[1]	480	175	200	30[2]	35	a. A.
200	340 (360/375)[1]	600	175	200	30[2]	35	a. A.
250	405 (425/450)[1]	730	175	200	30[2]	35	a. A.

[1] D in () entsprechend PN 25/PN 40
[2] 16 bar nur mit Borosilikatglas lieferbar
[3] bei Grauguß Glasabmessung ∅ 80 × 12 > DN 100 und PN 40 in Anlehnung an DIN 3237

12.8.5.2 Längs-Schauglasarmatur (Auszug) *longitudinal sight glass*

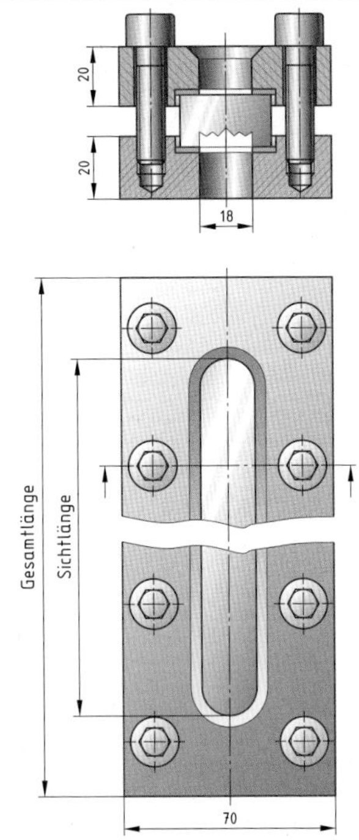

Druck-/Temperaturbereich	16 bar/ 280 °C		
Werkstoffe	1.4571 S235JR		
Verwendung	Flüssigkeitsanzeige, Sichtkontrolle, Beobachtung an Behältern, Kesseln und Silos		
Einbaulängen	170 … 370 mm	500 … 740 mm	900 mm
	1 Glas	2 Gläser	3 Gläser

Gesamtlänge in mm	**170**	**220**	**250**	**310**	**370**	**500**	**620**	**740**	**930**
Sichtlänge in mm	120	170	200	260	320	450	570	690	930
Glasgröße L × 34 × 17	140	190	220	280	340	220	280	340	280
Sicht verdeckt	–	–	–	–	–	50	50	50	2 × 50
Anzahl der Schrauben	8	10	12	14	16	24	28	32	42

Anm.: Bei Gesamtlänge 500 bis 740 mm sind 2 Gläser bzw. bei Gesamtlänge 930 mm 3 Gläser eingebaut.

12.8.5.3 Runde Schauglasarmaturen (Auszug) *round sight glasses*

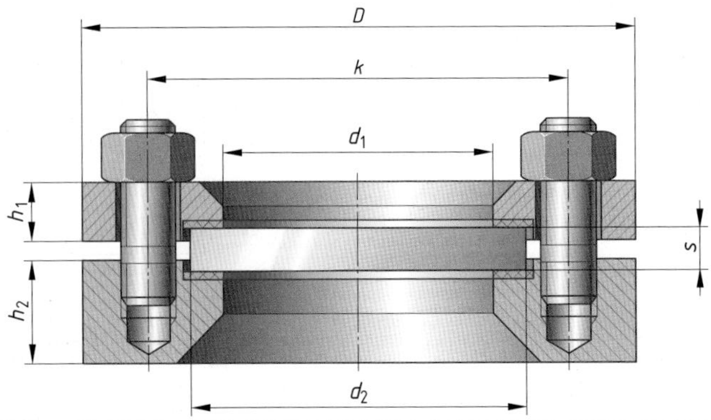

Druckbereich	PN 10, PN 16 (PN 6 und PN 25 auf Anfrage)
Werkstoffe	1.4541 1.4571
Verwendung	Beobachtung und Beleuchtung von Behältern, Kesseln und Silos
Sonderausführungen	Scheibenwischer, Sprühvorrichtung, Doppelverglasung, Schutzüberzug

Abmessungen:

DN	**PN bar**	**d_1 mm**	**d_2 mm**	**s mm**	**D mm**	**k mm**	**h_1 mm**	**h_2 mm**	**Gewinde**
25	10/16	48	63	10	115	85	16	25	4 × M 12
40	10/16	65	80	12	150	110	16	30	4 × M 16
50	10/16	80	100	15	165	125	16	30	4 × m 16
80	10/16	100	125	15/20	200	160	20	30	6 × M 16
100	10/16	125	150	20/25	220	180	22	30	8 × M 16
125	10/16	150	175	20/25	250	210	25	30	8 × M 16
150	10/16	175	200	25/30	285	240	30	36	8 × M 20
200	10	225	250	30	340	295	35	36	8 × M 20

12.8.6 Kompensatoren *expansion joints*

12.8.6.1 Gummikompensatoren (Herstellerangaben) *rubber expansion joints*

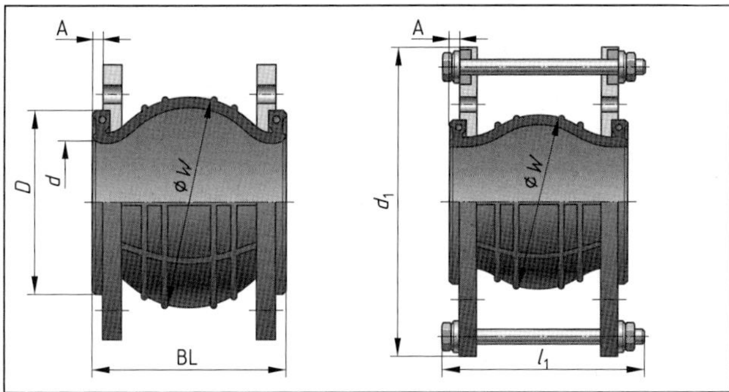

Druckbereich	PN 10
Nennweiten	DN 40 … 300
Betriebstemperatur	max. 90 °C
Werkstoffe	
Flansch	1.0038
Balg	Chloropren EPDM Nirtil Hypalon
Bauformen	ohne/mit Vorspannung

DN	Flansch nach PN	BL	*A*	Ø *W*	Ø *d*	Ø *D*	Flansch-Außen-Ø	Flansch-dicke	Loch-kreis-Ø	Anzahl der Bohrungen	Ø Flansch-bohrung	Typ BKT-3840 DFS-D-EPDMT mit Verspannung	
												l_1	Ø d_1
	bar	mm	mm	mm	mm	mm	mm	mm	mm		mm	mm	mm
40	6	150	6,5	75	34,5	69	130	14	100	4	14	188	235
	10/16	150	6,5	75	34,5	69	150	16	110	4	18	188	255
50	6	150	7	96	46	87	140	14	110	4	14	188	245
	10/16	150	7	96	46	87	165	16	125	4	18	188	270
65	6	150	7,5	115	66	109	160	14	130	4	14	188	265
	10/16	150	7,5	115	66	109	185	16	145	4	18	188	290
80	6	150	7	130	73,5	118	190	16	150	4	18	188	295
	10/16	150	7	130	73,5	118	200	18	160	8	18	188	305
100	6	150	8,5	154	99	147	210	16	170	4	18	188	315
	10/16	150	8,5	154	99	147	220	18	180	8	18	188	325
125	6	150	11	176	124	177	240	18	200	8	18	188	345
	10/16	150	11	176	124	177	250	18	210	8	18	190	375
150	10/16	150	11,5	200	142	202	285	18	240	8	22	190	410
		150	11,5	200	142								
200	10	150	14	252	195	263	340	20	295	8	22	190	465
	16	150	14	252	195	263	340	20	295	12	22	190	465
250	10	200	15	317	246	323	395	22	350	12	22	250	550
	16	200	15	317	246	323	405	22	355	12	26	250	560
300	10	200	14	366	295	372	445	26	400	12	22	250	600
	16	200	14	366	295	372	460	26	410	12	26	253	625

Dehnungsaufnahme/Winkelbewegung

DN	Typ BKT-3140 00S-D – EPDMT				Typ BKT-3840 DFS-D-EPDMT
	normale Dehnungsaufnahme				normale Dehnungs-aufnahme Δ lateral
	Δ axial		Δ lateral	Δ angular	
	gezogen	gedrückt	+/–	+/–	
	mm	mm	mm	in °	mm
40	12	25	25	35	25
50	12	25	25	35	25
65	12	25	25	30	25
80	12	25	25	30	25
100	12	25	25	25	25
125	12	25	25	20	25
150	12	25	25	20	25
200	12	25	25	15	25
250	12	25	25	10	25
300	12	25	25	10	25

12.8.6.2 Metallkompensatoren – Axialkompensator mit glatten Festflanschen (Herstellerangaben)

rubber expansion joints

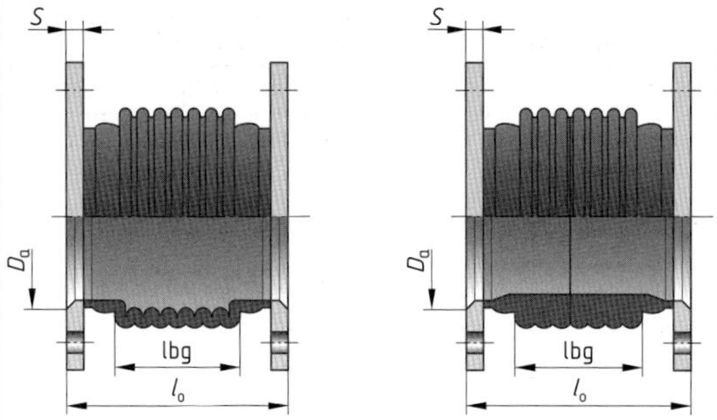

Ohne/mit Leitrohr

Druckbereich	PN 16
Nennweiten	DN 50 … 500
Betriebstemperatur	max. 300 °C
Werkstoffe	
Flansch	1.0038
Balg	1.4515
Bauformen	ohne/mit Leitrohr

Nenn-weite	**Axiale Be-wegungs-aufnahme nominal**	**Bau-länge**	**Gewicht ca.**		**Flansch**	
			ohne Leit-rohr	**mit Leit-rohr**	**Bohr-bild - gemäß EN1092**	**Blatt-dicke**
DN –	**$2\delta_N$** mm	**L_o** mm	***m*** kg	***m*** kg	**PN** in bar	***s*** mm
50	22	141	5,4	5,6	16	19
50	42	230	6,2	6,5	16	19
65	28	148	6,5	6,7	16	20
65	48	220	7,7	8,1	16	20
80	23	148	7,8	8	16	20
80	50	220	8,7	9,1	16	20
100	31	155	9,6	10	16	22
100	53	230	11,5	12,1	16	22
125	21	142	12,1	12,5	16	22
125	42	184	12,7	13,3	16	22
125	59	244	14,5	15	16	22
150	24	147	16	16	16	24
150	48	192	17	17	16	24
150	66	246	19	20	16	24
200	30	158	22	23	16	26
200	60	212	24	26	16	26
200	97	374	33	35	16	26
250	32	189	33	34	16	29
250	56	246	35	37	16	29
250	103	373	45	48	16	29
300	30	182	45	46	16	32
300	80	287	52	55	16	32
300	120	464	70	74	16	32

Balg			**Bewegungsaufnahme[1] nominal bei 1000 Lastspielen**	
Außendurch-messer	**gewellte Länge**	**wirksamer Querschnitt**	**angular[1]**	**lateral[1]**
D_a mm	**lbg** mm	***A*** cm^2	**$2\alpha_N$** in °	**$2\lambda_N$** mm
89	54	44,9	29	5,2
91	143	45	41	25
108	60	68,1	28	2,7
110	132	68,2	40	22
122	60	87,4	23	4,3
123	132	87,7	38	20
150	65	135,8	23	4,9
152	140	136	36	18
172	42	181	15	1,9
172	84	181	27	7,7
174	144	182	34	18
203	45	260	14	2
203	90	260	25	7,8
205	144	260	32	17
260	54	432	14	2,3
260	108	432	26	9,1
262	270	434	29	36
318	76	665	12	2,8
318	133	665	18	8,5
320	260	665	27	30
374	63	924	9,6	1,8
374	168	924	21	13
376	345	924	25	40

12.8.7 Be- und Entlüfter, Luft- und Luft-/Schlammabscheider (Herstellerangaben)

12.8.7.1 Be- und Entlüfter (Herstellerangaben) *loaded and ventilator*

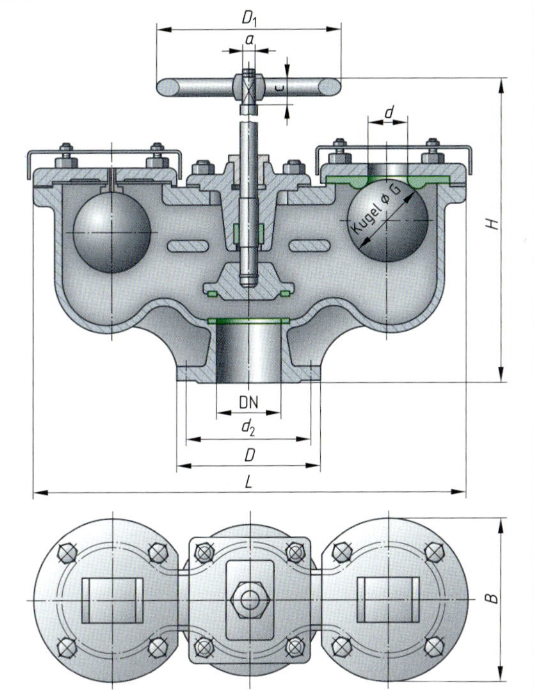

Druckbereiche	PN 10, 16 und 25
Nennweite	DN 50 … 200
Betriebstemperaturen	Max. 80 °C
Werkstoffe	
Gehäuse, Deckel, Kegel	EN-GJS-500-7 EN-JS 1050
Kugel	X5CrNi18-10
Sitzring, Spindel	CuZn37
Dichtungen	EPDM

Baumaße und Gewichte

DN	L mm	B mm	H mm	D_1 mm	D mm	k mm	d_2 mm	a mm	c mm	G mm	d mm	Masse in kg
50	390	170	305	180	165	125	4×18	14	29	70	35	30
80	600	250	395	225	200	160	8×18	17	34	100	56	65
100	700	280	455	280	220	180	8×18	19	38	126	80	102
150	930	400	560	360	285	240	8×22	24	42	200	110	230
200	1100	500	690	360	340	295	12×22	24	42	200 250	165	370

Weitere Sonderausführungen, Nennweiten, Werkstoffe und Zubehör auf Anfrage möglich.

12.8.7.2 Luftabscheider (Herstellerangaben) *deaerator*

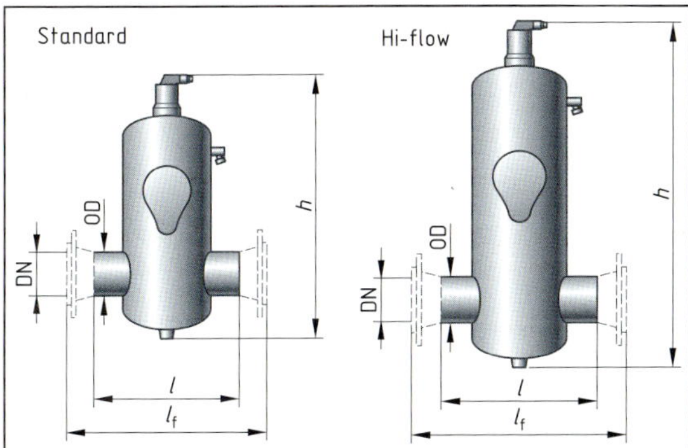

Arbeitsdruckbereich	0 – 10 bar
Nennweiten	DN 50 … 600
Temperaturbereich	0 … 110°C
Werkstoffe	
Messing	
Stahl/Edelstahlausführung	
Strömungsgeschwindigkeiten	
Standard	0 … 1,5 m/s
Hi-flow	1,5 … 3,0 m/s

Standardausführung (1,5 m/s)								Hi-flow-Ausführung (3 m/s)			
Anschluss DN	Anschluss OD mm	*L* mm	*LF* mm	*H* mm	Max. Durchfluss l/s	Max. Durchfluss m³/h	*Δp* bei max. Durchfluss kPa	*H* mm	Max, Durchfluss l/s	Max, Durchfluss m³/h	*Δp* bei max. Durchfluss kPa
50	60,3	260	350	470	3,5	12,5	3,0	630	7	25	11,8
65	76,1	260	350	470	5,5	20	2,7	630	11	40	11,6
80	88,9	370	470	590	7,5	27	2,9	785	15	54	12,4
100	114,3	370	475	590	13	47	3,7	785	26	94	14,6
125	139,7	525	635	765	20	72	4,2	1045	40	144	16,8
150	168,3	525	635	765	30	108	4,9	1045	60	215	19,4
200	219,1	650	775	975	50	180	5,8	1315	100	360	23,1
250	273,0	750	890	1215	80	288	6,9	1715	160	575	27,7
300	323,9	850	1005	1430	113	405	7,7	2025	225	810	31,0
350	356	n.v.t.	1100	1910	140	500	7,8	2400	280	1000	31,0
400	406	n.v.t.	1200	2120	180	650	8,4	2680	360	1300	34,0
450	457	n.v.t.	1300	2320	235	850	10,0	2920	470	1700	39,0
500	508	n.v.t.	1400	2540	295	1060	11,0	3250	590	2120	43,0
600	610	n.v.t.	1600	2980	425	1530	12,0	3830	835	3000	47,0

12.8.7.3 Luft- und Schlammabscheider (Herstellerangaben) *air and dirt*

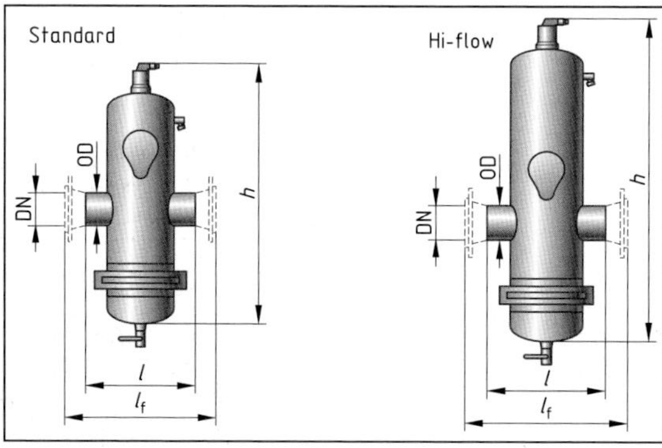

Arbeitsdruckbereich	0 … 10 bar
Nennweiten	DN 50 … 600
Temperaturbereich	0 … 110°C
Werkstoffe	
Messing	
Stahl/Edelstahlausführung	
Strömungsgeschwindigkeiten	
Standard	0 … 1,5 m/s
Hi-flow	1,5 … 3,0 m/s

Standardausführung (1,5 m/s)								Hi-flow-Ausführung (3 m/s)			
Anschluss DN	Anschluss OD mm	*l* mm	l_F mm	*H* mm	Max. Durchfluss l/s	Max. Durchfluss m³/h	*Δp* bei max. Durchfluss kPa	*H* mm	Max. Durchfluss l/s	Max,. Durchfluss m³/h	*Δp* bei max. Durchfluss kPa
050	60,3	260	350	630	3,5	12,5	3,0	910	7	25	11,8
065	76,1	260	350	630	5,5	20	2,7	910	11	40	11,6
080	88,9	370	470	785	7,5	27	2,9	1145	15	54	12,4
100	114,3	370	475	785	13	47	3,7	1145	26	94	14,6
125	139,7	525	635	1045	20	72	4,2	1570	40	144	16,8
150	168,3	525	635	1045	30	108	4,9	1570	60	215	19,4
200	219,1	650	775	1315	50	180	5,8	1995	100	360	23,1
250	273,0	750	890	1715	80	288	6,9	2680	160	575	27,7
300	323,9	850	1005	2025	113	405	7,7	3190	225	810	31,0
350	356	Nv	1100	2560	140	500	7,8	3530	280	1000	31,0
400	406	Nv	1200	2860	180	650	8,4	3970	360	1300	34,0
450	457	Nv	1300	3150	235	850	10,0	4410	470	1700	39,0
500	508	Nv	1400	3460	295	1060	11,0	4860	590	2120	43,0
600	610	Nv	1600	4070	425	1530	12,0	5760	835	3000	47,0

Hat die Verschmutzung solche Ausmaße erreicht, dass das Abscheidungselement ausgetauscht oder gereinigt werden muss, besteht die Möglichkeit, sich für eine demontierbare Ausführung zu entscheiden.

12.8.8 Verteilerkonstruktion für Flanschenarmaturen DIN EN 558-1/1, DIN EN 558-1/14 PN 10/16 mit Rohren DIN EN 10220, Reihe 1 und DIN EN 10255

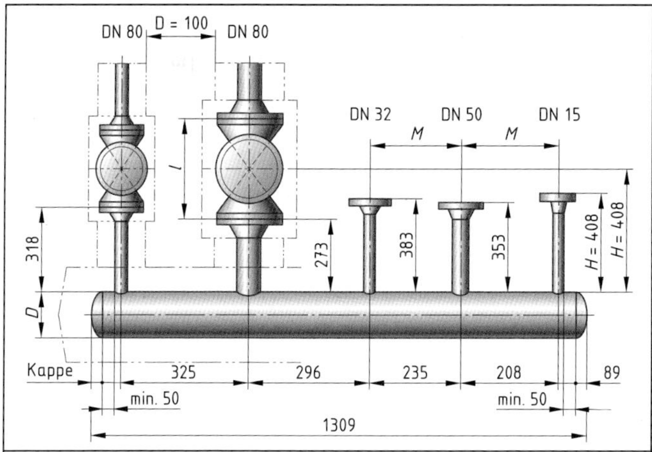

Berechnungsgrundlagen:
Verteilerdurchmesser:
$D \geq 1{,}2 \cdot DN_{max}$
Stutzenhöhe:
$h = H - l/2 - s_D$

Konstruktionsfolge:
1. Verteilerdurchmesser **D** festlegen (ggf. Fließgeschwindigkeit berücksichtigen)
2. Höhe **H** Verteileroberkante/Spindelmitte festlegen (Armaturenbauart berücksichtigen)
3. Stutzenhöhen **h** entnehmen
4. Stutzenmittenabstand **M** entnehmen

D:	Verteilerdurchmesser	in mm
DN_{max}:	Größte Stutzennennweite	
h:	Rohrstutzenhöhe	in mm
H:	Höhe Verteileroberkante/ Spindelmitte	
l:	Armaturenbaulänge	
s_D:	Dichtungsdicke ($\geq$ 2 mm)	
l_D:	Abstand der Wärmedämmung (nach EnEV mit $\lambda = 0{,}035$ W/(m · K))	
M:	Stutzenmittenabstand	

Rohrstutzenhöhe *h* in mm

200	150	125	100	80	65	50	40	32	25	20	15	DN	H
248	308	348	373	393	403	433	448	458	468	473	483	**200**	**550**
	258	298	323	343	353	383	393	408	418	423	433	**150**	**500**
		273	298	318	328	358	373	383	393	398	408	**125**	**475**
			273	293	303	333	346	358	368	383	383	**100**	**450**
				243	253	283	298	308	318	328	338	**80**	**400**
					228	258	273	283	293	298	308	**65**	**375**
						233	248	258	268	273	283	**50**	**350**
							198	208	218	223	233	**40**	**300**
								183	193	199	209	**32**	**275**
									168	173	183	**25**	**250**
										123	133	**20**	**200**
											83	**15**	**150**

DN → DN 2 ≤ DN

15	161											
20	164	167										
25	178	180	194									
32	182	185	198	202								
40	193	196	209	213	225							
50	209	212	225	230	241	257						
65	234	237	250	254	265	282	306					
80	255	258	271	276	287	303	328	349				
100	285	287	301	305	316	333	357	378	408			
125	297	300	313	318	329	345	370	391	421	433		
150	310	313	326	331	342	358	383	404	434	446	459	
200	340	343	356	361	372	388	413	434	464	476	489	519
DN	**15**	**20**	**25**	**32**	**40**	**50**	**65**	**80**	**100**	**125**	**150**	**200**

Stutzenmittenabstand *M* in mm bei l_D = 100 mm

Verteilermaße: Verteiler mit Wärmedämmung, Ventilbaulänge nach DIN EN 558-1/1

Rohrstutzenhöhe *h* in mm													
200	150	125	100	80	65	50	40	32	25	20	15	DN	H
283	293	298	303	308	313	323	328	333	336	339	341	**200**	**400**
	268	273	278	283	288	298	303	308	311	313	316	**150**	**375**
		248	253	258	263	273	278	283	286	288	291	**125**	**350**
			228	233	238	248	253	258	261	263	266	**100**	**325**
				218	223	233	238	243	246	248	251	**80**	**300**
					198	208	213	218	221	223	226	**65**	**275**
						173	178	183	186	188	191	**50**	**250**
							153	158	161	163	166	**40**	**225**
								133	136	138	141	**32**	**200**
									111	113	116	**25**	**175**
										88	91	**20**	**150**
											66	**15**	**125**

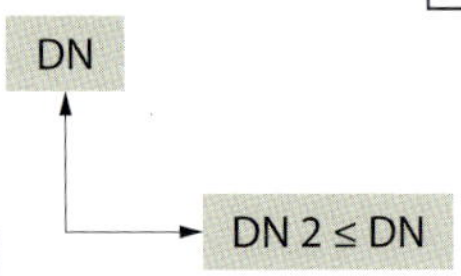

15	161											
20	164	167										
25	178	180	194									
32	182	185	198	202								
40	193	196	209	213	225							
50	209	212	225	230	241	257						
65	234	237	250	254	265	282	306					
80	255	258	271	276	287	303	328	349				
100	285	287	301	305	316	333	357	378	408			
125	297	300	313	318	329	345	370	391	421	433		
150	310	313	326	331	342	358	383	404	434	446	459	
200	340	343	356	361	372	388	413	434	464	476	489	519
DN	**15**	**20**	**25**	**32**	**40**	**50**	**65**	**80**	**100**	**125**	**150**	**200**
	Stutzenmittenabstand *M* in mm bei l_D = 80 mm											
Verteilermaße: Verteiler mit Wärmedämmung, Ventilbaulänge nach DIN EN 558-1/14												

12.8.9 Hydraulische Weiche *hydraulic soft*

12.8.9.1 Wirkungsweise Hydraulische Weiche

bei Heizwasser		bei Kühlwasser	
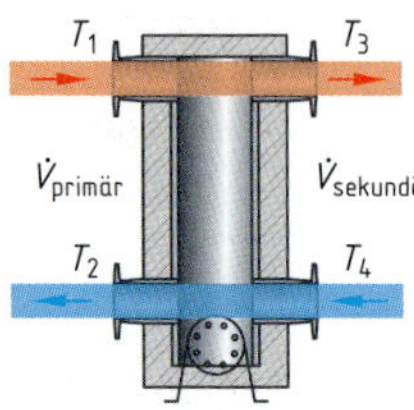	$\dot{V}_P = \dot{V}_S$ $T_1 = T_3$ $T_2 = T_4$ $\dot{Q}_P = \dot{Q}_S$	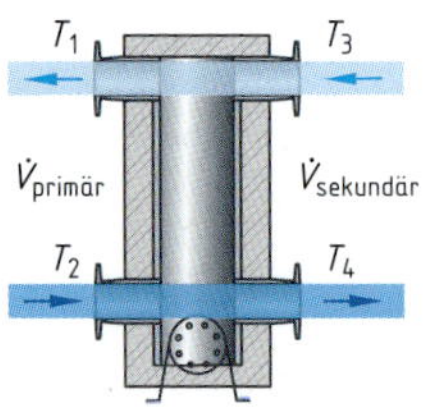	$\dot{V}_P = \dot{V}_S$ $T_1 = T_3$ $T_2 = T_4$ $\dot{Q}_P = \dot{Q}_S$
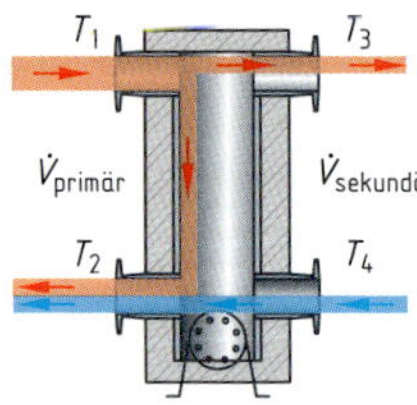	$\dot{V}_P = \dot{V}_S$ $T_1 = T_3$ $T_2 > T_4$ $\dot{Q}_P = \dot{Q}_S$	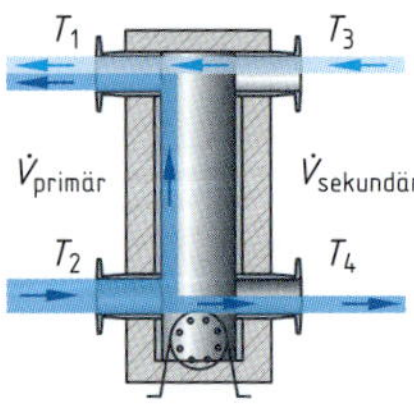	$\dot{V}_P > \dot{V}_S$ $T_1 = T_3$ $T_2 < T_4$ $\dot{Q}_P = \dot{Q}_S$
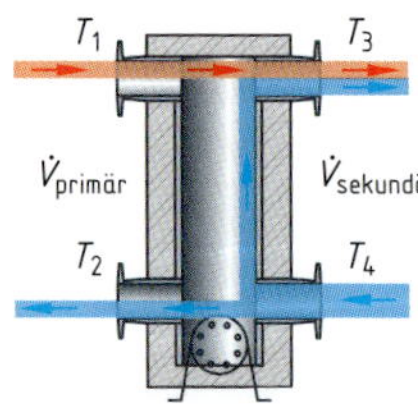	$\dot{V}_P < \dot{V}_S$ $T_1 > T_3$ $T_2 = T_4$ $\dot{Q}_P = \dot{Q}_S$	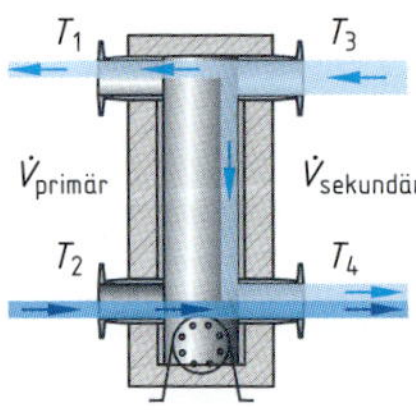	$\dot{V}_P < \dot{V}_S$ $T_1 < T_3$ $T_2 = T_4$ $\dot{Q}_P = \dot{Q}_S$

12.8.9.2 Bauformen Hydraulische Weiche (Firmenangaben)

Vorteile:

- keine hydraulische Beeinflussung zwischen Kessel- und Abnehmerkreis
- Entkopplung nicht benötigter Wärmeerzeuger
- Erhöhung der Wirtschaftlichkeit und der Lebensdauer der Anlage
- einsetzbar für Einkessel-, Mehrkessel- und Brennwertanlagen
- Wasserverteilung auch in kleinsten Leitungsbereichen

1. Kesselanlage vor Hydraulischer Weiche

Weichen-kammer	Anschluss	Durchsatz bei Δt 20 K in m^3/h	Höhe in mm	Fertigisolierung nach EnEV	
				Werkstoff	mm
80/80	1 ½″ AG	4	700	①	35
120/80	2″ AG	8	800	②	40
160/80	DN 65	10	1140	③/④	65/100
200/120	DN 80	18	1450	③/④	65/100
250/150	DN 100	27	1470	③/④	65/100
300/200	DN 125	43	1480	③/④	65/100
400/200	DN 150	57	1495	③/④	65/100
450/250	DN 200	85	1720	④	100
500/300	DN 200	110	1920	④	100
600/400	DN 250	170	2045	④	100
650/450	DN 300	235	2145	④	100
700/500	DN 350	300	2600	④	100

2. Anlage mit integrierter Luft- und Gasabscheidung durch Edelstahlkorb

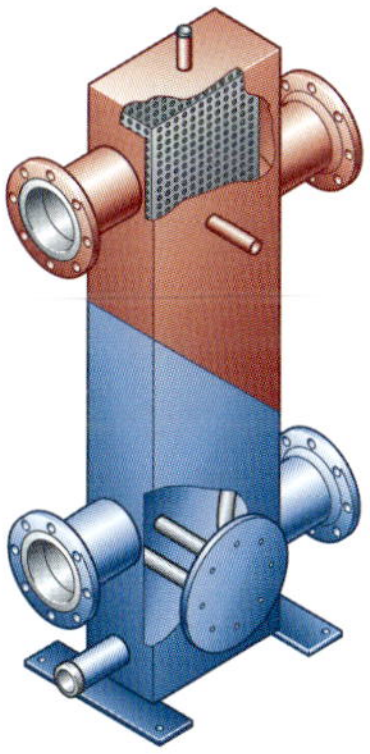

Weichen-kammer	Anschluss	Durchsatz bei Δt 20 K in m^3/h	Höhe in mm	Fertigisolierung nach EnEV	
				Werkstoff	mm
80/80	1 ½″ AG	4	700	①	35
120/80	2″ AG	8	800	②	40
160/80	DN 65	10	1140	③/④	65/100
200/120	DN 80	18	1450	③/④	65/100
250/150	DN 100	27	1470	③/④	65/100
300/200	DN 125	43	1480	③/④	65/100
400/200	DN 150	57	1495	③/④	65/100
450/250	DN 200	85	1720	④	100
500/300	DN 200	110	1920	④	100
600/400	DN 250	170	2045	④	100
650/450	DN 300	235	2145	④	100
700/500	DN 350	300	2600	④	100

Legende für Fertigisolierung:
① Schwarzer EPP-Schaum
② PUR-Schaum im schwarzen Alu-Blechmantel
③ PUR-Schaum im Alu-Grobkornmantel
④ Mineralwolle im verzinkten Stahlblechmantel

Normen, Verordnungen, Vorschriften

DIN EN ISO

DIN ISO

DIN VDE

DVFG-TRF

DVGW

EnEV

IEC

ISO

MBO. . . . .

TRGS . . . .

twin

VDE . . . .

VDI

Sachwortverzeichnis